集人文社科之思 刊专业学术之声

集 刊 名：中国社会工作研究
主办单位：中国社会工作教育协会

**Vol.18** China Social Work Research



**第18辑**

集刊序列号：PIJ-2002-002
中国集刊网：www.jikan.com.cn
集刊投约稿平台：www.iedol.cn

中文社会科学引文索引（CSSCI）来源集刊
CNKI 中国学术期刊网络出版总库全文收录

中国社会工作教育协会 编

# 中国社会工作研究

# China Social Work Research

第十八辑

王思斌 主编

社会科学文献出版社
SOCIAL SCIENCES ACADEMIC PRESS (CHINA)

## 致　谢

《中国社会工作研究》的出版得到了香港凯瑟克基金会的慷慨资助，特此表示感谢。

## ACKNOWLEDGEMENT

The publishing of China Social Work Research has been generously funded by the esteemed Keswick Foundation Ltd., Hong Kong.

中国社会工作研究 第十八辑
China Social Work Research 2020年3月出版

中国社会工作研究　第十八辑
第 1 ~ 44 页


# 社会工作理论的实务属性和分析构架

高鉴国*

**摘　要**　社会工作助人服务的首要使命，在很大程度上决定了其理论主要是实务理论。社会工作实务理论是一个因果解释、价值指引和介入模式三位一体的构架体系。本文基于弗朗西斯·特纳（Francis Turner）的实务理论模式的分析框架和国内外研究文献，具体阐述专业理论的实务属性和要素结构，描述总结相关理论模式建构和知识转移的路径方法。以期通过相关文献成果的梳理，回应社会工作理论教育和研究中的一些主要难题：如何让学生和实务从业者掌握社会工作实务理论的概念框架和介入模式，清楚了解理论工具的实务内涵、应用构架以及局限性。

**关键词**　社会工作实务　理论分析框架　应用构架　理论特质

社会工作理论不只是在书本中积累和发展的知识，其最重要价值在于对实务的有用性，能够对实务直接提供指导，提升实务水平，即能让案主接受“最有理论合理性与多样性的既有治疗”（Turner，1996a：vii）。因此，社会工作实务理论通常包含相关的介入方法体系。社会工作理论不是单一或统一的理论，而是一个存在多样性差别甚至冲突的理论体系，不同实务理论的介入方法也存在相互间的差异。然

* 高鉴国，山东大学哲学与社会发展学院社会工作系教授。

而，人们可以借助统一的方法框架和维度来识别实务理论和介入方法的差异和相通性，并引导理论教学和服务实践。

# 一 问题的提出

## （一）研究背景和问题

从20世纪80年代中国社会工作重建以来，社会工作理论研究逐步受到重视，相关发展表现在以下三个方面。（1）西方社会工作理论的引介。系统介绍了西方社会工作理论的实证主义、人本主义、批判主义思想流派，以及常用的理论和概念，如增权理论、生态系统理论、优势视角理论、抗逆力概念等。（2）社会工作理论在实务中的应用。初步建立了以方法为主的实务模式（如个案社会工作模式、小组社会工作模式、社区社会工作模式以及综合工作方法模式等），以理论视角为分类标准的实务模式（如精神分析模式、社会支持模式、生态系统模式、存在主义模式、女性主义模式等），宏观、中观、微观取向的社会工作实务模式（针对国家层面、社区和组织层面、个人和家庭层面的社会工作服务）和社会工作理论关于社会与结构的实践取向（针对早期以来社会工作理论以病理学为主的实践取向）。（3）本土化理论概念的构建。如王思斌引入的“嵌入性”概念、唐咏有关“关系”和“嵌入性”的分析视角、彭华民“需要为本”的本土社会工作模式等（文军、陈倩雯，2019；徐选国、侯慧，2013；唐咏，2009）。国内学者也有较多研究文献从理论与实务二元结构或连续统（从实务到理论或从理论到实务）的视角解释社会工作理论内在的实务内涵，如理论与实务二元要素各自的重要性（谭文静等，2007）、社会工作理论与实践关系中的价值取向议题（乔世东，2008）等。总体而言，中国社会工作理论研究仍处于探索阶段，存在的不足或局限表现在：（1）对国际学术界已有实务理论文献的引入和了解仍不够充分，共同的理论和方法论基础薄弱，难以切入共同的学术层级和话题；（2）对实务模式的探索缺乏相对清晰的框架参照，实务维度不够系统，可操作性不强；（3）大部分本土概念的建构，主要是对“社会工作是什么”以及案主世界的理论性探索，尚未与特定的和相对完整的实务理论模式相整合。

随着21世纪初中国高校社会工作专业教育的发展，社会工作理论教学也不断深化。中国内地及港澳台学者已出版多种教材类著作，包括：（1）基本理论教材（何雪松，2007，2017；文军，2013；童敏，2019；简春安、赵善如，2018）；（2）包含相关理论的分支学科教科书（刘静林，2016；赵芳，2015；胡艳华等，2017）；（3）特定理论模式及案例教学著作或章节（白倩如等，2018；张红，2018；易松国、韦宗均，2016）。"社会工作理论"在《社会工作硕士专业学位指导性培养方案》（全国MSW教指委，2012）中被列入统一的必修课程，并在新《社会学类教学质量国家标准》（教育部高等学校教学指导委员会，2018）中被列为社会工作本科教学的专业类课程。《社会工作硕士专业学位研究生核心课程指南》（讨论稿）规定，社会工作理论课程的重点是对不同取向的社会工作理论在国内外实际应用和发展的状况进行系统的梳理，使学生能够把握各种社会工作理论的实践效果、现存问题及其未来议题。在课程主要内容设置上，该指南的要求包括：（1）社会工作理论研究的对象和主要问题；（2）社会工作理论研究的不同取向；（3）对上述各种取向的理论所进行的梳理；（4）社会工作理论的中国化（全国MSW教指委，2018）。这种主要内容设计显然没有完全体现我国所要求的课程重点，缺乏明确的实务理论分析框架和应用路径。国内高校社会工作专业一线教师大都不是该专业教育出身，缺乏后续实务经验，所开设理论课程通常以理论知识的介绍为主，较少切入实务理论模式的应用传授。即使在发达国家，社会工作理论如何与实务模式进行整合也是一个长期有争议的问题。尽管社会工作界几乎没有人否定理论与实务之间密不可分的内在联系，都认定理论是实务的基础，但呈现两者的密切交融并非易事（Turner，1996a：1）。在美国社会工作理论的运用和教学中，基础理论与实务理论两类理论的界限相互交叉，模糊不清；有的学者认为社会工作理论教学注重实务并非正确、有效的方法；而持不同观点的学者认为，需要让从业者或学生掌握理论在个案评估、因果解释、介入计划和结果评估中所具有的定位框架和概念筛选（辨析）功能（Gentle-Genitty et al.，2014）。

针对国内在理论探讨和教学中存在的对实务属性认识不够深入、对实务理论介入模式及特质要素的分析不够具体等问题，本文聚焦的研究问题涉及：社会工作实务理论的本质特征是如何体现的，如何建构实务理论的分析框架、应用构架和变量维度，这些分析应用框架、模式维度以及特质要素对中国学者和教育者有哪些启示。

### （二）文献回顾

国内外针对社会工作理论实务属性和特征的研究，大致有以下几个方面。

**1. 实务理论的概念、特点与类型**

不同专题领域的社会工作教育者通常从三种角度和层次认识理论与实务的地位和相互关系：（1）大部分教育者将理论与实务作为并行的两种基本知识类型（Deacon and Macdonald，2017；Green，2012）；（2）在定义什么是社会工作理论时，学界存在“社会工作理论”的广义界定和“社会工作实务理论”狭义界定的差别，广义界定主要表明理论的解释功能；而狭义界定则突显理论的实务功能（见表1；Gentle-Genitty et al.，2014）；（3）侧重实务的教育者通常把理论和技巧（方法）作为社会工作实务的两个工具（Hepworth et al.，2012），或把理论作为社会工作模式的三大构件（基础理论、处置原则、实务技巧）之一（文军，2010）。

**表1 社会工作理论的定义**

| 类型 | 作者 | 定义 |
|---|---|---|
| 广义定义 | Thyer（2001） | 理论是对人类行为各个方面的解释和预测 |
| | Towland（2009） | 一种理论有助于解释处境以及产生原因 |
| | Babbie & Rubin（2010） | 理论是对一系列相关事物的陈述，用于解释社会生活的某些方面，丰富我们对人们如何做出行为和发现其日常生活意义的理解 |
| | Miley，O'Melia & DuBois(2011) | 一个理论代表着对一系列事实和一个变革框架之间关系的合理解释 |
| 狭义定义 | Simon（1994） | 实务理论将已确定的问题及其背景的知识与具有概念框架、定位于行动并植根于先前研究的干预知识连接起来 |
| | Greene（2008） | 理论帮助社会工作者解释为什么人们做出自己的行为，更好地理解环境是怎样影响了行为，指导他们的干预，并预测特定社会工作干预可能产生的后果 |
| | Howe（2009） | 理论是产生意义的特定方式，有助于帮助社会工作者在纷繁的实务过程中看清所具有的规律性和所熟悉的模式 |
| | Teater（2010） | 理论是指导社会工作者观察和接近个人、群体、社区和社会的实践中的一个基本要素；理论有助于预测、解释和评估情况和行为，并为社会工作者应如何反应和干预提供基本原理 |

资料来源：Gentle-Genitty et al.（2014）。

社会工作理论是不是指社会工作实务理论以及两者的关系如何，专业界并没有完全统一的意见。社会工作理论使用了其他学科和专业的许多理论，包括社会学、心理学、经济学、老年学等。根据广义的概念，社会工作理论主要由两类理论组成：基础理论和实务理论（Turner，1996a：14）或“支持社会工作的理论”（theories for social work）和“社会工作的理论”（theories of social work）（Howe，1987）。有的学者将这两种理论分别称为人类行为与社会环境理论和社会工作实务理论（Gentle-Genitty et al.，2014）。人类行为与社会环境理论作为基础性理论，包括内心世界理论（如心理动力学）和外部世界理论（如结构不平等理论），主要用于解释和预测不同的人类行为，帮助社会工作者全面理解案主的处境。社会工作实务理论主要侧重于指导经验性实务，把有关案主问题与处境的知识与有关专业介入的知识相结合。另外，社会工作理论也可被划分为三个基本类型：关于社会工作是什么的理论、关于怎么做社会工作的理论和关于案主世界的理论（Sibeon，1990；派恩，2008：7），其中“关于怎么做社会工作的理论”的焦点是实务理论。这种广义的理论概念，偏重强调专业理论的普遍性、包容性，同时包含特定的实务内涵。

然而，在许多社会工作理论学者看来，社会工作理论就是或者主要是社会工作实务理论（派恩，2008：4～5；何雪松，2017：7；童敏，2019：1），虽然用语不同，但概念没有不同。在这种狭义的概念下，逐步发展出多种社会工作实务理论，如弗朗西斯·特纳（Francis Turner）在其第6版《社会工作处遇：连锁性理论视角》（2017）一书中汇集了38种理论。该书前5版（1974年，1979年，1986年，1996年，2011年）收入的理论分别有15、19、22、27和36种；一种新理论入选新版图书的标准是“至少部分重要的专业成员广泛表示该理论对实务具有一定的新贡献”（1996：viii）。

特纳指出实务理论体系本身的重要特点之一是其内部差异性（Diversity）仍在持续增长（Turner，1996a：vii），如自我心理学理论、心理社会理论、心理分析理论三者之间尽管有连锁交叉，但又是截然不同的理论模式；以个人治疗为主的亚理论体系和注重社会变迁的亚理论体系之间存在各种争议。国内学者也基于不同的概念，谈到一般社工理论的基本特性——时代和现实性、文化性、反思性（黄耀明，2008）；实务理论的突出的特征——融微观化、指导性、操作性、实践性、过程化、方法论、生活化和个性化于一体，将专业价值观、专业知识、专业助人方法和专业服务有机整合起来（刘继同，2012）。

社会工作理论可根据不同的标准划分为不同类型（群组）：如根据理论建构的选择过程划分为反思性－治疗性理论、社会主义－集体主义理论和个人主义－改良主义理论等类型（见表2；派恩，2008：10～13）；根据多元理论传统将实务理论划分为人本传统（存在主义和灵性视角）、激进传统（结构视角、增权视角和女性主义社会工作）、实证传统（心理动力理论、认知/行为理论、生态视角、系统视角）和社会建构传统（优势视角、叙事治疗和寻解治疗）的理论类型（群组）（何雪松，2017）。其他分类包括高度广泛的理论、中层特定的理论、高度聚焦的理论、以预估定位的理论（帮助认识现象并不提供行动方案）、以介入（或以行动取向）定位的理论。根据是否具有“转移的”（Transitional）特点，划分为与其他理论有联系的理论和自成一体的理论，根据价值基础的人际责任关系取向，分为个人取向、群体取向、家庭取向或社区取向的理论类型或流派（Turner，1996a：14）。特纳指出，各种不同的理论分类或分组都有其特定的合理性和实用性，都有助于深化人们对各种理论内涵和相互关系的理解，因此不存在哪种理论分类或分组更好的问题。

**表2 社会工作理论的流派**

| 理论类型 | 反思性－治疗性 | 社会主义－集体主义 | 个人主义－改良主义 |
| --- | --- | --- | --- |
| 视角 | | | |
| 综合性心理动力批判社会发展 | | | |
| 包容性人本主义、存在主义反压迫系统 | | | |
| 理论建构女性主义认知－行为 | | | |
| 模型危机介入增权任务中心 | | | |

资料来源：派恩（2008）。

### 2. 实务理论的分析框架和核心要素

当实务介入或应用模型得以建构并被广泛认可时，实务理论才应运而生。佩恩[①]指出，大部分理论一开始没有明确的指导性实务或应用模型（如早期激进主义），因此会受到专业界的批评。“一个在实务中有

① “佩恩”（Payne）的译名依据《英语姓名译名手册（第二版）》（商务印书馆，1989）；本文在文献注释中保留了相关译著中的“派恩”译名。

用的理论必须具备视角、理论和模型”（派恩，2008：6），即一种实务理论具有三个内涵：（1）理论解释，用于说明因果关系和环境条件；（2）价值视角，表述的是对世界的价值观或者看法；（3）介入模型，以结构化的形式提供原则和方法，使实务活动具有一致性和连贯性。佩恩在《现代社会工作理论》第3版各章中对主要实务理论的阐述有基本相同的内容专题，大致包括本章概况、要点、实务议题与观点、更广的理论视角（与社会工作领域外的相关理论联系）、关联（与其他社会工作理论的联系）、理论争议、代表人物著述、批判性实务聚焦、评论、总结、阅读文献资源目录等（派恩，2008）。在佩恩的《现代社会工作理论》第4版（2014）中，增加了“连接理论与实务”一章，进一步阐述社会工作理论与实务的内在联系，同时增加“价值基础”、“应用”（理论如何运用于社会工作的概述）等新的专题单元，并用“主要贡献”“争议概要”“典型案例”“文献选摘”“结论：对理论的使用”“其他资源”等名称和格式更新第3版书中的相关专题单元。

特纳主编的《社会工作处遇：连锁性理论视角》是由诸多作者撰写的实务理论著作。特纳从两个方面解释了“连锁性理论视角”的含义：（1）理论与实务的“连锁”；（2）理论之间的连锁。这些理论“既是个别的概念建构，同时也形成相互影响、连接和连锁的思想体系”（Turner，1996a：vii－1）。在《社会工作处遇：连锁性理论视角》（第4版）中，27位（组）作者分章阐述了27个理论模式的介入形式，呈现复杂多样的路径形态。各章均围绕理论与实务两个范畴展开，分别涉及的内容要点包括发展阶段、经验基础、学科地位和贡献、概念框架、价值基础、与其他实务理论的交叉关系、实务过程与模型、方法、技能、工作员/治疗师角色、实务案例等。这些阐述和总结为人们认识实务理论模式的统一性和多元性提供了良好的文献基础。

中国学者何雪松使用的实务理论框架涉及理论脉络、概念框架、实践框架、贡献与局限等四个单元，在实践框架单元中，包含实践原则、评估、专业关系和干预技巧等实务要素（何雪松，2007，2017）。童敏使用的实务理论框架主要是理论演变和理论框架两个单元层次，少量理论模式增加了服务技巧单元，在理论框架单元中，对各个理论模式的概念内涵、案主对象、工作关系、服务策略、实务成效等不同维度做了重点各异或非结构化的阐述（童敏，2019）。刘继同提出社会工作“实务理论”概念框架应当包括实务哲学、实务理论、实务模式、实务智慧、实务经验、亲身感受和社会生活实践七个类型或层次结构，但没有就所提出的概念框架做相关文献论证（刘继同，2012）。

**3. 特定的理论模式**

最新出版的社会工作实务理论著作中收录的理论模式有近40个（Turner, 2017；童敏，2019），包括新近被接纳的关系理论、寻解理论、抗逆力理论、正念视角、创伤视角、依恋理论、混沌理论等（Turner, 2017；Payne, 2014）。这些理论有不同渊源和治疗模式，有些相互间有比较密切的联系，有些则相对独立，甚至相互冲突。绝大部分理论模式由西方国家学者和从业者开发整理，其中有些研究者建构出特定的模式模型，提供了便于辨识和运用的图形工具，如古铁雷斯、帕森斯和考克斯所提出的增权模型（见图1）（Gutiérrez, Parsons & Cox, 1998；陈树强，2003）。中国港台学者较早引入和运用这些理论模式，内地学者的相关知识转移及研究也日趋广泛、增多，涉及几乎所有实务理论模式（陈树强，2003；陈友华、祝西冰，2016；Dominelli, 2015；邓玮，2014；郭瑜，2011；宋丽玉、施教裕，2010），不同理论模式的比较研究也开始引起关注（吴金凤、刘忠权，2018；杜元可，2010；周会敏，2008）。中国实务理论研究和应用的发展很不平衡，根据笔者对知网的文献检索①结果可以看出，理论模式研究和应用相对集中于心理社会理论、优势视角、（生态）系统理论、认知理论、增权理论等理论中，对心理分析理论、寻解视角等模式研究和应用相对较少。不同实务理论

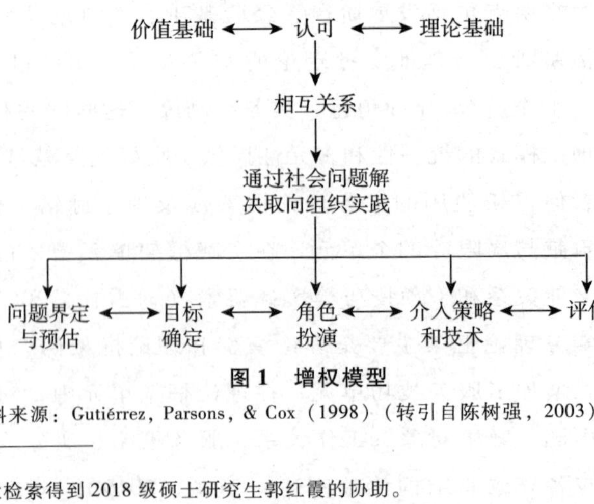


**图1 增权模型**

资料来源：Gutiérrez, Parsons, & Cox（1998）（转引自陈树强，2003）。

---

① 文献检索得到2018级硕士研究生郭红霞的协助。

模式包含的概念内涵、内部流派、运用层次和目标人群，在很大程度上影响着研究者对模式框架的辨识和构建。何雪松在论述社会发展理论实务框架时根据目标对象将其划分为个人、社区、政府和制度四个层次，而没有像论述其他理论模式那样根据实务工具区分为原则、评估、关系、技巧等层次（何雪松，2017）。

**4. 实务理论模式的应用方法和技巧**

实务理论模式包含着理论应用于接案、预估、目标设定、介入、评估、结案等各个环节的方法和技巧（Forte，2014a；Turner，1996a，1996b；派恩，2008）。要掌握和使用这些应用方法需要学生和从业者培养反思性、反身性和批判性思考能力（派恩，2008），学会如何判断和选择理论以避免误用，以及如何运用整合性多元理论模式（Forte，2014b）。教科书的结构和教学过程需要与各个实务环节和整个实务过程紧密衔接，要解决的具体问题需要涉及如何通过简明、格式化的语言（包括图表）和准确的研究证据阐述实务模式、方法和技术的概念内涵、特质要素与操作，如何使用有张力的案例，如何设置学习活动和阅读文献等（Forte，2014a，2014b；Oles，2017）。对照先进国家的经验，目前中国的实务理论教科书和教学过程需要继续增进与实务应用之间的结合度。

## （三）研究方法

本文基于一种文献研究或文本研究方法（Scott，2006；Kridel，2019），通过解读若干重要的社会工作理论著作或文献的含义、证据，来说明相关研究要点，提供相关的重要参考依据，进而解答所提出的研究问题。

**1. 基本文献**

本文解读的主要文献是加拿大学者弗朗西斯·特纳教授制作的“社会工作实务理论与模式：选定特质的比较”一览表（Turner，1996b。以下简称“分解表”①）。分解表汇集了 27 个实务理论模式（见表 3），从

① 分解表作者弗朗西斯·特纳教授于 2019 年 4 月在多伦多去世，享年 90 岁。谨以本文纪念为社会工作理论学术研究做出卓越贡献的弗朗西斯·特纳教授。本文作者 2007 年在多伦多大学社会工作学院做访问学者时发现这个珍贵的分解表。该表并非正式出版的印刷品，是一张供张贴的大幅图表；落款为“弗朗西斯·特纳荣誉退休教授，加拿大劳利埃大学”（Wilfred Laurier University，官方中文译名）；没有注明制作和印刷时间。出于方便注释的目的，本文暂使用“Turner，1996b”作为该表来源注释。

结构化、简明化和操作化的目的出发，设置了7个单元（包括概况、理论特质、价值基础、对人的理解、治疗、治疗师、应用）和52个变量（或维度），呈现和总结每个实务理论的具体特质，简要勾勒出不同理论的异同，为社会工作实务理论提供了十分有益的框架分析工具（见表4）。

**表3　社会工作实务理论（按原文英文字母排序）**

| | | |
|---|---|---|
| 1. 土著居民理论 | 10. 存在主义理论 | 19. 精神语言学理论 |
| 2. 行为理论 | 11. 女性主义 | 20. 问题解决理论 |
| 3. 案主中心理论 | 12. 功能理论 | 21. 心理分析理论 |
| 4. 认知理论 | 13. 格式塔理论 | 22. 心理社会理论 |
| 5. 交往理论 | 14. 催眠术 | 23. 角色理论 |
| 6. 建构主义 | 15. 生命模式 | 24. 系统理论 |
| 7. 危机理论 | 16. 马克思主义 | 25. 任务中心理论 |
| 8. 自我心理学 | 17. 调解理论 | 26. 沟通分析理论 |
| 9. 增权理论 | 18. 叙事理论 | 27. 超个人理论 |

文献来源：Turner，1996b。

**表4　特纳实务理论与模式分解表的单元与变量**

| 单元 | 变量 |
|---|---|
| I. 概况 | 1. 主要的社会工作学者；2. 主要的非社会工作学者；3. 最相关的其他社会工作理论；4. 与社会工作实务的整合水平；5. 跨学科的有用性；6. 经验基础；7. 社会工作研究文献的程度或数量 |
| II. 理论特质 | 8. 治疗过程的性质；9. 适用于理论的治疗词语；10. 性别/文化/种族/族裔作为变量的重要性；11. 重大的参与在变化过程中的重要性；12. 治疗关系中的角色；13. 专业关系的性质；14. 在专业关系中移情的重要性；15. 无意识在功能与变化中的重要性 |
| III. 价值基础 | 16. 基本人性观；17. 活动取向；18. 人际关系取向；19. 时间取向；20. 与自然（或环境）的关系 |
| IV. 对人的理解 | 21. 自由意志与社会决定论连续统；22. 情感－理性连续统；23. 遗传与环境因素在发展过程中的相互关系；24. 人的适应变化能力；25. 早期历史对当前功能的影响；26. 成熟功能的性质；27. 人格变化的性质 |
| V. 治疗 | 28. 理论话语所描述的首要治疗目标；29. 历史在治疗中的重要性或角色；30. 诊断的概念；31. 预估的概念；32. 与重要他人工作的重要性；33. 与重要环境工作的重要性；34. 治疗期限；35. 处境在治疗中的角色或重要性；36. 目标设定的功能Ⅰ：重要性；37. 目标设定的功能Ⅱ：属性；38. 治疗的首要焦点；39. 主要的变化促动因素；40. 主要的技术 |
| VI. 治疗师 | 41. 自我觉醒的重要性；42. 治疗师所需要的知识基础；43. 治疗师所需要的技能；44. 所需要的培训；45. 督导的重要性和角色 |

续表

| 单元 | 变量 |
| --- | --- |
| VII. 应用 | 46. 应用水平；47. 微观－宏观连续统；48. 对不同规模人群的可应用性；49. 所针对的问题；50. 特定的案主目标人群；51. 已知的风险；52. 治疗的局限 |

资料来源：Turner，1996b。

该表所分解的27个实务理论模式，与特纳主编的第4版《社会工作处遇：连锁性理论视角》（Turner，1996a）一书中所收录的27个理论模式相同，因此可以推断该表绘制于1996年之后，是基于《社会工作处遇：连锁性理论视角》（第4版）一书中27个（组）作者的文献成果绘制的。这些作者绝大多数是北美国家相关理论模式的前沿开发者，并被特纳纳入分解表中社会工作理论模式主要代表人物之列。特纳在《社会工作处遇：连锁性理论视角》第4版前言中谈到不同实务理论相对统一的介入框架的初步形成，指出在该版中所有的理论都较充分地说明了其全部或每个介入形式，相互对照介入方式中的差异构成了丰富多样的介入方法体系（Turner，1996a：viii）。

本文交叉解读的基本文献还包括目前社会工作英文学术界最有影响的两部理论著作——加拿大学者特纳的《社会工作处遇：连锁性理论视角》（第6版，2017）、英国学者佩恩的《现代社会工作理论》（第3版中译本，2008；第4版，2014），中国学者社会工作理论研究的两部重要著作——何雪松著《社会工作理论》（第2版，2017）和童敏著《社会工作理论：历史环境下社会服务实践者的声音与智慧》（2019）。

**2. 分析方法**

文献分析方法主要包括对文本原意是什么的解释、对如何理解文本原意的说明和基于前两点的延伸解读（Scott，2006）。中国诠释学中的“实谓”、“意谓”、“蕴谓”、“当谓”和“创谓”等方法（傅伟勋，1990）包含近似的解读类型和层次。具体方法如下。

第一，意义解释。对特纳的理论分解表内容框架和要素术语的含义进行解读，结合特纳主编的著作《社会工作处遇：连锁性理论视角》，对其所说明的理论特质要素做出细化解释。

第二，类属性解读。通过对文献内容和索引词的查阅，对概念要素及术语的内外来源尽力给予相应的考证，对理论要素和特质的属性和相互关系做进一步的学理分析，并对一些最新的理论成果和观点加以补充。

第三，比较性分析。结合国内外学者的其他实务理论分析框架与特纳的实务理论的结构内涵和特质要素做出比较和补充诠释。

第四，外延性分析与评价。揭示核心文本所体现的方法论价值、存在的局限及其对中国学者反思中国实务理论研究的启示。这些分析和评价主要集中在本文“小结和讨论”部分。

为了便于解释特纳的实务理论模式的变量和进行要素分析，本文选择分解表中包含的中国学者相对熟悉的增权理论、女性主义和马克思主义（唯物主义[①]）作为示例，同时也对其他实务理论模式的特质要素作简要比较。在特纳、佩恩和何雪松、童敏的著作中均将增权理论和女性主义作为相对独立和应用较广的理论模式而独立成章（节）。在20世纪80年代和90年代的一些实务理论著作中，马克思主义被认为是一个单独的理论模式（派恩，2008；Lishman，1991；Kumar，1995；Turner，1996a）。特纳主编的《社会工作处遇：连锁性理论视角》第3版（1986年）第22章为“马克思主义与社会工作”，第4版（1996年）第17章是“社会工作理论与实务的唯物主义框架”，但在后面的版本中将马克思主义（唯物主义）并入“（反）压迫理论”。佩恩、何雪松、童敏的著作中都有马克思主义的论述，但并没有成为独立章节，主要论及马克思主义的某些理论和实务特质是构成激进理论、批判理论、反压迫理论或结构理论视角的有机要素之一。

本文对特纳分解表的文献解读存在一定局限性：（1）特纳本人指出这些文献全部来自北美学者理论建构的实践和观点，难以充分体现理论多样性的国际共识（Turner，1996a）；（2）该实务理论清单和框架主要代表20世纪90年代之前的发展成果；（3）北美学者所常用的“治疗”一词，并未被其他一些国家和地区的学者和从业者普遍使用；（4）本文作者的知识能力有限，难以对高度浓缩的实务理论体系分解表做出精细、全面的解释。

---

① 特纳分解表使用的理论名称是“唯物主义”，为便于理解和概念统一，本文改用“马克思主义”。

## 二　实务理论的发展概况与重要特质

在特纳的“社会工作实务理论与模式：选定特质的比较”分解表中，首先以“概况”“理论特质”两个单元阐述实务理论的历史起源、实务及研究状况和重要特质。

### （一）概况

特纳选择了7个重要变量（见表5）说明实务理论的历史渊源、相互嵌入或“连锁”关系，以及发展水平或阶段。

**表5　特纳的实务理论分析框架：概况**

| 理论变量 | 理论模式 | | |
|---|---|---|---|
| | 9. 增权理论 | 11. 女性主义 | 16. 马克思主义 |
| 1. 主要的社会工作学者 | Gutierrez, L. M.<br>Lee, J. A. B.<br>Pinderhughes, E.<br>Solomon, B. | Hooyman, N. R.<br>Jenkins, M. B.<br>Russel, M. N.<br>Valentich, M.<br>Van Den Berg, N. | Bailey, R.<br>Brake, M.<br>Burghardt, S. |
| 2. 主要的非社会工作学者 | Friere, P.<br>Gillingan, C.<br>Miller, J.<br>Pouissant, A.<br>Tamaz, G. | Collier, H.<br>Hare-Mustin, R. T.<br>Sturdivant, S.<br>Worell, J. | Draper, H.<br>恩格斯, F.<br>海尔布隆纳, R.<br>马克思, K. |
| 3. 最相关的其他社会工作理论 | 建构主义<br>女性主义<br>生活模式<br>叙事理论<br>心理-社会 | 增权<br>问题解决<br>心理-社会 | 女性主义<br>角色<br>系统（制度） |
| 4. 与社会工作实务的整合水平 | 从一般重要到相当有影响 | 3. 一般重要 | 2. 刚得到承认 |
| 5. 跨学科的有用性 | 4. 对其他学科十分有用 | 4. 对其他学科十分有用 | 5. 泛专业 |
| 6. 经验基础 | 2. 兴起中 | 2. 兴起中 | 4. 较强 |
| 7. 社会工作研究文献的程度或数量 | 2. 兴起中到3. 中等 | 3. 中等 | 2. 兴起中 |

资料来源：Turner，1996b。

**1. 主要的社会工作学者**

一种社会工作实务理论模式的产生通常是相关社会工作领域学者吸收、引入或整合某一泛学科理论模式的结果。社会工作增权理论起源于 Barbara Bryant Solomon（1976）的开拓性研究，与美国黑人争取平等权利的斗争历史紧密相连（派恩，2008）；其他主要学者有 Elaine B. Pinderhughes（1988）、Judith A. B. Lee（1994，2001）、Lorraine M. Gutierrez（1998）。研究女性主义社会工作实务理论的学者摩肩如云，包括 Mary Valentich（1996）、Nan Van Den Bergh（1986，1995）等。较早将马克思主义引入社会工作实务理论模式的学者主要有 Roy Bailey（1975）和 Steve Burghardt（1996）（见表5）。尽管西方马克思主义等激进理论流派的时代已成过去，但是其包含的社群、正义、平等、增权、女性主义和反压迫的价值要素却已进入社会工作实务的主流，一直启发一些社会工作者对其服务实践做出反思和批判（Langan，1998；Rogowski，2017）。

**2. 主要的非社会工作学者**

其他专业领域增权研究的早期著名学者有巴西教育学家 Paulo Freire（1970）、美国女性主义心理学家 Carol Gilligan（1982）和 Jean Baker Miller（1973）。社会工作女性主义研究受到其他学科知名学者的影响，如女性主义心理治疗学派代表人物之一 Susan Sturdivant（1980）、家庭治疗学派代表人物之一 Rachel T. Hare-Mustin（1978，1990）等。马克思主义经典作家是马克思和恩格斯，以及罗伯特·海尔布隆纳（Robert L. Heibroner）（海尔布隆纳，2014）、Hal Draper 等极具影响力的学界代表人物。

**3. 最相关的其他社会工作理论**

不同实务理论之间存在某些密切联系。在分解表中，特纳阐述了增权理论、女性主义、马克思主义等 27 个与各自最相关的其他理论，不难发现各种实务理论的最重要相关点相互之间有所不同。比如马克思主义注重人际平等、反压迫和行动，与增权理论和女性主义有相通之处；然而增权理论和女性主义存在更密切的联系，二者又都与心理 - 社会理论存在相通之处。在实务过程中出现了综合性理论应用模式，如增权理论的女性主义视角、认知 - 行为理论模式等。

**4. 与社会工作实务的整合水平（1. 刚出现；2. 刚得到承认；3. 一般影响；4. 相当影响；5. 主要理论①）**

20 世纪 90 年代后期，认知理论、危机理论、自我心理学、功能主义、问题解决理论、心理分析理论、心理 - 社会理论和任务中心理论已被普遍承认为主要实务模式；增权理论从中等重要上升为相当有影响的实务模式，其他较广泛使用的和相当有影响的实务模式有行为理论、案主中心理论、精神语言学理论、系统理论；而马克思主义、交往理论、建构主义、格式塔理论、叙事理论、角色理论、沟通分析理论和超个人理论等实务模式刚得到承认（Turner，1996b）。

**5. 跨学科的有用性（1. 极少有用；2. 有些有用；3. 一般有用；4. 相当有用；5. 泛学科）**

社会工作实务理论在跨学科应用方面所呈现的作用与其本身相比有所差异，增权理论和女性主义同其他大部分社会工作实务理论一样都具有相当强的跨学科应用价值，而马克思主义具有泛学科理论的属性。

**6. 经验基础（1. 极小；2. 兴起中；3. 中等；4. 较强；5. 广泛）**

社会工作实务理论模式的“经验基础”主要指服务介入和研究过程中与案主相关的案例、数据或证据基础。有的社会工作实务理论著作将各种模式的“成效证据”作为一项专门内容加以介绍（Walsh，2014）。在制作此表时（20 世纪 90 年代中后期），特纳认为马克思主义理论已积累较强的经验基础②；增权理论和女性主义在 20 世纪 70 年代末和 80 年代初相继进入社会工作领域，其经验基础仍处于形成过程中。由于证据为基础的实务理论模式受到越来越广泛的重视，各种实务理论模式的经验基础都随着实务积累而不断加强。如对 35 项独立的女性主义介入研究和 44 项独立的其他理论模式介入研究的文献比较研

---

① 在特纳理论分解表的 52 个变量（或维度）中，有 29 个通过级差选项说明其特质内涵；其中少量选项用词与对应的变量（或维度）不完全匹配。为便于阅读理解，本文列出这些级差选项和序号，并在表格中保留了原表的变量（或维度）序号和选项序号。

② 应当泛指马克思主义的一般经验基础“比较强”；如果是指马克思主义的社会工作实务经验基础“比较强”的话，似乎与前后所述马克思主义与社会工作实务的整合水平“刚得到承认”和研究程度处于“兴起中”不太吻合。

究（2002）发现，这些女性主义介入的基本维度要素十分清晰；9/10的女性主义社会工作参与者比非女性主义社会工作参与者的平均表现要好；有效度的方法可使女性主义社会工作成为最有成效的介入策略之一（Milliken，2017：197－198）。在20世纪末期，最具广泛和雄厚经验研究基础的实务模式是那些早期进入社会工作领域的理论模式，包括行为理论、认知理论、心理分析理论、心理社会理论和任务中心理论等。

**7. 社会工作研究文献的程度（Extent）或数量（1. 极小；2. 兴起中；3. 中等；4. 较强；5. 广泛）**

由于各种社会工作实务理论模式产生的时间长短、应用水平和实务研究者的偏好等因素，相关研究文献的数量或研究程度存在一定差异。在20世纪90年代中期，增权理论的研究文献数量接近中等规模，女性主义实务理论文献达到中等数量，而马克思主义社会工作实务理论研究文献处于兴起之中；研究文献最为广泛的实务理论模式有心理分析理论、心理－社会理论、任务中心理论、生命模式理论等（Turner, 1996b），这也反映了北美社会工作实务中的心理行为治疗的主流取向。

特纳在理论概述部分所拟定的7个属性要素，形成了一个十分有参照价值的单元框架，有助于共同的理论构建和对话沟通，也有助于读者对不同实务理论文献做出比较评价。了解学科代表人物和学科外代表人物对理论渊源的了解十分重要，学科内的理论衔接和跨学科的有用性是理解该理论的重要维度，而与实务的结合水平、经验基础和文献数量是评价一个理论的实务属性、发展水平以及学科地位的重要标准。如果在理解和解释理论概况和渊源时，能对以上要素内容加以说明，该理论会提供更加丰富的知识。不同的理论和实务工作者对理论分解和阐述有各自偏好，在内容结构取舍上形成各自的特点。

## （二）理论特质

在特纳分解表的52个“选定特质”中，有以下8个特质（或维度）说明理论的属性（见表6）。

表 6 特纳的实务理论分析框架：理论特质

| 理论变量 | 理论模式 | | |
|---|---|---|---|
| | 9. 增权理论 | 11. 女性主义 | 16. 马克思主义 |
| 8. 治疗过程的性质 | 协助案主审视削弱权能的内外部权力障碍，致力于导致内外变化的行动，争取增权和解放 | 促使妇女掌控自己的生活、解除压力和得到社会正义 | 与案主在一种安全的关系中平等相待，从而能够探求“人在情境中”的状况 |
| 9. 适用于理论的治疗词语 | 个人的政治和人际变化；增进相互过程；挑战虚假信念和压迫；实践；意识觉醒；人生讲述；群体和个人行动 | 合作关系；预估；性别分析；“人的是政治的”；增权；倡导；复原（Healing）；社会变迁 | 资本主义；阶级意识；辩证唯物主义；生产；经济学；劳动 |
| 10. 性别/文化/种族/族裔作为变量的重要性 | 1. 极其重要 | 1. 极其重要 | 1. 极其重要 |
| 11. 重要参与在变化过程中的重要性 | 5. 极其重要 | 5. 极其重要 | 5. 极其重要 |
| 12. 治疗关系中的角色 | 协助案主反思弱权和压迫问题，采取行动促使个人和政治变化 | 对妇女提供所需要的知识、技能，支持妇女做出结束压迫的个人和集体转变 | 协助人们认识人类成长和发展的社会性制约因素 |
| 13. 专业关系的性质 | 在与伙伴的平等对话中，工作者指导对压迫的反思和行动，经常分享真实的自我 | 能够成长和影响个人与社会变化的平等者之间的伙伴关系 | 将人们作为历史和经济事业的平等产物而予以尊重、接纳 |
| 14. 专业关系中移情的重要性 | 1. 极不重要到有些重要 | 1. 极不重要 | 1. 极不重要 |
| 15. 无意识在功能与变化中的重要性 | 2. 有些重要 | 1. 有些重要 | 2. 有些重要 |

资料来源：Turner，1996b。

**8. 治疗过程的性质（Nature）**

指某个实务理论导致改变的过程和结果的特定内涵，通常通过实务过程的工作关系、目标、成效来加以体现。增权理论、女性主义和马克思主义的治疗过程有相近性；不同流派和类型理论之间的差异性会相对明显。

**9. 适用于理论的治疗词语**

不同实务理论使用特定的介入或治疗术语，这些术语是说明实务理论所包含的目标理念、功能角色、方法模型、技巧工具的一些专门用语。了解和掌握这些关键词是了解和掌握相关实务理论方法的前提条件。叙事理论的治疗术语有解构（Deconstruct）、外在化（Externalize）、问题弥漫的故事（Problem Saturated Story）、重构（Reconstruct）、相关影响（Relative Influence）、重说故事（Re-story）、被抑制的知识（Subjugated Knowledge）、独特结果（Unique Outcomes）等；角色理论模式的术语有角色模糊（Role Ambiguity）、角色冲突、角色互补（Role Complementarity）、角色诱导（Role Induction）、角色互惠（Role Reciprocity）等（Turner，1996b）。有些术语已成为通用术语，如相互过程（Mutual Processes）或相互关系（Mutuality）、复原（Healing）（派恩，2008；Turner，2017）等。

**10. 性别/文化/种族/族裔作为变量的重要性①（1. 极其重要；2. 重要；3. 一般重要；4. 有些重要；5. 极不重要；6. 不清楚）**

该维度体现出社会－结构理论流派（佩恩总结的“社会主义－集体主义”流派）对社会工作的贡献（派恩，2008：100）。因此，不难发现增权理论、女性主义和马克思主义都极度重视性别/文化/种族/族裔作为变量的重要性，而对案主中心理论、交往理论、调解理论、任务中心理论来说，通常很少从性别/文化/种族/族裔的视角认识和处理案主问题（Turner，1996b）。

**11. 重要参与（Significant Involvement）在变化过程中的重要性（1. 极不重要；2. 有些重要；3. 一般重要；4. 重要；5. 极其重要）**

在特纳的变量中，使用了重要参与、重要他人和重要环境三个术语。“重要参与”通常指案主的一些有重大影响和有效的参与，体现社会工作专业的理论重要性和价值取向。增权理论、女性主义和马克思主义作为集体取向的理论模式，都十分强调案主的重大参与的重要性或工具价值；在个体取向的一些理论模式中（如案主中心理论、建构主义、格式塔理论、调解理论、问题解决理论），案主的重要参与并不是介入重点。

---

① 特纳分解表中有10个变量（或维度）使用“重要性”多项选择答案；由于选项背景存在差异等因素，原文对相关测量值的用词设定不完全统一。

**12. 治疗关系中的角色**

社会工作者在各种治疗关系中扮演照护者、协助者、教育者、促动者、支持者、指导者、培育者、分享者的角色。社会工作的角色理论及实务优化了社会工作者对自我角色的理解和安排（Kimberley and Osmond，2017；派恩，2008）。

**13. 专业关系的性质（Nature）**

在论述各个实务理论模式所体现的专业（治疗）关系性质时，特纳使用较多的关键词有“平等”“伙伴”“合作”“信任”等；如角色理论模式体现一种“有助于促进所希望的变化的、轻松的伙伴关系”。有些理论模式则强调“基于现实的教育关系”（认知理论）或“对人的环境有目的的管理方式（关系）”（Turner，1996b）。

**14. 专业关系中移情的重要性（1. 极不重要；2. 有些重要；3. 一般重要；4. 重要；5. 非常重要）**

在不同的理论处遇模式下，发生移情或反移情的可能性和把移情作为分析治疗工具的重要性不同。马克思主义和女性主义的介入关系中，移情的可能性或重要性极小，而心理分析理论、建构主义、调解理论的介入关系中移情发生的可能性或体现的重要性最大（Turner，1996b）。

**15. 无意识在功能与变化中的重要性（1. 极不重要；2. 有些重要；3. 一般重要；4. 重要；5. 非常重要）**

无意识（Unconscious）是心理治疗流派的重要概念工具。对马克思主义、女性主义和增权理论来说，无意识在案主功能与变化中的作用远不如社会意识觉醒和重大参与重要；然而对心理分析理论、精神语言学理论、催眠术来说，无意识则是极其重要的介入变量。

特纳通过汲取不同学科提供的概念视角，对各实务理论模式的特质提供不同的认识维度。第 10、11 个维度在很大程度上来自社会工作专业所注重的“社会性”视角；从第 12、13 个维度来看，实务理论体系中存在专家主导的医患关系模式（心理动力或心理分析理论）和更为平等的案主 - 社工关系模式（派恩，2008：100），以及介于两者之间的“平等和客观关系，在这种关系下案主被导向某种合理的和可接受的问题解决”（如问题解决理论）（Turner，1996b）；第 14、15 个维度则来自心理动力理论知识的视角。对实务理论的普通传授者和学习者来说，要全面仔细地掌握和区分这些理论绝非易事。

## 三 价值基础与对人的认识

特纳分解表的第 3 单元和第 4 单元分别是“价值基础”和“对人的认识”。实务理论是由价值驱动的，作为理论践行者——社会工作者或咨询师——的价值取向不同，具有决定使用或拒绝使用某种理论的选择权利（Turner，1996a：12）。同时，实务理论的重要任务之一是认识和解释案主世界；这些对人的认识与解释是基于经验判断，而非价值判断。

### （一）价值基础

实务理论体系的内在框架中，价值基础和价值标准是相对薄弱和难以建构的内容。Congress（1996）曾借用人类学家克拉克洪·斯托特柏克价值构架（Kluckhohn，1961）阐释格式塔理论模式的价值基础。特纳的分解表也以克拉克洪·斯托特柏克价值构架作为统一的价值分析框架，解释实务理论体系的价值内涵（见表 7）。

**表 7 特纳的实务理论分析框架：价值基础**

| 理论变量 | 理论模式 | | |
|---|---|---|---|
| | 9. 增权理论 | 11. 女性主义 | 16. 马克思主义 |
| 16. 基本人性观（根据偏好排序） | 中性 | 性善、中性、性恶 | 中性、性恶、性善 |
| 17. 活动取向（根据偏好排序） | 活在当下、积极做事、自我控制 | 活在当下、自我控制、积极做事 | 积极做事、活在当下、自我控制 |
| 18. 人际关系取向（根据偏好排序） | 群体、个人、家庭、社区 | 群体、个人、家庭 | 群体、家庭、个人 |
| 19. 时间取向（根据偏好排序） | 过去、现在、未来 | 过去、现在、未来 | 过去、现在、未来 |
| 20. 与自然（或环境）的关系 | 顺从自然 | 与自然相和谐 | 控制自然 |

资料来源：Turner，1996b。

**16. 基本人性观（根据偏好排序：性善、中性、性恶）**

从特纳对增权理论、女性主义和马克思主义价值基础的简析来看，这三个理论的前四个价值维度既有包容性或多元性，也有其重要性顺序。对马克思主义社会工作理论者而言，认为人类的内在本性基本是中性的，但也包含性善、性恶的差异。特纳对增权理论、交往理论的“基本人性观”只做出“中性”单一选项，而没有像其他大多数理论者那样排出性善、中性、性恶三个单项的连续统顺序（Turner, 1996b）。

**17. 活动取向（根据偏好排序：活在当下、积极做事、自我控制）**

马克思主义的活动取向（“最好的活动模式”或“行为动机”）以“积极做事”为主，即把人们为实现目标所做的努力作为衡量成就和价值的最高标准，而不仅仅是满足于现状或只追求实现自我的完整。

**18. 人际关系取向（根据偏好排序：群体、个人、家庭、社区[①]）**

根据克拉克洪·斯托特柏克的价值维度，人际关系是指最好的社会结构（组织）或“人际责任的焦点”——个体取向认为社会结构应当以个人为本进行安排；集体取向坚持社会结构应当首先建立在由个体组成的、每个人具有相对平等地位的基础之上；而等级取向则认为社会结构需要基于群体内部清楚而固定的等级关系来建立（Nardon & Steers, 2009）。特纳分解表中的27个实务理论同时都包含个体、家庭（或等级）、集（群）体取向，但对三种取向的重要性或偏好的排序存在差异。因此可根据首要价值取向大致区分为三大群组（见表8）。增权理论人际关系取向的优先或重要性顺序是群体、个人、家庭和社区。

**表8 不同实务理论的人际关系首要价值取向**

| 个体为首要取向 | 家庭（或等级）为首要取向 | 集（群）体为首要取向 |
|---|---|---|
| 2. 行为理论；3. 案主中心理论；4. 认知理论；6. 建构主义；7. 危机理论；8. 自我心理学；13. 格式塔理论；14. 催眠术；15. 生命模式；17. 调解理论；19. 精神语言学理论；20. 问题解决理论；21. 心理分析理论；22. 心理社会理论；25. 任务中心理论；26. 沟通分析理论；27. 超个人理论 | 1. 土著居民理论<br>5. 交往理论<br>10. 存在主义理论<br>12. 功能理论<br>18. 叙事理论<br>24. 系统理论 | 9. 增权理论<br>11. 女性主义<br>16. 马克思主义<br>23. 角色理论 |

资料来源：Turner，1996b。

① 在克拉克洪·斯托特柏克价值构架中，人际关系取向的三个选项是群体、个人、等级；特纳根据社会工作实务对象，将维度选项修订为群体、个人、家庭以及社区。

**19. 时间取向（根据偏好排序：过去、现在、未来）**

在时间取向方面，所有的实务理论都认可过去、现在、未来是影响决定的因素，但是这些因素的影响程度是不同的。马克思主义认为过去事件或传统因素对人们的决定有更大的影响。

**20. 与自然（或环境）的关系（顺从自然；与自然相和谐；控制自然）**

在与自然（或环境）的关系上，马克思主义认为人们有需要和有责任控制自然，而不是仅仅是与自然和谐共生，或顺从自然。

特纳的整合性价值基础分析框架有助于人们提高对实务理论与专业价值之间关系的认识：（1）各种实务理论都包含一定的价值特质和要素；（2）不同的实务理论所包含的价值特质和要素之间存在某些共同性和某些明显差异性。如认知行为理论的实践中经常会遇到技术垄断或操纵案主的伦理议题（佩恩，2008：127～148），而案主中心理论作为从认知理论发展而来的一个流派，从过去某种中立价值转化为以案主为中心的价值，主张案主自决、案主与社会工作者的知情协议（Turner，2017：40－41、88）。案主中心主义和存在主义都持有相同的反权威主义立场（Turner，2017：180）。

结合佩恩《现代社会工作理论》（2008）的论述，我们可以发现实务理论体系基础价值的若干特征：（1）文化多元主义（文化敏感性、宗教性、族裔性）已经被越来越多的实务理论所自觉接受。人文主义、存在主义、神灵视角关注人类经验，通常对人的文化性具有敏感性；社会发展和社区发展理论主张避免将西方中心主义、个人主义价值强加给发展中国家，注重发展过程中所体现的文化差异、性别差异及非经济价值，加强文化多元性（派恩，2008：223～231）。（2）社会正义作为社会工作专业核心价值在一些实务理论中占据重要地位。如激进主义批判视角主张改变人们对社会结构的信念和感知，质疑统治阶级价值观（不正义）（派恩，2008：246）；社区发展理论的一些践行者发展非政府组织的多元价值和伙伴关系，通过社会行动挑战集权政府的价值，通过社会教育防止社会排斥发生（派恩，2008：225～227）。

在特纳的“社会工作实务理论与模式：选定特质的比较”分解表中，有一些涉及价值基础议题的变量（或维度）被放在其他单元，如对性别、文化、民族和族裔的看法（“理论特质”单元）。

## （二）对人的认识

特纳筛选出 7 个维度解构每个理论在认识和解释人的特性方面的基本视角（见表 9）。

表 9 特纳的实务理论分析框架：对人的认识

| 理论变量 | 理论模式 | | |
|---|---|---|---|
| | 9. 增权理论 | 11. 女性主义 | 16. 马克思主义 |
| 21. 自由意志与社会决定连续统 | 4. 自由意志较强 | 3. 基本相等 | 2. 社会决定较强 |
| 22. 情感 - 理性连续统 | 3. 情感与理性相等 | 1. 高度情感影响 | 3. 情感与理性相等 |
| 23. 遗传与环境因素在发展过程中的相互关系 | 4. 环境因素略超过遗传因素 | 5. 环境因素强 | 5. 环境因素强 |
| 24. 人的适应变化能力 | 1. 非常强 | 2. 强 | 2. 强 |
| 25. 早期历史对当前功能的影响 | 3. 较为相关 | 3. 较为相关 | 1. 高度相关 |
| 26. 成熟功能的性质 | 实现潜能，改变结构；从压迫中解放自我、人群和社区 | 能够进行知情选择，寻求个人和社会的目标与特定角色功能 | 能够在努力改变条件的过程中寻求理解人与社会之间的辩证法和发现自主权 |
| 27. 人格变化的性质 | 从受害（牺牲）者变为胜利者，确认自我、人群和社区正在走向解放 | 通过实现自我和谐和认识社会压迫而缓解重压 | 从社会结构（决定论）中感受到自我 |

资料来源：Turner，1996b。

**21. 自由意志与社会决定连续统（1. 完全社会决定；2. 较强社会决定；3. 基本相同；4. 较强自由意志；5. 完全自由意志）**

根据特纳的总结，同样是集体主义取向的理论，增权理论、女性主义理论和马克思主义在自由意志和社会决定连续统方面的认识有明显不同，在马克思主义观点中人的行为更多由社会决定而非由自由意志决定，增权理论看重自由意志，女性主义则持中间立场。

**22. 情感 - 理性连续统（1. 高度情感影响；2. 情感高于理性；3. 情感与理性相等；4. 理性高于情感；5. 高度理性影响）**

增权理论和马克思主义认为人通常具有平衡的感性和理性；认为高度情感影响的理论有女性主义、案主中心理论、格式塔理论，认为高度理性影响的理论则是认知理论、交往理论、建构主义等（Turner，1996b）。

**23. 遗传与环境因素在发展过程中的相互关系（遗传因素强；遗传因素略超过环境因素；大致相等；环境因素略超过遗传因素；环境因素强）**

马克思主义认为在人的发展过程中，环境因素的作用强于遗传因素的作用。在特纳的分解表中，所有理论都注重人在发展过程中环境因素的作用，差别仅在于认为环境因素作用强、略强，还是环境因素与遗传因素的作用同样重要（如认知理论、自我心理学、叙事理论、问题解决理论、心理分析理论、社会心理理论、任务中心理论等）；没有一个理论认为遗传因素比环境因素具有更强的作用。

**24. 人的适应变化能力（1. 高度适应；2. 较强适应；3. 一般适应）**

所有社会工作理论都承认人具有适应变化能力。增权理论、行为理论、认知理论、功能理论、案主中心理论等多数理论认为人具有非常强的适应变化能力；女性主义、马克思主义、心理分析理论等也高度认可人的适应变化能力，认为人具有一般适应能力的理论有自我心理学、存在主义、叙事理论和角色理论（Turner，1996b）。

**25. 早期历史对当前功能的影响（1. 高度相关；2. 较强相关；3. 较为相关；4. 有所相关；5. 极小相关）**

马克思主义认为早期历史对当前功能的影响呈现高度相关。认为呈现极小相关的是功能理论和建构主义（Turner，1996b）。

**26. 成熟功能的性质（Nature）**

按照马克思主义观点，成熟（者）的功能或人格表现为“能够在努力改变条件的过程中寻求理解人与社会之间的辩证法和发现自主权”；角色理论则认为成熟功能的性质需要“根据对角色丛的满意度和处理角色冲突与角色模糊的能力来测定”（Turner，1996b）。

**27. 人格变化的性质（Nature）**

根据增权理论的人格概念，人格变化的内涵体现在“从受害（牺牲）者变为胜利者，确认自我、人群和社区正在走向解放”；角色理论则认为是“寻求自我（Ego）与重要的另一自我（Significant Alter Ego）之间的平衡”（Turner，1996b）。

特纳的理论分解表将“对人的认识”作为一个重要的单元，为理解实务理论的概念内涵提供了一个重要思路。在社会工作理论文献中，

"对人的认识"并非一个统一的亚理论框架或单元板块。特纳将各种理论对成熟者所具备的功能或成熟人格表现的看法，作为一个特定的理论特质维度，并在其分解表中做出具体阐释；但在其主编的著作中相关论述并不多，只有少量章节谈及人、人格或行为的"成熟"、"不成熟"或"未成熟"问题（Turner，2017）。

## 四 实务介入模式

实务介入模式是理论和实务"联姻"的产物。"负责任的和符合伦理的实务需要建立在强大理论的基础之上。"（Turner，1996a：10）在特纳看来，理论在实务中的解释和预测功能既体现在上述理论概述、理论特质、价值基础和对人的认识等方面，也体现在实务介入过程的治疗、治疗师和应用等方面。

### （一）治疗

社会工作实务通常有各种称谓，如服务、介入（干预）、处遇、治疗等。北美国家通常用治疗一词来称呼比较专门化的社会工作临床实务，体现出北美国家的社会工作重视探讨以证据为本的实务模式以及侧重心理行为、精神健康等领域的实务活动（见表10）。

**表10 特纳的实务理论分析框架：治疗**

| 理论变量 | 理论模式 | | |
|---|---|---|---|
| | 9. 增权理论 | 11. 女性主义 | 16. 马克思主义 |
| 28. 理论话语所描述的首要治疗目标 | 申明关注点；拒绝内外部的压迫并改变其条件；发挥自我和社区潜能 | 在生活目标关系中发现人们对发声表达的选择，鼓励妇女解放 | 协助案主理解社会和历史条件命运的影响 |
| 29. 历史在治疗中的重要性或角色 | 4. 相当重要 | 3. 中等重要，根据个案情况 | 5. 极其重要 |
| 30. 诊断的概念 | 偏好定期预估，包括出于对某些需要的考虑而对人体生化紊乱的诊断 | 基本不适用；不认为将妇女功能归为病态 | 识别案主的危急境遇（主要问题），展示和确信相关介入的有用性 |
| 31. 预估的概念 | 通过双向过程，检查过去内化的和现在的障碍，以实现自我和社区潜能，策划解放行动 | 发展案主对情境的共同理解，特别是关注社会制约、选择和变化潜能 | 理解妨碍案主正常功能的整个历史和环境 |

续表

| 理论变量 | 理论模式 | | |
|---|---|---|---|
| | 9. 增权理论 | 11. 女性主义 | 16. 马克思主义 |
| 32. 与重要他人工作的重要性 | 4. 从中等重要到极其重要 | 3. 根据个案情况 | 3. 根据个案情况 |
| 33. 与重要环境工作的重要性 | 5. 极其重要 | 4. 中等重要 | 4. 中等重要 |
| 34. 治疗期限 | 5. 根据案主意愿和需要 | 5. 根据案主意愿和需要 | 3. 没有期限 |
| 35. 处境在治疗中的重要性或角色 | 2. 有些重要 | 5. 非常重要 | 5. 非常重要 |
| 36. 目标设定的功能Ⅰ：重要性 | 3. 根据情况而定 | 3. 根据情况而定 | 3. 根据情况而定 |
| 37. 目标设定的功能Ⅱ：属性 | 3. 高度灵活 | 3. 高度灵活 | 2. 相对广泛 |
| 38. 治疗的首要焦点 | 压迫系统和资源缺乏；无望感、无权感、愤怒感和压抑感等；自我挫败观念和关系；与社区和族群的微弱联系 | 案主感知；感觉；性别角色；社会因素；价值 | 历史；人与情境的交互影响；社会经济和政治制度 |
| 39. 主要的变化促动因素 | 个人、家庭、群体；案主－工作员互动；资源和机会获得 | 案主；关系；女性集体；资源；技巧 | 物质资源；服务；接纳；反省；增进的觉醒 |
| 40. 主要的技术 | 对话；反压迫抗争；意识提升；实践指导；自我与技巧支持 | 社会的/性别的技术 | 教育；支持；倡导；挑战；合作 |

资料来源：Turner，1996b。

**28. 理论话语所描述的首要治疗目标**

关于各种实务理论的治疗目标，特纳使用了三个相关维度。（1）首要的治疗目标。（2）目标设定的功能 I：重要性。（3）目标设定的功能 II：属性。治疗过程通常具有多重目标。在特纳看来，增权理论所表述的首要治疗目标则包含三重内容：申明关注点、拒绝内外部的压迫并改变其条件、发挥自我和社区潜能。而马克思主义语境中的首要治疗目标是“协助案主理解社会和历史条件命运的影响”。

**29. 历史在治疗中的重要性或角色（1. 极不重要；2. 有些重要；3. 中等重要；4. 相当重要；5. 极其重要）**

在大部分介入实务中，工作治疗师主要依据案主当前的问题与需要进行处置。对增权理论和马克思主义等实务模式而言，案主过去的生活经历在治疗中极其重要或相当重要，然而，是否能够有效利用案主的历史资料，对社会工作者能力提出了挑战，也取决于社会工作者的个人偏好或选择。有的研究者提出，历史叙说有利于初期关系建立和预估，但与案主当前的困境和需求情况相比并不是最重要的资料；有的研究者认为社会工作者并非案主历史问题或生活经历的专家，只有案主本人能成为自我经历的专家，案主对历史的叙述主要是生活叙说的自然延伸（Turner，2017：179、341）。特纳的理论模式分解表中选择了两个历史变量，即“早期历史对当前功能的影响”和“历史在治疗中的重要作用”。一般来说，这两个变量有高度相关性，如马克思主义、心理分析理论以及土著居民理论都看重早期历史对当前功能的影响，并重视历史在治疗中的重要作用。但在佩恩的理论著作中，没有发现对这些历史变量以及北欧、北美土著居民介入模式的专门论述（派恩，2008）。

**30. 诊断的概念**

诊断的概念具体包含诊断的行为、目的、结果、方法和过程。增权模式偏好定期预估，包括出于对某些需要的考虑而对人体生化紊乱的诊断；对马克思主义来说，重要的诊断要求是识别案主的危急境遇或主要问题，确信相关介入的有用性；女性主义介入通常不使用诊断概念，认为不可将妇女功能归为一种病态。

**31. 预估的概念**

预估或诊断性预估（Diagnostic Assessment）通常由结构性面谈和书面报告形式构成，是对问题或疾病性质做出诊断的前置阶段或条件。特纳指出，增权理论的预估方法注重通过双向过程检查过去内化的和现在的障碍。在社会工作中实务过程中，“双向性”（Mutuality）是一个重要的概念，即不仅案主因治疗过程而发生自我改变，治疗师也能在与案主的持续互动中进行自我反省，以达到对案主世界和专业行为更深入的理解。

**32. 与重要他人工作的重要性（1. 极不重要；2. 有些重要；3. 根据情况；4. 相当重要；5. 极其重要）**

重要他人是源于精神病学、社会学的一个重要概念。社会工作中的“重要他人”指的是对案主的个人生活福祉、人际关系和社会资源中具有重要影响的人物。这些人可能是核心家庭成员、长辈亲属、上级、师长、偶像、密友等，能够提供保护或给予支持来帮助案主改善生活和实现自我。Congress（1996）曾在分析格式塔理论模式时较早谈及“重要他人”的作用议题。在增权模式中，重要他人的作用相当重要。最重视重要他人工作的理论模式有行为理论、存在主义、系统理论和任务中心理论；最不重视重要他人的模式是心理分析理论、功能理论、格式塔理论和调解理论。当然，某个理论模式整体上不注重重要他人的作用，不意味着在任何具体的治疗过程中都不与重要他人工作。如在格式塔婚姻治疗中，治疗师也认识到重要他人的重要性，在每个治疗单元的开始活动中引导婚姻伙伴感受对方的意识和察觉对方对自己的影响（Tunner，2017：252）。在中国文化背景下和个人情境中，重要他人一般会是一个比西方社会工作实践更重要的介入变量，这需要中国学者通过以经验为本的实务研究来加以验证。

**33. 与重要环境工作的重要性（1. 极不重要；2. 有些重要；3. 根据情况；4. 相当重要；5. 极其重要）**

在社会工作文献中表示案主和工作者背景的用语有三个，即情境（Situation）、处境（Setting）和环境（Environment），分别表示相对微观（个人）、中观（组织、团体或机构）和宏观（社会）的境遇。与重要他人一词不同，重要环境一词更带有社会工作自身的学科渊源。特纳在分解表的阐释分析中多处使用情境、处境和环境等术语。许多学者将“人在情境中”和“人在环境中”混合使用。一般而言，环境作为一个有广度和弹性的概念包含情境和处境、情境和处境是环境的组成部分或特定层次。“环境是由各种社会和物质层面所构成的”，也是重要的工作对象之一。对社会工作者和案主来说，需要认识到“在案主的环境中，什么是社会因素、社会结构因素、社会情境因素、境遇－历史影响或文化现实”（Kimberley and Osmond，2017：459）；同时注重与这些环境因素的工作互动。然而在不同的实务模式中，与环境因素工作互动的程度存在差异。在特纳看来，增权模式、行为理论、功能理论、生命模式、系统理论、任务中心理论等属于最重视与重要环境工作互动的类型；相对而言，心理分析理论、格式塔理论等，极少包含与重要环境工作互动的概念（Turner，1996b）。

**34. 治疗期限（1. 极为短期；2. 一般短期；3. 没有期限；4. 一般长期；5. 根据案主意愿和需要）**

大部分介入模式的治疗期限取决于案主的愿望和需要。治疗期限较长的有心理分析理论，较短的有认知理论、功能理论、任务中心理论等，治疗期限最短的是危机理论；还有一些介入模式如马克思主义、角色理论、心理社会理论、土著居民理论等介入模式没有时间限制。

**35. 处境（Setting）在治疗中的重要性或角色（1. 极不重要；2. 有些重要；3. 中等重要；4. 相当重要；5. 非常重要）**

在相关文献中，处境（Setting）通常指有一定组织结构的机构（Agency Setting 或 Office Setting）、服务项目或社区组织（Community Setting），如精神健康诊所、学校、社会服务机构、医院、邻里中心、教会（堂）、社区发展合作社、妇女服务项目以及私人服务机构等（U. S. Bureau of Labor Statistics, 2019; Brook School of Social Welfare, 2019）。许多实务治疗过程发生在机构或社区条件下，但有关专门研究机构或社区环境在治疗中起到的作用或存在重要性的文献很少。在特纳看来，女性主义和马克思主义的实务介入十分需要可靠的机构、组织或社区环境；行为理论、交往理论、危机理论、格式塔理论则不太倚重特定的机构、项目或社区环境（Turner, 1996b）。

**36. 目标设定的功能 I：重要性（1. 极不重要；2. 有些重要；3. 根据情况；4. 一般重要；5. 极其重要）**

在实务介入之前，社会工作者通常与案主一起针对案主的需要，确认特定的目标、实现目标的步骤、所需要的资源和介入时间日程。特纳发现对不同的实务理论模式，目标设定的重要性程度不同，马克思主义、女性主义和增权理论模式的目标设定通常根据情况而定，而行为理论、认知理论、功能理论、心理社会理论、角色理论、系统理论和任务中心理论等模式，目标的设定是极其重要的（Turner, 1996b）。

**37. 目标设定的功能 II：属性（1. 高度广泛；2. 相对广泛；3. 高度灵活；4. 相对准确；5. 高度准确）**

目标设定的精确性与重要性互相有着密切联系。对那些严格注重目标设定的理论模式（如行为理论、认知理论、功能理论、心理社会理论、角色理论、系统理论和任务中心理论等），所设定的任务目标也相对具体或精确；对一些目标设定有难度或不那么严格的理论模式，其设定的任务目标则具有灵活性（如增权理论、女性主义、危机理论、存在主义、建构主义、心理社会理论等）或广泛性（如马克思主义）。

**38. 治疗的首要焦点**

特纳在分解表的“治疗”和“应用”两个专栏对三个维度或要素——“首要的治疗目标”（Principal Therapeutic Goal）、“治疗的首要焦点”（Principal Foci）和“所针对的问题”（Problem Targets）做出简要解释（见表11）。从概念内涵来看三者有高度的相似性，说明不同的理论模式内部和外部之间的特质要素具有相通性、连锁性，需要教育者和从业者予以识别和合理解释。

**表11 实务理论要素比较：治疗的目标、焦点与问题**

| 维度 | 理论模式 | | |
|---|---|---|---|
| | 9. 增权理论 | 11. 女性主义 | 16. 马克思主义 |
| 28. 理论话语所描述的首要治疗目标 | 申明关注点；拒绝内外部的压迫并改变其条件；发挥自我和社区潜能 | 在生活目标关系中发现人们对发声表达的选择，鼓励妇女解放 | 协助案主理解社会和历史条件命运的影响 |
| 38. 治疗的首要焦点 | 压迫系统和资源缺乏；无望感、无权感、愤怒感和压抑感等；自我挫败观念和关系；与社区和族群的微弱联系 | 案主感知；感觉；性别角色；社会因素；价值 | 历史；人与情境的交互影响；社会经济和政治制度 |
| 49. 所针对的问题 | 系统性压迫；潜能建设；集体和社区建设 | 各种不同的处境和实践场域 | 人-情境困难；大规模的制度-人际互动；资源短缺 |

资料来源：Turner，1996b。

**39. 主要的变化促动因素**

在特纳的理论特质分解框架中，变化的促动因素包括各种人或人群（如家庭）、资源、机会、关系、技巧等；马克思主义、女性主义、增权理论等介入模式注重的主要促动因素包括特质和社会资源，而某些理论模式如土著居民理论则注重老人、仪式的作用（Turner，1996b）。

**40. 主要的技术**

在实务模式分析中，特纳使用了“知识”、“技术”（Techniques）和“技巧”（Skills）三个概念术语来区分实务工作者使用的工具层次（类型）。就技术而言，其通常比技巧更注重工具的策略功用、整体结构和使用程序。如“支持”技术作为一种工作策略，可区分为社会支持、自我支持、技巧（技术）支持等类型。各种支持技术包含更具体的使用技巧，需要工作人员和案主加以掌握或传授。在21世纪，电子通信已成为社会工作实务不可缺少的技术手段，社会工作者需要利用和掌握网络空间技术，以向更多的人提供快捷方便的服务。

特纳在“社会工作实务理论与模式：选定特质的比较”分解表的“治疗”单元中，就重要他人、环境、处境、历史、目标设定等5个变量重要性（Importance）或作用（Role）的维度，对各种实务理论进行简要阐释。前4个重要性维度能够反映每个社会工作实务理论体现“社会性”的程度，目标设定的重要性维度则体现介入模式在计划和评估环节的特征。在“理论特质”单元和“治疗师”单元中，特纳分别使用了“性别/文化/种族/族裔作为变量的重要性”、“重要参与在变化过程中的重要性”“移情的重要性”“无意识的重要性”“自我觉醒的重要性”“督导的重要性和角色”维度，说明这些要素在实务过程中具有特殊意义，是需要掌握的理论概念和实务方法的要点。

### （二）治疗师

在北美国家，许多临床社会工作者被称为治疗师。“治疗师”是一个受法律（执照法或注册法）保护的称呼，只能用于那些取得相关从业执照、通常具有硕士以上学位、完成过有督导的实习工作和有特定专长的专业人员。特纳选用了5个维度说明不同实务理论对治疗师的能力要求（见表12）。

**表12 特纳的实务理论分析框架：治疗师**

| 理论变量 | 理论模式 | | |
|---|---|---|---|
| | 9. 增权理论 | 11. 女性主义 | 16. 马克思主义 |
| 41. 自我觉醒的重要性 | 5. 极其重要 | 4. 相当重要 | 4. 相当重要 |
| 42. 治疗师所需要的知识基础 | 阶级和性别；应对压迫；自我和认知学习；行为；小群体；边缘化；政治和体制变化；边缘群体 | 女性主义；妇女问题；女人与男人的发展与行为、性别、角色；社会、政治和经济制度 | 经济制度；人－环境互动与影响；政治制度；社会制度 |

续表

| 理论变量 | 理论模式 | | |
|---|---|---|---|
| | 9. 增权理论 | 11. 女性主义 | 16. 马克思主义 |
| 43. 治疗师所需要的技能 | 针对压迫的对话；各种小组和临床技巧；真实的自我使用 | 社会/性别分析；倾听与支持；自我表露；资源调动 | 倡导；挑战；沟通；同理；关系 |
| 44. 所需要的培训 | 需要对个人和体系提供专业帮助 | 社工本科起点；存在女性主义实务是否能通过学院方式学习的争议 | 有关马克思主义观点知识的专业训练 |
| 45. 督导的重要性和角色 | 注重在增权和意识觉醒过程中监控自我 | 根据处境和实务场域不同，如在女性主义家庭治疗中较为重要 | 有用但非必需 |

资料来源：Turner，1996b。

**41. 自我觉醒的重要性（1. 极不重要；2. 有些重要；3. 一般重要；4. 相当重要；5. 极其重要）**

对社会工作者来说，“自我”意识（对自我、人格、角色和自我概念的认知）和“自我使用”（将所学到的社会工作知识、价值和技巧与自我世界如人格特质、信仰体系、生活经历等相结合）（Kaushik，2017；何国良，2019）非常重要。同理心和自决原则就是社会工作者“自我使用”的产物。社会工作者作为增权理论的实践者，首先需要具备自我觉醒能力，了解自己的人格、能力和弱点；其次具有自我和认知学习经历；最后掌握真实的而非虚假的自我使用技能。

**42. 治疗师所需要的知识基础**

在此主要指某种介入模式所依托的特定“前线”知识。著名增权理论学者 Lee 对增权模式的理论和知识基础做出以下具体总结：有关压迫情境中人与环境交易的理论和概念包括多重视角，历史压迫的、生态的、“族裔/阶级的”、文化的、女性的、激进理论的和全球的视角；其知识基础涉及个人的适应潜能、独特的人格和人们的应对方式——自我机能、社会和认知行为学习以及面对压迫的问题解决，提升个人、家庭、群体和社区的帮助过程水平，更大范围的体制和结构变迁过程；掌握这些理论和知识能使社会工作者在个人、人际和政治三个层面协助案主进行自我增权（Lee and Hudson，2017：151；何雪松，2017）。

**43. 治疗师所需要的技能（Skills）**

与“知识”和“技术”相衔接，技能是运用知识和技术的一系列具体手法，如增权模式中针对压迫的对话技巧、各种小组和临床技巧、真实的自我使用技巧等。佩恩也强调了平等对话和自助小组技能作为增权理论和女性主义实务工具的重要性（派恩，2008）。

**44. 所需要的培训**

“知识”、“技术”（Techniques）和“技巧”（Skills）能力需要通过专业培训来获得或通过资质证书来证明。从特纳所总结的标准要求看包括：（1）专题训练，如马克思主义专题培训；（2）见习年限，如从事土著居民实务介入需要至少5年的神灵（Spirituality）见习经验；（3）学科知识，如角色理论的相关社会学知识、任务中心理论的相关社会工作知识；（4）学历资质，如涉及心理问题介入的模式（认知理论、交往理论、建构主义、自我心理学、心理分析理论、心理－社会理论、超个人理论等）都需要有研究生以上的学历背景（Turner，1996b）。

**45. 督导的重要性和角色**

（1）督导的重要性程度。对心理治疗的各种实务理论模式（如心理分析理论、认知理论、超个人理论、沟通分析理论）和对初级治疗师而言，专业督导是十分重要的；就马克思主义实务理论模式而言，督导有用但并非必需；随着自我认识的提升，督导的必要性减弱或被自我认识所取代。（2）针对不同阶段、内容和场域的督导角色。大部分实务理论模式在介入初期或者针对复杂的案主问题时，需要确定相应的督导角色（如行为理论、交往理论）；根据某些特定的领域或内容，选择相应的督导角色，如介入过程中的（社工）自我觉醒（增权理论、案主中心理论、格式塔理论），质量控制和继续教育（任务中心理论），女性主义家庭治疗（女性主义）；在某些模式介入过程中，合作治疗师之间的相互反馈或同辈督导较为重要（系统理论、心理社会理论）（Turner，1996b）。

以上有关治疗师的各项能力要求维度是特纳分解表中的最小单元之一，与“价值基础”单元一样仅包含5个维度，但这些维度要素常常是一般理论著作和教科书容易忽略或没有做出明确说明的内容。因此需要将治疗师或从业者作为践行理论的基本主体之一，培训他们的理论自觉，将理论知识的“自我觉醒”作为督导的一项重要关注点。

## （三）应用

特纳选择了7个维度分析不同实务理论的应用问题（见表13），这些维度可归纳为三个方面：（1）应用的范围、层次和可应用性；（2）目标问题与人群；（3）应用的风险和局限。

**表13 特纳的实务理论分析框架：应用**

| 理论变量 | 理论模式 | | |
|---|---|---|---|
| | 9. 增权理论 | 11. 女性主义 | 16. 马克思主义 |
| 46. 应用水平 | 4. 中度广泛 | 5. 广泛应用；3. 对男性视情况而定 | 5. 广泛应用 |
| 47. 微观-宏观连续统 | 3. 平衡 | 3. 平衡 | 1. 宏观 |
| 48. 对不同规模人群的可应用性（1为高度可应用性；5为最小可应用性） | 个人1；双人群1；小组1；家庭1；社区1 | 个人1；双人群3；小组1；家庭2；社区3 | 个人1；双人群2；小组1；家庭1；社区1 |
| 49. 所针对的问题 | 系统性压迫；潜能建设；集体和社区建设 | 各种不同的处境和实践场域 | 人-情境困难；大规模的制度-人际互动；资源短缺 |
| 50. 特定的案主目标人群 | 社会中所有受压迫者、脆弱者和一无所有者 | 各种女性人口（个人、群体、社区） | 寻求增加自治的人、寻求理解现实和社会变迁的群体；边缘人群 |
| 51. 已知的风险 | 工作者面对根深蒂固的压迫性社会权力系统的挫败 | “重要他人”不直接参与变化过程，可能造成留弃和（或）留弃感 | 要求案主的反省性认知能力；可能产生无望和无效反应 |
| 52. 治疗的局限 | 案主受限于思考和行动能力，只能部分地获得自己的增权 | 针对女性案主，极少回应与男性相关的理论 | 除社会条件外，不能针对内心问题 |

资料来源：Turner，1996b。

**46. 应用水平（1. 高度特定；2. 相对特定；3. 根据情况；4. 相对广泛；5. 广泛应用）**

与分解表第4个维度“与社会工作实务的整合水平”相对应，“理论的应用水平”在此指实务对象的类别范围。大部分实务理论如马克思主义、认知理论、行为理论可广泛应用于各类人群；女性主义可广泛应用于女性，对男性的适用性则视情况而定；少数理论包括增权理论的应用范围中度广泛；只有个别介入模式的范围是高度特定的，如土著居民理论模式。佩恩则指出，认知-行为理论作为西方国家流行的实务模式，在发展中国家的运用相对较少，即使西方国家的认知理论也只能在少数环境中得到应用和督导，如学校和精神病院，但也是在心理学背景的专业人员指导下或社工实务者团队帮助下才能较为容易地掌握相关经验和技巧（派恩，2008：135、140）。

**47. 微观-宏观连续统（1. 基本宏观；2. 相对宏观；3. 宏微观平衡；4. 相对微观；5. 基本微观）**

在特纳的实务理论体系中，只有马克思主义、系统理论的介入层面主要是或基本是宏观的，大约一半的理论是以宏观和微观相结合（如女性主义和增权理论）的，剩余的理论则主要是或基本上是微观的（如心理分析理论、叙事理论）的。

**48. 对不同规模人群的可应用性（个人；双人群；小组；家庭；社区）**

增权理论、女性主义和马克思主义基本适用于各类人群单元，包括个人、双人群、小组、家庭和社区；而某些微观取向的实务理论（如心理分析理论、角色理论、沟通分析理论等）则不适用于社区或小组。

**49. 所针对的问题**

特纳选定的"问题目标"是一个广义概念，既包括失调、障碍或冲突问题，也包括介入目标问题。不同实务模式针对不同层次和类别的问题：一是有关案主（包括个人、人际、家庭、社区等）的问题，其中涉及心理、关系、能力、发展等方面；二是有关案主背景（情境、处境和环境）的问题，涉及资源、行政、体制等方面，各类问题通常相互交织。就增权模式而言，所针对的特定失调或障碍问题包括：（1）无力感、无助感、受压迫感；（2）资源获得和自我管理能力弱；（3）社会角色的义务和规范机能不足；（4）造成或引起内在缺失的外在权力障碍（何雪松，2017：170；佩恩，2008）。

**50. 特定的案主目标人群**

马克思主义和增权理论的服务人群和针对的问题有相近性，尽管二者治疗的目标和焦点有差异性。叙事理论模式的目标人群主要是具有一定完好功能但同时存在亲子关系、儿童行为、夫妻关系等问题的人和家庭；心理分析理论的服务目标人群涉及处于各种发展水平的个人，包括那些需要提高反省能力和改善人际关系的人。

**51. 已知的风险**

同医学治疗一样，社会工作实务理论都有其不确定性或可能因操作不当而产生的负作用。如女性主义介入过程中，有些亲人、同伴或偶像等"重要他人"不直接参与到变化之中，可能会对案主造成留弃和（或）让案主产生留弃感。在分解表中，特纳只说明了主要风险和局限，而在经验研究中，实务工作者从不同角度总结了这些风险和局限，如增权理论、叙事理论的多种风险和局限（何雪松，2017）。

**52. 治疗的局限**

有关增权理论的局限，特纳指出，由于思考和行动能力上的限制，案主只能部分地获得自己的增权。对此佩恩也做了相近的说明，认为存在这样一种危险，即社工人员可能会错误地认为所有案主都能达到高度的增权，此外在社工处理个体性问题时，对个体的增权可能难以扩展到他们身边更广的社区或网络中，只是从受压迫环境中的其他人那里获得权利和资源。在社会或政治资源有限的地方，增权可能会使受压迫或剥夺的群体相互倾轧，而很难将他们团结起来（派恩，2008：332～333）。

特纳最重要的贡献是提出一些结构化的变量（或维度），为认识和讲授实务理论提供需要重点关注的要点提纲。同时，特纳在《社会工作处遇：连锁性理论视角》（第4版）序言中，专门总结了不当的理论认识可能对实务产生的危害：（1）仅从理论教条出发、忽视案主的个别性和情境，可能会弱化社会工作者的同理心，背离最初的人类自由和自治价值轨道；（2）理论具有特定的自我范畴，如果执着于选定的理论视角，可能会限制其他的替代性解释；（3）带有一定规范性、道义性色彩的理论容易排斥其他"异端"理论，不利于促进其他新的、有益的理论观点发展；（4）当某些理论在学术专业界取得权力地位时，容易导致"政治化"倾向的出现，即由某种"官方真理"决定机构和人员的地位、案主对象、服务方式、问题界定和治疗角色等（Turner，1996a：13）。佩恩的《现代社会工作理论》一书通常会在各章的"评论""总结"部分对各个理论的专业贡献、方法特点、缺陷或争议等做出说明。有关实务理论应用中出现的风险、局限或危害等问题，在目前国内理论著作中常常被忽略，无疑是不利于让学生和实践者全面掌握和运用实务理论。

## 五 小结与讨论

对社会工作理论研究者、教育者来说，十分重要的任务是让实务工作者和学生掌握社会工作实务理论的模式框架，清楚地了解理论工具的实务维度、使用方法以及局限性。

**1. 社会工作理论与实务之间的连续统关系**

根据占主流地位的狭义概念，社会工作理论就是或者主要是社会工作实务理论。然而，学界对社会工作理论的实务属性认识经历了一个由浅入深、由偏到全的发展过程，形成了相对统一又各有所长的实务理论模式。总体而言，学界对社会工作理论实务属性的共识主要集中在以下几点：（1）所有社会工作实务理论都包含一整套广泛可被认可的实务介入模型，否则便不属于社会工作实务理论体系；（2）实务理论介入模型或应用构架由具体的和明确的概念框架、特质要素和操作规程所构成；（3）实务理论介入模式的成效需要得到充分的量化或质性分析证据的验证。

**2. 实务理论模式的内容呈现形式（单元板块）**

从现有文献来看，对各种实务理论模式的阐述并没有取得完全统一的内容框架或呈现形式。然而，在长期的专业实践和对话过程中，实务理论模式的内容呈现形式或单元板块名称出现某种趋同走向，大致包含理论概述、代表人物实务理论建构、价值基础、实务介入模式和应用方法、典型案例、阅读和参考文献等内容单元。尤其从特纳和佩恩实务理论著作前后多个版本的更新情况看，其内容框架和维度要素均有改进和趋于相近。相对一致的分析框架和特质要素，有利于建立共同的实务对话基础。相比而言，国内近些年出版的理论著作在价值基础、典型案例等单元的设置方面与国外同人的最新发展还存在差距。

**3. 特纳“社会工作实务理论与模式：选定特质的比较”分解表的特殊意义**

（1）由概况、理论特质、价值基础、对人的理解、治疗、治疗师、应用 7 个单元构成，对理解和运用每个实务理论提供较为完整的框架和明确的方向，与其他教科书和相关文献的分析框架相比更有指引性或参考价值。佩恩在《现代社会工作理论》第 4 版（2014）中对所有理论模式的阐述中新增了“价值基础”和“应用”两个单元内容，体现了佩恩与特纳等同行学者达成的共识。（2）特纳是在吸取学界研究内容和方法成果基础上建构分析框架的，有其特有的文献优势。不同于佩恩独立完成和修订完善的《现代社会工作理论》前后 4 版，特纳主编的多版《社会工作处遇：连锁性理论视角》是由数几十位前沿学者合力完成的，正是汇集了诸多参与实务理论模式开发前沿学者的重要发现和观点，特纳才便于全面地构建理论模式的分析框架和准确地归纳相关特质要素。（3）分解表作为特纳在退休之后完成的一个非正式出版的文献成果，通过一般教科书所无法容纳的大幅一览表形式予以呈现，其文字用语高度浓缩、简化，但其中也存在一些不严密、不统一或疏漏之处，还存在学界同人对部分要素阐述持不同观点可能性；然而，分解表中所包含的特纳本人数几十年实务理论教学和研究丰富心得，所汇总的对理论特质的大量精细提炼，是留给后辈学者一份不可多得、难以替代的珍贵知识遗产。

**4. 框架单元的重要维度和概念术语**

特纳“社会工作实务理论与模式：选定特质的比较”分解表选择了 52 个维度来阐述各个实务理论模式的内在联系和相互差别，这些维度是人们理解和运用实务理论时需要掌握的重要切入点。在同一维度中，不同实务理论的内涵特质和概念术语呈现多样性。特纳在分解表中列举了最核心的内涵特质和概念术语，这有助于实务工作者和学生了解实务理论模式之间的具体异同点。由于格式和篇幅限制，分解表就每个变量（或维度）的特质内容只能做简要概括或要点示例，对一些核心要素的说明可能是不完全的，学界还可能有不同的意见。尽管存在一定局限，但现有维度和概念术语已足以提供基本的知识工具。随着传统实务理论自身的深入发展以及新兴理论（如抗逆力理论、关系理论、寻解理论）的出现，人们可以挖掘和补充新的知识维度和特质，继续丰富实务理论体系的内涵。

**5. 理论与实务之间的界限**

目前社会工作理论的主要著作（Payne，2014；Turner，2017）无不与实务方法和过程密切结合，所阐述的理论都是直接“落地”的理论，即所有的理论要素都能在实务处遇过程中加以呈现、解释和使用。然而在理论教学过程中，常常会遇到实务理论教学与实务课程如何分工的议题，实务理论教学“落地”到什么程度？如何与实务模式和方法课程相区分？从研究和教学实践看，大部分研究者和教育者能自觉地把握两者各自的重点和整合程度。社会工作理论与实务作为不可分割的有机体，包含着“从上到下”和“从下到上”双向连锁取向，同时两者也有相应的内涵差别。如果对理论和实务的连锁关系有了清楚认识，在教学过程中区分两者侧重点或界限的问题便会迎刃而解。

**6. 社会工作实务理论的使用和教学方法**

国内外理论工作者对实务理论的使用和教学提供了许多宝贵的经验。从理论使用的角度，需要实践者破除对理论的神秘感和困惑感，学会一种理论家的反省性思维，能够熟悉理论的假设和概念内涵，归纳与演绎理论要素，总结和展示理论要素，并与案主和同事一起商讨所选择的理论（Forte，2014b）。从理论教学的角度，讲授者也需要学习理论家的理论建构方法和技巧，同时注重在研究证据和经验知识充分的基础上讲授理论，包括运用案例教学方法。佩恩在《现代社会工作理论》第4版（Payne，2014）一书中每章收入的典型案例增加2~4个，同时大大增加了图表的使用和阅读文摘的数量。特纳的《社会工作处遇：连锁性理论视角》（Turner，2017）约一半的章节收录了解释性案例，其中角色理论一章采用了10个案例典型。多元化的实务运用和教学路径，才使较为抽象的理论成为社会工作专业工作者思维和实践的有机部分。

**7. 实务理论的境遇化和本土建构**

社会工作理论的本土化一直是许多中国学者致力实现的目标，然而“本土化”并不是一个确定的和已经取得共识的概念。一般而言，本土化包含“境遇化”和“本土建构”双重内涵。境遇化的概念注重把外生或外源的理论形态，通过结合本地的社会背景和文化因素去理解其中的观念，从而指导本地的实务活动。文化（或跨文化）敏感性是社会工作理论的特质要素之一，因此境遇化符合科学理论所体现的基本规律。本土建构则是用来创造更适用于本地情境的理论模式。这种本土建构可能被定义为理论共同体的特定模式建构，也可能被定义为“以中国为中心”的理论建构。社会工作理论的本质是以案主为中心和以科学为本，因此任何社会工作理论都是超越“以西方为中心”或“以中国为中心”的理论。在这种以案主和科学为本的理论共识下，任何本土化理论建构的难题或误区都不会很难得到破解。

总体而言，中国社会工作理论研究正处于起步探索时期，有些类似皮亚杰描述的认知发展四个阶段（叶浩生，2004）中的第一、二阶段（感知运算阶段和前运算阶段），即能够初步感知、了解社会工作理论的符号系统，借助相关理论概念或符号进行思维（分析）。中国社会工作理论研究还需要向更高层次发展，即进入相对成长和相对成熟阶段。在相对成长时期（类似皮亚杰界定的“具体运算阶段”），社会工作理论研究者的认知结构由前运算阶段的表象图式演化为运算图式，具有守恒性、脱自我中心性和可逆性特征，理论思维活动具备具体内容的支持。在中国社会工作理论研究的相对成熟阶段（类似皮亚杰的形式运算阶段），理论思维形式能够摆脱思维内容和现实影响，关注命题假设，可以对假设命题做出逻辑的和富有创造性的反映，进行更深入的假设－演绎推理和事实－归纳推理，可以期待中国社会工作理论研究和教育在不远的将来能够取得更大的发展。

## 参考文献

白倩如、李仰慈、曾华源（2018）：《复原力任务中心社会工作：理论与技术》，华东理工大学出版社。

陈树强（2003）：“增权：社会工作理论与实践的新视野”，《社会学研究》，第5期，第70～83页。

陈友华、祝西冰（2016）：“中国社会工作实践中理论视角的选择——基于问题视角与优势视角的比较分析”，《山东社会科学》，第11期，第73～79页。

邓玮（2014）：“马克思主义社会工作的实务取向及现实启示”，《华东理工大学学报》（社会科学版），第4期，第36～43页。

杜元可（2010）：“精神分析和人本主义人性观之比较及其对社会工作的影响”，《知识经济》，第13期，第59～60页。

傅伟勋（1990）：《从创造的诠释学到大乘佛学》，台湾东大图书公司。

郭瑜（2011）：“浅析角色理论在社会工作实务中的应用”，《中国青年政治学院学报》，第1期，第127～131页。

何国良（2019）：“实践研究的两种可能：治愈与关顾的选择”，载王思斌主编《中国社会工作研究》（第十七辑），社会科学文献出版社，第1～60页。

何雪松（2007）：《社会工作理论》，上海人民出版社。

何雪松（2017）：《社会工作理论》（第二版），格致出版社。
胡艳华、徐前权、李向玉（2017）：《司法社会工作理论与实务》，中国社会科学出版社。
黄耀明（2008）："社会工作理论发展模式及其基本特征"，《北京科技大学学报》（社会科学版），第1期，第6～9，第39页。
简春安、赵善如（2018）：《社会工作理论》（上下册），华东理工大学出版社。
教育部高等学校教学指导委员会（2018）：《普通高等学校本科专业类教学质量国家标准》（上），高等教育出版社。
刘继同（2012）："社会工作'实务理论'概念框架、类型层次与结构性特征"，《社会科学研究》，第4期，第78～88页。
刘静林主编（2016）：《禁毒社会工作理论与方法》，中国社会出版社。
〔美〕罗伯特·L. 海尔布隆纳（2014）：《马克思主义：支持与反对》，马林梅译，东方出版社。
〔英〕马尔克姆·派恩（Malcolm Payne）（2008）：《现代社会工作理论》（第三版）（Modern Social Work Theory, Third edition），冯亚丽、叶鹏飞译，中国人民大学出版社。
〔英〕佩恩著（2005）：《现代社会工作理论》，何雪松等译，华东理工大学出版社出版。
乔世东（2008）："社会工作实践中价值中立是可能的吗——析社会工作理论与实践的关系"，《山东大学学报》（哲学社会科学版），第5期，第154～158页。
全国MSW教指委（全国社会工作专业学位研究生教育指导委员会）（2012）：《社会工作硕士专业学位指导性培养方案》，中国学位与研究生教育信息网：http://www.cdgdc.edu.cn/xwyyjsjyxx/gjjl/szfa/shgzss/xgjs/275982.shtml。
全国MSW教指委（全国社会工作专业学位研究生教育指导委员会）（2018）：《社会工作硕士专业学位研究生核心课程指南》（讨论稿），《全国社会工作专业学位研究生教育指导委员会暨MSW教育中心主任联席会会议资料》，北京，2018年12月。
宋丽玉、施教裕（2010）：《优势观点：社会工作理论与实务》，社会科学文献出版社。
谭文静、李金娟、王丽（2007）"浅析社会工作理论与实务的关系——以存在主义取向的社会工作模式为例"，《社会工作》，第4期，第14～17页。
唐咏（2009）："中国内地社会工作理论本土化研究"，《学术界》，第2期，第271～275页。
童敏著（2019）：《社会工作理论：历史环境下社会服务实践者的声音与智慧》，社会科学文献出版社。
文军、陈倩雯（2019）："改革开放40年来中国社会工作理论研究的回顾与展望"，《西北师大学报》（社会科学版），第2期，第32～40页。
文军主编（2010）：《社会工作模式：理论与应用》，高等教育出版社。
文军主编（2013）：《西方社会工作理论》，高等教育出版社。
吴金凤、刘忠权（2018）："社会工作理论内涵、实务运用的比较与反思——以心理暨社会学派、生态系统理论、增权理论为例"，《社会工作》，第6期，第23～31页。
徐选国、侯慧（2013）："中国社会工作理论本土化研究进展"，《社会工作》，第4期，第41～48页。
叶浩生著（2004）：《西方心理学理论与流派》，广东高等教育出版社。

易松国、韦宗均（2016）："瞬间崩塌的家庭结构——生态系统视角下的家庭危机应对"，载王思斌主编《社会工作硕士专业学位研究生（MSW）教学案例集》，北京大学出版社，2016 年，第 175～188 页。

张红编著（2018）：《青少年社会工作理论与实务》，中国农业出版社。

赵芳著（2015）：《小组社会工作：理论与技术》，华东理工大学出版社。

周会敏（2008）："增权理论与传统社会工作理论之比较与反思"，《东华大学学报》（社会科学版），第 4 期，第 285～288 页。

Dominelli, Lena, 2015,《女性主义社会工作——理论与实务》，华东理工大学出版社。

Bailey, R. & Brake, M. (Eds.). (1975). *Radical Social Work*. London, UK: Edward Arnold.

Burghardt, S. (1996). A Materialist Framework for Social Work Theory and Practice. In Turner, Francis J. ed. *Social Work Treatment: Interlocking Theoretical Approaches*. 4th Edition. New York: The Free Press, pp. 409 – 433.

Congress, E. P. (1996). Gestalt Theory and Social Work Treatment, In: Turner, Francis J. ed. (1996a). *Social Work Treatment: Interlocking Theoretical Approaches*. 4th Edition, New York: the Free Press, 1996, 341 – 361; Turner, Francis J. ed. (2017). *Social Work Treatment: Interlocking Theoretical Approaches*. 6th Edition, Kindle Edition. New York: Oxford University Press, pp. 248 – 265.

Deacon, L. and Stephen J. Macdonald. (2017). *Social Work Theory and Practice*. London: Learning Matters, An imprint of SAGE Publications Ltd.

Forte, J. A. (2014a). *An Introduction to Using Theory in Social Work Practice*. New York: NY, Routledge.

Forte, J. A. (2014b). *Skills for Using Theory in Social Work: 32 Lessons for Evidence-informed Practice*. London: Routledge.

Freire, P. (1970). *Pedagogy of the Oppressed*. New York: Continuum.

Gentle-Genitty, C., Chen, H., Karikari, I. & Barnett, C. 2014. Social Work Theory and Application to Practice: The Students' Perspectives. *Journal of Higher Education Theory and Practice*. vol. 14 (1).

Gilligan, C. (1982). *In a Different Voice: Psychological Theory and Women's Development*. Cambridge: Harvard University Press.

Green, L. P. (2012). *Integrating Social Work Theory and Practice: A Practical Skills Guide. Routledge, Taylor & Francis Group: Abingdon.*

Gutierrez, L. M., Ruth, J. P. & Enid, O. C. (1998). *Empowerment in Social Work Practice. A Sourcebook*. USA: Brooks/Cole Publishing Company.

Hare Mustin, R. T. (1978). A Feminist Approach to Family Therapy. *Family Process*, 17, pp. 181 – 194.

Hare Mustin, R. T. & Marecek, J. (Eds.). (1990). *Making a difference: Psychology and the Construction of Gender*. New Haven: Yale University Press.

Hepworth, D. H., Ronald, H. R., Glenda, D. R., & Gottfried, K. S. (2012). *Direct Social Work Practice: Theory and Skills*, 9th Edition. Brooks/Cole Cengage Learning.

Howe, D. (1987). *An Introduction to Social Work Theory*. 1st Edition. Aldershot: Wildwood House Ltd.

https://www.bls.gov/ooh/community-and-social-service/social-workers.htm.

Kaushik, A. (2017). Use of Self in Social Work: Rhetoric or Reality. *Journal of Social Work Values and Ethics*, Vol 14 (1), pp. 1 -21.

Kimberley, D., Louise, O. (2017). Role Theory and Concepts Applied to Personal and Social Change in Social Work Treatment. In Turner, F. J. ed. 2017. *Social Work Treatment: Interlocking Theoretical Approaches.* 6th Edition, Kindle Edition. New York: Oxford University Press. pp. 452 -470.

Kluckhohn, F. R. & Strodtbeck, F. L. (1961). *Variations in Value Orientations.* Evanston, IL: Row, Peterson.

Kridel, C. (2019). An Introduction to Documentary Research. American Educational Research Association, http://www. aera. net/SIG013/Research-Connections.

Kumar, H. (1995). *Theories in Social Work Practice.* Delhi: Friend Pub.

Langan, M. (1998). Radical social work. In: Adams, R., Dominelli, L., Payne, M., Campling, J. ed. *Social Work.* London: Palgrave.

Lee, J. A. B. (1994, 2001). *The Empowerment Approach to Social Work Practice: Building the Beloved Community.* New York: Columbia University Press.

Lee, J. A. B., Rhonda, E. H. (2017). Empowerment Approach to Social Work Treatment. In Turner, F. J. ed. 2017. *Social Work Treatment: Interlocking Theoretical Approaches.* 6th Edition, Kindle Edition. New York: Oxford University Press. pp. 142 -165.

Lishman, J. ed. (1991). *Handbook of Theory for Practice Teachers in Social Work.* London: Jessica Kingsley.

Miller, J. (1973). *Psychoanalysis and Women.* Boston: Beacon Press.

Milliken, E. (2017). Feminist Theory and Social Work Practice. In: Turner, Francis J. ed. 2017. *Social Work Treatment: Interlocking Theoretical Approaches.* 6th Edition, Kindle Edition. New York: Oxford University Press, pp. 191 -208.

Nardon, L. & Steers, R. (2009). The Culture Theory Jungle: Divergence and Convergence in Models of National Culture. In Bhagat, R., & Steers, R. (Eds.). 2009. *Cambridge Handbook of Culture, Organizations, and Work.* Cambridge: Cambridge University Press. doi: 10. 1017/CBO9780511581151.

Oles, T. (2017). An Introduction to Using Theory in Social Work Practice and Skills for Using Theory in Social Work by James A. Forte. *Journal of Progressive Human Services.* p28、pp. 49 -50.

Payne, M. (2014). *Modern Social Work Theory* (4thEd). New York: Oxford University Press.

Pinderhughes, E. (1988). *Understanding Race, Ethnicity and Power: The Key to Efficacy in Clinical Practice.* New York: the Free Press.

Rogowski, S. (2017). Radical Social Work by Roy Bailey and Mike Brake: A Classic Text Revisited. *Aotearoa New ZealandSocial Work*, 29 (4), 97 -101. Available at: https://anzswjournal. nz/anzsw/article/view/463. Date accessed: 08 aug. 2019.

Scott, J. P. (Ed.). 2006. *Documentary Research.* Thousand Oaks, CA: Sage Publications.

Sibeon, R. (1990). Commentson the Structures and Forms of Social Work Knowledge. *Social Work and Social Sciences Review*, 1 (1): 29 -44.

Solomon, B. (1976). *Black Empowerment: Social Work in Oppressed Communities.* New York: Columbia University Press.

Stony Brook School of Social Welfare. (2019). *Fields of Practice.* https://socialwelfare. stonybrookmedicine. edu/ field-education/ sites) .

Sturdivant, S. (1980). *Therapy with women: A Feminist Philosophy of Treatment.* New York: Springer.

Turner, F. J. ed. (1979). *Social Work Treatment: Interlocking Theoretical Approaches.* 2th Edition. New York: The Free Press.

Turner, F. J. ed. (1996a). *Social Work Treatment: Interlocking Theoretical Approaches.* 4th Edition. New York: The Free Press.

Turner, F. J. ed. (1996b). *Social Work Practice Theories and Models: A Comparison of Selected Attributes*, Wilfrid Laurier University, Waterloo, ON.

Turner, F. J. ed. (2011). *Social Work Treatment: Interlocking Theoretical Approaches.* 5th Edition. Oxford and New York: Oxford University Press.

Turner, F. J. ed. (2017). *Social Work Treatment: Interlocking Theoretical Approaches.* 6th Edition, Kindle Edition. New York: Oxford University Press.

U. S. Bureau of Labor Statistics. (2019). *Occupational Outlook Handbook > Community and Social Service > Social Workers.*

Valentich, M. (1996). Feminist Theory and Social Work Practice. In Turner, Francis J. ed. 1996. *Social Work Treatment: Interlocking Theoretical Approaches.* 4th Edition. New York: The Free Press, pp. 282 -318.

Van Den Berg, N. (1995). *Feminist Practice in the 21" Century.* Washington DC: NASW Press.

Van Den Berg, N. and Lynn, B. C. Edited (1986). Feminist Visions for Social Work. Washington DC: National Association of Social Workers.

Walsh, J. (2014). Theories for Direct Social Work Practice. 3rd Edition. Brooks Cole.

中国社会工作研究　第十八辑
第 45 ~ 62 页


# 杜威哲学教育思想对社会工作专业教育的影响[*]

郭伟和[**]

**摘　要**　杜威哲学教育思想不但对中国哲学和教育学产生了重大影响，也对国际社会工作专业教育和专业能力产生了重要影响。他的哲学改造计划不但是对古典哲学的改造，也引起了当代实证主义认识论和社会实践以及专业实践的复杂关系的争论。他提出的“从做中学”的思想不但是普通国民教育的核心模式，更是专业实践能力培养的核心模式。社会工作作为一个面向社会现实问题的开放的实践活动，只能用实用主义哲学作为一线专业实践能力核心模式，整合实证主义科学研究结论发展专业能力，而不是过度依赖实证主义实验研究结论机械套用到复杂现实情境中。

**关键词**　实用主义　实证主义　社会工作　专业能力

杜威作为哲学家和教育学家对中国乃至全世界的哲学和教育学的发展都产生过非常大的影响，一大批民国时期的哲学家和教育学家都曾受到杜威的影响，促进了中国哲学思想和教育的现代化转型。他曾在 1919 ~ 1921 年到中国传播其思想，张伯苓、胡适、蒋梦麟、郭秉

---

* 本文获得了中央民族大学一流学科和一流专业建设教改项目的资助。
** 中央民族大学民族学与社会学学院教授。

文、陈鹤琴、陶行知、晏阳初等一大批中国思想家和教育家都深受其影响，正如胡适所言“自从中国和西洋文化接触以来，没有一个外邦学者在中国思想界的影响有杜威这样大”（滕大春，2001：36）。有关杜威对中国普通国民教育之影响已经有很多阐述，然而杜威对专业教育，尤其是社会工作专业教育之影响还很少有人讨论。但实际上，杜威的实用主义哲学和教育思想对于社会工作专业教育而言具有理论上的契合性和实践上的适切性。本文借杜威在中国一百周年纪念活动之际，系统梳理了杜威哲学和教育思想对社会工作专业教育的契合性以及在社会工作专业教育领域的传承历史，并就实证主义认识论和实用主义认识论二者的关系及其和专业能力培养的关系进行了深入讨论，期望对中国社会工作专业教育和专业能力的发展有一定的借鉴意义。

## 一 杜威哲学教育思想和社会工作专业的契合性

杜威是以一个哲学家身份进入到教育领域的，希望通过教育实现对社会的改造，促进社会进步（杜威，2005：26）。这反映了他所活跃的那个时代（19 世纪后期和 20 世纪初期）美国社会的进步主义乐观气氛。而实际上社会工作专业作为一个慈善和社会福利的专业，也是为了社会改良和进步（Charles and John，1992：9）。尽管杜威并没有直接参与社会工作和社会福利，而是致力于通过实验教育来促进社会进步和民主，但是杜威的哲学和教育思想其实是和社会工作的专业属性相契合的，并在 20 世纪中叶以后影响到社会工作专业的发展。我们先谈杜威的哲学和教育学思想与社会工作专业的契合性问题，下一节再谈杜威哲学教育思想是如何影响社会工作专业教育的。

杜威生活在由乡村社会向工业化城镇社会转变的时期，不同于 19 世纪中期欧洲思想家对于阶级问题有那么深刻的体会，所以虽然他也对欧洲中世纪的经院哲学对知识的垄断现象进行了批判，认为“一场知识的革命已经发生。学术已进入流通状态”（杜威，2005：35）。但是他所看到的民主社会是 19 世纪晚期美国社会小资产阶级构成的相对开放自由的社会，阶级矛盾不是那么对立，所以他期望通过一种新的工具（进步教育）来满足所有阶层劳动分工下的职业工作的需要。他说："如果学校打算承认所有阶层学生的需要，并且给学生提供一种能确保他们成为有成就和有价值的公民的训练，那它们就必须给予工作，并使他们对国家和他们的近邻有正确的态度……一个渴望获得真正成功的工人，具备一种能培养技术能力的普通教育的基础，而人性的复杂化同样也使得初学者有必要去发现适合他的趣味和能力的工作途径。"（杜威，2005：369）

杜威又批判了通过成人职业教育和继续教育的方式来简单地培训职业技术的德国职业/工业教育模式。他认为"继续教育是有价值和重要的，但是只能作为治标和权宜之计；它们处理的是本不应该存在的情况"（杜威，2005：370）。杜威提倡的是一种新的普通教育模式，这种新式普通教育不是为了简单地知识储备和技能训练，而是为了培养一种"民主制度所需要的独立而精明的公民"（杜威，2005：372）。因此我们需要首先澄清，杜威的教育思想并不是一种机械性、重复性的技术操作训练模式，而是一种全新的融合行动实践和科学理性的教育思想。这种全新的教育思想有其教育思想基础，他继承了法国思想家卢梭在《爱弥儿》中提出的自然教育思想，但是杜威绝不是简单的自然教育的提倡者，而是沿着裴斯泰洛齐、福禄贝尔等人开创的实验教育模式，强调学校的教育环境和课程设计"不是作为一种零碎经验的大杂烩，而是以一些有组织的方式"，给学生设计一系列的实验活动，让他们"从做中学"（杜威，2005：250）。

杜威的这一教育思想虽然是针对普通教育的，但是对当代职业/专业教育改革具有更强烈的适用性，因为职业/专业教育活动更符合杜威在其教育思想中所提出的"从做中学"的"经验中反思"的方式。杜威认为教育就是生活、教育就是生长、是"经验的继续不断的改组和改造"（杜威，2001：86）。因此，教育必须通过特定经验的反思来达到个体本能的展开生长过程。而所谓"经验中的反思"就是要通过有目的的试错找到正在做的事情和将要产生的结果之间的关系。在这里杜威提出，经验中反思既是一般意义上的试错法，又不完全等同于一般的试错法，因为仅仅根据试错法会受到环境的支配，要付出太多的代价，所以才需要对正在从事的工作进行试验，试图找到"（预期）结果所依靠的条件，我们就能注意到我们是否具有所需要的条件。这种方法能扩大我们对环境的实际控制"（杜威，2001：159）。他说："我们可以称这种经验为反省的经验。”（杜威，2001：159）杜威总结了反省的经验的一般特征，我们摘录了这一大段但却非常经典的叙述：

> （1）困惑、迷乱、怀疑，因为我们处在一个不完全的情景中，这种情景的全部性质尚未决定；（2）推测预料——对已知的要素进行试验性的解释，认为这些要素会产生某种结果；（3）审慎调查（考察、审查、探究、分析）一切可以考虑到的事情，解释和阐明手头的问题；（4）详细阐发试验的假设，使假设更加精确，更加一致，因为与范围较广的事实相符；（5）把所规划的假设作为行动的计划，应用到当前的事态中，进行外部的行动，造成预期的结果，从而检验假设。（杜威，2001：165）

杜威关于通过“从做中学”的反省试验方法促进个人成长的教育策略，和利用社会工作帮助个人（家庭或者组织）解决问题的助人过程何其相似。社会工作作为一个助人专业，虽然是起源于慈善事业，但是与一般慈善救济的区别，就是社会工作通过助人过程达到对当事人的成长改变，增强其解决问题的能力。通常社会工作的助人过程包括三个阶段：开始、中间和结束。在开始阶段，社会工作者主要是和案主建立良好的关系，取得案主的信任，然后一起评估案主面临的情景（问题）以决定一个合适的目标和达到目标的手段，制订行动计划。在中间阶段，社会工作者主要和案主联合行动执行计划，他们也要根据新的信息和动态改变的情景来调整工作计划，类似一个探索试验的过程。在结束阶段，主要也是社工和案主共同评估目标实现程度，以及分析案主如何运用所学的知识去解决新的问题（Charles and John，1992：117）。

为了更好地阐明杜威的经验反思的方法，我们需要回到杜威的实用主义哲学，来深入分析其具体的“从做中学”的思维逻辑。最能反映杜威哲学思想并阐明其行动逻辑的两本书是《哲学的改造》和《我们如何思维》，这两本书都是对欧洲哲学传统中理性和经验关系的批判性改造，从而提出自己的观点——通过一种积极主动的实验行动来把过去的经验与理性的批判检验结合起来，以达到改进行动的实用目的。在《哲学的改造》一书里，杜威首先批判了古希腊哲学的辩护性质，认为柏拉图和苏格拉底虽然相对于一般人而言超越了欲望和情感的束缚，注重实证和批判的精神，但是他们都假定了一个内在不可动摇的本质，试图通过质疑和批判去发现社会的内在本质，进而陷入了形而上学的论证过程中，成为一种“在合理的基础上辩护所继承的信念和传统习惯的精神”（杜威，2017：11）。为了阐述近代哲学改造的过程，杜威以英国哲学家培根的《新工具》作为讨论哲学改造的历史起点。他认为，培根的《新工具》相对于传统哲学最大的改变是，它不是为了辩论、证明和劝导的逻辑，而是一种发现的逻辑。可以走向发现的只有一条路，就是彻底探究自然的秘密。所用的方法不是被动的积累经验，而是主动的实验。所谓“主动的实验必须将种种自然的表面事实逼近一些与他们平日所表现的形式全然相异的形式里边去，让它们把自己的真相全盘托出，好像刑讯可以逼迫一个不情愿的见证人吐露出他所隐秘的事情一样”（杜威，2017：19）。但是培根开创的这个探究自然的新逻辑工具，经过 17 世纪、18 世纪的哲学家的演变，到康德那里，和传统的哲学混合一起，使培根提出的依靠人的主动性来建构世界的精神没有了。“于是唯心论遂由形而上学的和宇宙论的变成认识论的和人格的。”（杜威，2017：30）没有提出一种通过有目的的实验（实用知识）来指导人类征服自然界的系统方法论体系。所以，杜威认为，以康德为核心的 18 世纪哲学只是哲学改造的过渡阶段，没有完成培根提出的发现的逻辑。杜威（2017：30）认为，“主要的哲学的改造表示着撇开那些难以与哲学并立的旧因素而叙述因果的一个企图。它不把智慧看作是事物的原本和终极的原因，而看成是妨碍社会幸福的自然事物和人生的有被注意而有力量的改革者。它尊重个人，但不是把个人视为能用奇术构造世界的足于己而无待于外的刚愎自用的‘自我’，而是因为个人能创造、能发明和能用灵巧的劳动去改造世界，将它变成智能的工具和资产”。

那么对于别人没有完成的哲学改造任务，杜威又是如何做的呢？杜威通过实用主义导向的知识论来改造传统哲学静态的知识论。他认为，“知识不是孤立的、自我充足的东西，而是包括在用以维持和发展生活的方法里面的”（杜威，2017：52）。人们的生活不同于动物，就是要按照自己的目的去改造环境，从而达到实用的目的。这种主动改造世界的行动不再是原来所说的经验，而是实验。在实验里所用的也不再是传统所说的理性，而是智慧。因为理性，“如康德所谓是以普遍性和条理性赋予经验的，已日益让我们觉得是多余的是——耽溺于传统的形式主义和精巧的术语学的人们特创的无用的东西”（杜威，2017：57）。所谓智慧是从既往经验出发的提示，可以用来参照现在需要的和缺乏的事实，也可以用作特殊改造的目的和手段，还可以用这个来检验和调整功夫的成败（杜威，2017：57）。

杜威进一步对实验行动的思维逻辑进行了改造，他提出逻辑不是脱离实际经验的规范性逻辑，而是从行动的成败得失中归纳总结出事情之间的因果关系逻辑。基于他的实用主义思想，杜威认为思考和观察是紧密结合在一起的，都是需要克服、解决的事实困难，“作为改造经验方法的思考，把事实的观察看成是解释问题、勘定纠纷所在、确切的而不是模糊的情绪”（杜威，2017：85）。并且，为了推进有效的行动，还要预测事情的发展，提出预想和先见，构造一个观念，留待下一步行动进行检验。所以他认为，一切的概念、定义、概括、分类和引申推论的发展等认识的价值不在于他们自身，“只有在目的是考究和验证的进程中而发展出的一个情景，才是最大限度促进认知的情景”（杜威，2017：88）。

在《我们如何思维》一书里，杜威进一步结合他的实用主义行动哲学思想对推理方法进行了系统阐述。他认为在行动中，一个完整的思维行为包括五个步骤：（1）感受到困难、难题；（2）对它的定义和定位；（3）想到可能的答案或解决办法；（4）对联想进行推理；（5）通过进一步的观察和实验肯定或否定自己的结论，即树立信念或者放弃信念（杜威，2014：60）。完整的思维行动过程既需要归纳逻辑，也需要演绎逻辑，是一种双向运动：“从一些既定的局部性和凌乱的资讯中，联想到综合的（或包含的）整体情况；再从这一整体（一定的内涵、外延的意义、一种看法）回过来思索那些具体的事实，发现它们是互相连接的，而且是与联想到的事实相连接。粗略地说，前一种思维是归纳，后一种思维是演绎。”（杜威，2014：65）

简言之，杜威实用主义哲学主要是改造西方哲学的经验主义和理性主义两大传统，通过一种以实验－行动为导向的解决问题的过程，来整合归纳逻辑和演绎逻辑，从行动效果上检验知识的价值，而不是通过理性主义形而上学的逻辑推理去推论事物的内在本质，然后在经验层面去验证推论。这和社会工作的实践模式是高度一致的。在后文中我们会看到，杜威的实用主义哲学逻辑在二战以后是通过专业教育对社会工作专业产生具体影响的过程。

## 二　杜威哲学思想影响当代社会工作专业教育的路线

杜威的哲学教育学在二战以后因为美苏争霸中美国暂时落后于苏联的科技发展而受到美国教育界批判，一度受到冷落，不如二战之前那么风行（腾大春，2001：33）。然而，二战以后的美国社会工作教育界的一个重要流派却直接受到杜威的实用主义哲学的启发而大受欢迎，它就是由芝加哥大学社会服务行政学院海伦·H. 珀尔曼（Helen Harris Perlman）开创的社会工作的问题解决流派。珀尔曼 1957 年出版了其《社会个案工作》的著作，书的副标题明确表示“一个问题解决过程”。虽然她在前言里说，问题解决模式受到了社会工作前辈玛丽·瑞奇蒙德（Marry Richmond）的《社会诊断》一书观点的启发，但是她在书的参考文献列表里又明确表示，她自己以及她的这本书受到的最大影响是来自约翰·杜威的思想（Perlman，1957：242）。珀尔曼认为，社会工作的本质就是帮助个人解决问题，这个助人过程和一般的问题解决过程是一致的，都是要通过逐步适应的步骤来形成从困境到解决方法的逻辑（Perlman，1957：v）。当然，作为一个助人过程，社会工作强调的是如何对案主进行增权让他积极参与到这个助人过程中，成为行动过程的中心，而不是由社会工作者来代替他解决问题（Perlman，1957：viii）。在此意义上，社会工作的助人过程就是杜威所说的经验学习的教育过程。社会工作强调，专业助人不是通常意义上的慈善救济，而是协助案主调动自己的力量来尝试新的解决思路，并在这个过程中积累新的有效策略。珀尔曼说：“个案工作过程的目的就是通过一些手段促使这个当事人努力去行动，应对他所面对一个或几个问题。这些手段包括：（1）提供治疗性关系，支持或者影响案主和他所面对的问题的情绪关系；（2）提供系统而灵活的方法，和案主讨论问题的性质以及潜在的解决方案；（3）提供机会或者帮助，让案主执行解决问题的行动。”（Perlman，1957：58）

实际上，和其他专业相比，社会工作专业并不是一个强势专业，而是一个半专业化专业。但正是这种半专业化的属性使社会工作具有合作性和教育性，它不是由专业人员独自垄断专业知识和专业判断，单方面地对案主的问题进行研究—诊断—处理，而是由社会工作者和案主共同进行研究—诊断—处理，以便于案主发挥其自我的功能（Perlman，1957：62）。

在专业发展领域，相对于教育发展领域，对专业实效的信心产生动摇的时间相对要晚一些。迟至20世纪60年代到80年代，美国社会开始改变战后关于专业主义的乐观主义社会氛围，人们开始对各类专业的社会功效表示怀疑。唐纳德·舍恩（Donald A. Schön）认为，“到了1982年，没有任何一个专业会如1963年《代达罗斯》期刊中描述的那样庆祝它们的胜利。姑且不论年轻人对进入安全的、有保障的与有利可图的专业生涯的渴望，专业确实发生了信心与合法性的危机。在公众的呼声下，在社会批评者以及专业工作者自己的抱怨声中，专业长期以来所宣称的特别知识和社会控制受到挑战——首先，专业并未表现出符合他们所信奉的价值和规范；再者，因为他们无效”（舍恩，2007：9）。但是，这次对专业效能的信心危机导致的不是否定杜威的实用主义哲学和教育学，而是否定一种专业多元主义。一部分专业人员试图通过实证主义的研究来力图为专业正名，一部分专业人员则力图通过去专业化来促进平民化和民主化的行动方案。当然，最值得在这里介绍的是一些专业教育专家在力图恢复杜威的实用主义哲学和教育学来复兴专业教育。在专业教育领域复兴杜威的实用主义传统的学者，首推麻省理工学院的唐纳德·A. 舍恩。他毕业于哈佛大学，曾任教于哈佛大学教育学院和麻省理工学院的都市研究和规划学系，一直专注于研究杜威哲学思想，致力于帮助教育者教导专业工作者胜任实践工作。

舍恩秉承杜威的传统，批判专业教育领域占支配地位的有关实践问题的认识论——科技理性主义。但是和杜威一样，舍恩也是一方面在批判实证主义科技理性，另一方面又没有陷入简单的民粹主义，要求把专业取消，而是力图通过一种在行动过程中反思（reflection-in-action）的方法来挽救专业。这个方法简直就是杜威提出的经验中反思的当代翻版。舍恩认为，实证主义知识论，在专业教育领域的表现就是科技理性认识论，这种认识论本身无所谓好坏，它是对一些跨情景的因素之间的因果关系的推论和验证的科学，形成的一些命题性知识，有助于人们认识世界的一些面向和关系。但是实证主义形成的命题性知识只是比较能经得起检验，具有扎实性（Rigorous），并不具有特定实践情景的相关性（Relevant）。而专业实践则是针对具体情景的，它的实践特征是复杂的、不确定的、不稳定的、独特且价值冲突的，因此它所要求的知识，类似杜威所说的实验中的智慧，能够引导实践者逐步理清现实、提出框架、引导实践。舍恩把科技理性知识和实践性知识做了一个比喻：科技理性知识好比干爽坚实地带的高地知识，而实践性知识好比湿软的低地知识，前者虽然很有条理和逻辑，但是对于日常生活/工作中的当事人需要解决的问题并不重要，因为日常生活/工作中人们面临的问题通常是类似于低洼湿地状态的（舍恩，2007：35）。可是很多人，尤其是学院专业教育工作者非得建立一种专业知识体系的层级关系：支撑专业实践的基础学科和科学知识；应用科学或者工程性要素，用于诊断和解决问题；技巧和态度性要素。好像是在专业知识体系中有一种逻辑关系：“基础学科的应用产生了应用科学，应用科学则产生了诊断和问题解决的技术，又转而应用于服务的实际活动。”（舍恩，2007：22）许多人在专业教育中认为做基础研究的自认为优越于搞应用研究的，而搞应用研究的又自认为优越于搞临床实践的。但实际上，人们发现其实许多临床实践活动根本用不上基础学科知识，而是在仅凭自己的经验来做日常的诊断和处理问题。理论和实践处于两张皮的状态，甚至是存在一条不可逾越的鸿沟。

如何解决这个问题？舍恩提出的方案就是发展杜威提出的经验中反思的方法，只不过舍恩称之为“在行动中反思”。如果说杜威的实用主义实验教育是试图针对经验进行改造和挑战，借以促进学生的生长和改变，那么舍恩则是基于人们行动中的内隐知识（Tacit Knowledge）的反思，来促进专业知识的积累和专业效能的提高。许多学者都提出人们实践活动并不一定是理智的操作（Intellectual Operation），而是一种智性的实践（Intelligent Practice）。前者是指根据明确的知识指引来操作，后者是指根据自己的智慧就知道如何做。这个现象发生的原因如何解释？这其实是许多学者都指出的一种包含在人们的心智中但是不明确表达出来的实用的知识类型。舍恩总结了前人的观点，提出内隐知识其实是行动中的认识过程，包括如下几个特征：

“有些行动、认知和判断是我们知道如何自发性地执行的，而无须在事先或当时进行思考。

“我们常常不自觉地学会了做这些事；我们仅仅是发现自己正在做这些事。

“有时，我们一度意识到某种认识，这种认识随后便内化到对行动的相关事务的感觉当中。又有时，我们也许从未意识到它们。无论如何，我们通常都无法描述出行动中所揭示的内隐认识。”（舍恩，2007：43～44）

舍恩像实践社会学家布迪厄一样，把这样的行动中的认识比作即兴发挥，类似一种实践感觉，而不是什么规则和推理性知识（Bourdieu，1977：8－15）。但是，舍恩并不像布迪厄那样，把这种即兴发挥的实践性知识当作不可揭示的误识性知识（Misrecognition），而是相信可以通过在行动中反思来把这些行动中的认识揭示出来，包括行动的结果、行动本身、隐含在行动中的直觉性认识，以及它们彼此之间的相互关系（舍恩，2007：45）。尤其是针对专业实践，其行动过程并不一定都是那么紧迫和没有另类选择，而是根据任务情况，可以有一定的时间和机会进行反思调整。关键是人们是否对自己已经习惯的专业实践活动理解得那么专精化以至于成为一种重复和例行公事，从而失去了从做中学的重要机会。舍恩把这种情况称为“过度学习”（舍恩，2007：50）。打破这种实践模式的策略就是要重新回到杜威所说的“从做中学”的精神状态，在实践中反思。具体的策略，舍恩提出了一个新的行动反思的模式——框架实验（Frame Experiment）。框架实验的基本结构包括如何设定或者命名问题，如何跟随实践进程在现场来检验对问题的设定框架，这种跟随实践过程的框架实验不同于实验室的控制实验，也就是你不能控制实验条件去检验某个假设，而是在一种开放而复杂的多变情景下，来检验你的问题设定框架是否有效地回应了现实情景。这是研究者和情景之间一场持续地交互作用的对话过程，是受情景引导的处境化的实验过程（Contextual Experiment）。这当中的实验手段不是控制其他变量，只检验几个变量之间的因果关系，而是通过探索性、移动性和假设性过程来检验问题设定框架的适用性。它不是像控制实验那样为了应对反驳和挑战，而是为了接受效果评价。它“起于察觉到某件令人困扰或令人感兴趣的事，而止于产生整体上令人满意的改变，或发现了一些新的现象，赋予情景新的意义，并改变了所探讨问题的本质”（舍恩，2007：125）。

舍恩借用复兴杜威的实用主义哲学和教育思想，开创了一种新的专业教育的方向。他使得专业教育不再是把基础学科研究的命题性知识简单地运用到专业实践中去，而是关注专业实践的行动中使用的内隐知识，通过行动反思，对问题设定的框架进行实践检验，来把这些内隐的行动中的知识阐明，并检验他们的成效，让每个专业实践者都不再是重复机械的例行公事，而是成为自己专业实践的探索研究者。舍恩的这个思路对整个20世纪80年代以后的专业教育都产生了巨大的影响，有助于振兴专业知识和专业能力在社会上的地位和信心。虽然后人批判舍恩的行动中反思其实是关于行动的反思，而且专业知识不仅仅包括内隐的专业行动设定，也包括命题性知识和深思熟虑的过程，但是大家都承认专业实践和专业能力不再是简单的机械套用科技理性知识，而是一种符合多种知识的处境化整合和运用，以达到举一反三的专业能力（Eraut，1994）。

受舍恩以及相关的实用主义经验学习教育模式的影响，在社会工作界也有许多学者发展反思性社会工作教育和实践模式，但采用行动反思的程度和方式是不同的，有的只是采纳了与舍恩有共同哲学传统经验的学习倡导者寇卜（DA. Kolb）的学习循环四步骤：创造经验—观察和反思—形成抽象概念和一般化推论—在新情景下检验概念的指导意义，但是具体实践模式仍然是认知行为模式或者理性情绪模式（Knott and Scragg，2013）；有的则是把舍恩的行动反思理论和批判理论相结合，试图超越实用主义，重构增权理论，通过叙事策略和处境化实践来促进社会激进变革（Fook，2012）。

## 三 到底是实证主义还是实用主义？

如前所述，在20世纪60~80年代专业主义效用危机引发的反应是多元化的，有去专业化的民粹主义反应策略，有复兴杜威的实用主义的经验反思策略，也有实证主义的科学实验研究策略。民粹化策略不是主流，我们不做讨论。但是，需要再次讨论一下实证主义科学实验研究和实用主义的经验/实验反思策略之间的关系。科学理性主义的哲学传统一直是杜威哲学改造中试图改造的对象，当然也是二战后批判杜威的实验反思模式的主要理论传统。在 20 世纪 80 年代舍恩采用复兴杜威的实用主义哲学传统通过反思行动策略来试图拯救专业危机的时候，实证主义实验研究也获得了巨大的发展，提出了“证据为本”的实践模式来试图拯救专业危机。

证据为本的实践模式主要是要求专业决定要基于实证主义的科学研究告知的最佳证据，而不是基于什么共识、片面的经验或者传统等权威（Gambrill，2006：338 - 357）。虽然证据为本的实践也强调需要结合专业人员的临床知识、案主的选择和行动、科学研究证据一起形成一个三位一体的动态模型，但是其关键特征则是舍恩在批判传统专业知识体系中所说尽量要把专业实践奠基于扎实的实证科学研究。为此，证据为本的实践有一个关于证据好坏的标准，一般是根据研究方法的科学严谨程度来建立的：如果采取的是随机抽样分配的控制实验研究，证据最佳；其次是准实验研究；然后是单个案研究；最后是随意的案例报告（Rubin and Babbie，2008：31 - 32）。正是因为证据为本的实践模式宣称把专业实践建立在扎实的随机分配的实验研究基础上，符合大学里做实证研究的主流范式，所以其在专业教育领域的普及程度要远远高于舍恩倡导的杜威实用主义哲学传统的经验反思的实践模式。但杜威试图通过哲学的改造来终结的认识论分歧仍然存在。

杜威当时所批判的哲学传统以及对应的科学研究是建立在一种封闭的世界观之上的，假定宇宙的属性是单纯的、统一的、一般性的，试图去发现和求证那种不变的形而上学的理性本质。他说，传统哲学忽略了事物细微的差别和例外的存在，古代科学假定“宇宙是个整洁的处所”，而且“这个宇宙部署各物都有一定的地位，而且各物也各自认得所属地位和部类，守着它”（杜威，2017：35）。而他所赞同的培根的科学方法实则就是通过一种对新世界新经验的探寻和归纳来发现有效的能够支配自然的技艺和手段。这是一种衡常的理性主义思维和开放的经验主义探寻之间的争论，杜威试图通过一种效用导向的经验反思的循环模式把理性主义的演绎逻辑和经验主义的归纳逻辑整合进他所提倡的实践 - 探寻活动中。但在二战后，卡尔·波普尔提出的后实证主义认识论已经接受了杜威的批判，从一种开放的世界观，来拯救实证主义研究策略。波普尔认为，如果实证主义认识论需要通过证据来检验自己的推论，永远存在一个不均衡现象：科学命题的全称性和经验命题的单称性之间的不均衡，所以通过例证永远无法证明（justify）一个全称命题。所以波普尔放弃了证实目的，反而提出真正的科学精神是开放给新的证据来反驳自己的命题，认为所谓的科学命题就是能够经受得住反驳的命题（波普尔，2005）。

然而，波普尔只是从认识论和方法论上拯救了逻辑实证主义的科学观，目的是让人探寻世界背后的若干要素之间的逻辑关系，这种抽象的逻辑关系的验证需要不断地控制各种条件来进行实验，由此得出的结论或许可以指导实践，但同样也需要对实践的条件进行控制，以符合抽象逻辑的前提条件要求。所以舍恩指出，核心问题不是逻辑实证主义本身的逻辑问题，而是如何把逻辑实证主义形成的科学命题和专业实践活动相结合的问题。舍恩认为，这个关系不是科技理性工具论所说的从普遍命题到具体情景的运用问题那么简单容易，因为实践情景和实验室情景最大的不同就是其复杂性、不确定性、不稳定性、独特性和价值冲突性（舍恩，2007：33）。除非我们能够控制日常生活实践，简化成规则清晰的实验室情景。所以，实证主义和实用主义之间的争论，核心不是对逻辑问题的争论，而是对研究和实践的关系问题进行争论。实证主义研究控制实验条件验证其科学假设，试图把其研究结论用来指导专业实践；但是专业实践是一种开放的混乱的情景，无法满足实验室的控制变量条件。如果一味地要求符合实证主义科学研究的结论，就容易简化专业实践的情景，甚至忽略当事人的要求和引起价值冲突，误读情景或者操纵情景以维系其对标准模式与技术的信心（舍恩，2007：37）。正是因为这种科学实验和日常实践的差异性，舍恩认为杜威的实用主义哲学才有其价值。实用主义哲学不是不要实验、不要逻辑，而是不要人为控制的实验，是把日常的专业实践活动当成一种开放的持续的实验，以消除因为重复而逐渐内隐的自然化和自动化的反应机制（舍恩，2007：49）。这种对于日常实践习惯性反应机制的消除不是按照实证主义认识论所提倡的专业分工，降低专业人员的研究精神，去等待实证主义科学研究结论的指导（舍恩，2007：30）；而是按照实用主义所提倡的实验探索，在实践脉络中研究，“他不依赖现存的理论和技术类别去行动，反而是去建构一个新理论来解释这个特殊案例。……他不让方法与目标分离，而是在框定一个问题情境时，互动地界定出两者。他不把思考从行动中隔离出去，而是推演其做法从而做出决定，并将这一决定转化成行动”（舍恩，2007：55）。

## 四 专业能力教育能否终结这个争论？

为了回应专业信心的危机，20 世纪 80 年代西方国家的职业主管部门和教育部门联合发起了一种职业/专业能力（Professional Competence）建设的执照制度（Licensing Arrangement），以取代 19 世纪晚期以来的各种职业协会通过资格考试来控制职业资格入职门槛的做法（Eraut，1994：159）。有学者回顾了二战后西方国家专业能力建设运动的三个不同的流派，分别是北美国家流行的围绕“能力为本的训练”（Competence-based Training）主张的行为主义传统（Behavourist Tradition）；英国流行的基于管理教育领域的通用能力传统（Generic Competence Tradition）；发源于语言学流行于高等教育界的认知能力传统（Cognitive Competence Tradition）（Norris，1991：331－341）。这三个流派关于专业能力的理解是不一样的，行为主义传统侧重工作任务分析，把工作任务分解成一些相互关联的活动，然后在此基础上再进行技巧分析，两者合在一起构成一个专业的能力；而通用能力传统则是围绕着某个专业的共同任务，通过成就测量（Performance Test）来评价从业人员的专业品质，目的是为了区分和选择优秀人员；认知能力传统则认为不管是任务分析和技巧分析，还是成就测量，都不能代表真正的能力，因为人们的行动和成就取决于个人头脑中积累的知识结构和加工能力，这些结构和能力决定着一个人如何反应和达到何种成就，所以能力是一种结构化和再结构化的模式，不是一些外显的行动指标和成就标准。

专业能力不同流派之间的争论告诉我们，以专业能力为本的职业教育仍然无法绕过杜威所提出的科学研究和实践活动的关系问题，专业能力能简化成一系列的职业活动和技巧吗？能通过其职业成就表现来判断其专业能力吗？这只能用在理想的职业环境中从事常规的熟练工作，而不能去做创新性的陌生的专业实践。这样的职业能力培养只是保证最低标准的职业安全，如此一来专业教育不是培养老百姓心目中的专家形象，而是一种熟练技工形象。

以英国社会工作职业训练和教育为例，20 世纪 80 年代以来，英国社会工作职业教育正是围绕着能力为本的职业训练展开的，但是有关职业能力的规定却是一个充满分歧的折中的方案。1989 年英国社会工作教育培训中央委员会发布了“社会工作文凭规则和要求”，1995 年又发布了“社会工作文凭规则和要求（修订版）”。根据这个国家标准，它给出的职业能力概念是基于认知能力的综合概念，它认为“能力是，指根据职业领域情况把技巧和知识转换适应新职业情景的能力。它包括组织和计划工作、创新和应对非常规活动，也包括与同事、经理和客户相处的个人效能”。但是它又根据社会工作的通用任务模式，把社会工作的六个核心任务作为其核心能力：沟通和联系；促进和使能；评估和计划；干预和服务；机构工作；专业能力发展等（O'Hagan，1996：5）。英国社会工作国家标准还要求，社会工作核心能力应该是知识、价值和技巧的综合运用（O'Hagan，1996：5）。这显然是仍然建立在一种知识分工基础上的，把职业能力当成是对知识的运用，当然为了避免简单地运用，它又强调个人对新情景的转换能力和协调能力。

许多人担心，这种职业能力导向的社会工作训练和教育会不会导致舍恩所说的简化专业实践情景，变成一种行为主义的熟练技术，进而忘掉了社会实践的综合判断和推理能力（O'Hagan，1996：13）。当然，能否避免社会工作职业能力变成一种行为主义的熟练技术，或者知识搬运工，其实背后仍然是杜威所提出来的实证主义认识论与实用主义认识论的关系问题。许多人指出，社会工作专业作为一个开放的社会实践的专业，其专业能力和专业效能是无法简化成一系列的职业活动和专业技术，然后根据其活动成就指标来衡量其职业能力的。它当然需要各种知识储备，但是专业实践的知识类型是一种复合型的知识类型，既包括跨情景的推论性的命题性知识，也包括个人性知识（如印象和直觉），以及实践过程的知识（如突发情况、地方文化等）（Eraut，1994：103），或者分为事实和规则、启发和教练性规则、手册性技巧、文化技巧四类知识（Fook et al，2000：13）。这些知识都需要结合实践的具体情景来综合运用，而不能简化成指导手册来照搬套用。正是在这里，杜威所开创的实用主义经验反思的传统继续发挥着不可替代的作用。只有通过在具体的实践处境下，对各种知识的综合应用、对各种价值冲突的综合考量，才能引导专业工作者从一个机械套用实证知识的新手，到开始考虑行动条件的专业人员，再到能够处理复杂情景的常规能手，再到能够灵活处理多变情景的熟练能手，最后才能达到依靠个人直觉性知识的专家（Eraut，1994：124）。当然，专家并不是仅仅依靠个人直觉，更重要的是他可以区分任务类型，对于常规性任务依靠直觉就可以快速处理，但是对非常规的陌生性不确定的情景，他可以采用舍恩所说的框架实验模式，通过不断地实验检验来形成可行的、有效的创新方案（Fook et al，2000：180）。

## 五 结论

总之，我们发现，西方社会工作专业教育的发展历程，始终伴随着知识观和认识论的争论。专业实践活动不是一种单纯的熟练技术，它需要对实践情景有一套预见和框架，对实践情景进行预判，这就需要专业知识储备。但是，专业实践的知识类型和来源是不是就只是通过实证主义认识论控制实验研究提供的跨情景有效的普遍命题呢？到现在这个主张仍然在各个大学专业教育领域作为一个神话流行。实证主义认识论的控制实验研究有助于我们揭示现象背后的一些普遍命题，但是具体的专业实践活动却不是可以控制背景条件的，它是开放的、不确定的，甚至是混乱的、相互矛盾的，任何专业实践活动（尤其是社会工作专业）都必须在真实的社会背景下来开展活动。这就要求专业人员必须具备两种能力：一种是常规情景下的熟练操作技术；另一种是非常规情景下的探索－检验能力。杜威和舍恩等人提出的实用主义哲学指导下的经验反思/行动反思实验研究，正是为了解决非常规情景下的专业实践活动遇见的问题，它并不反对实证主义科学研究中的演绎逻辑，而只是反对实证主义控制实验通过把实践情景简化成可以控制的变量关系来指导实践活动。实证主义科学研究和实用主义实验研究都是为了避免产生传统常规模式下的习惯性反应机制的缺陷，但是实证主义科学研究靠的是通过控制实验条件来检验真正的变量关系，从而希望人们的实践行动按照科学研究结论来执行。这对于一部分可控制的社会实践活动当然是有效的和必要的，但是对于那些不确定、不可控、耦合性的新情况、新问题，则需要通过实用主义在行动中反思的策略，提升专业实践人员的情景预设能力和实践检验能力，而不是等到实证主义科学研究之后才进行尝试。所以，实证主义科学研究和实用主义科学研究是两种不同而又互补的认识论，当实践情景是不确定、不稳定的状态时，需要通过实用主义认识论来寻求有效的行动方案；而实证主义研究则不断通过控制实验来发现复杂现象背后的衡常稳定的变量关系，从而为人类控制和征服不确定性提供指导。人类发展不正是在不确定性和确定性之间摇摆进步的吗。

## 参考文献


杜威（2001）：《民主主义与教育》，人民教育出版社。

杜威（2005）：《学校与社会·明日之学校》，人民教育出版社。

杜威（2014）：《我们如何思维》，新华出版社。

杜威（2017）：《哲学的改造》，商务印书馆。

卡尔·波普尔（2005）：《猜想与反驳》，上海译文出版社。

唐纳德、A. 舍恩（2007）：《反映的实践者——专业工作者如何在行动中思考》，教育科学出版社。

滕大春（2001）：《杜威和他的〈民主主义与教育〉》，载约翰·杜威著《民主主义与教育》，王承绪译，人民教育出版社。

Allen Rubin and Earl Babbie.（2008）. *Research Methods for Social Work.* Beijing：Peking University Press.

Charles，D. Garvin and John，Tropman，E.（1992）. Social Work in Contemporary Society. Englewood Cliffs：Prentice Hall.

Christine Knott and Terry Scragg.（2013）. *Reflective Practice in Social Work*（third edition）. London：Sage Learning Matters.

Eileen Gambrill.（2006）. Evidence-based Practice and Policy：Choice Ahead. *Research on Social Work Practice*，16：338 －357.

Helen，H. Perlman.（1957）. *Social Casework：A Problem-solving Process.* Chicago：The University of Chicago Press.

Jan Fook.（2012）. *Social Work：A Critical Approach to Practice*（second edition）. London：Sage.

Jan Fook et al.（2000）. *Professional Expertise：Practice，Theory and Education for Working in Uncertainty.* London：Whiting and Birch Ltd.

Kieran O'Hagan.（1996）. *Competence in Social Work Practice：A Practical Guide for Profes-*

*sionals.* London：Jessica Kingsley Publishers.

Michael Eraut. (1994). *Developing Professional Knowledge and Competence.* London：The Falmer Press.

N. Norris. (1991). The Trouble with Competence. *Cambridge Journal of Education*, 21 (3)：331 -41.

Pierre Bourdieu. (1977). *Outline of a Theory of Practice.* Translated by Richard Nice. Cambridge：Cambridge University Press.

中国社会工作研究　第十八辑
第 63～85 页


# 社会工作案例教学法的实践研究

## ——兼论哈贝马斯共识真理论对案例教学的启示[*]

费梅苹　唐　立[**]

**摘　要**　案例教学法对于提高社会工作专业学位教育质量具有重要意义。本文以“青少年社会工作”课程的案例教学为例，旨在通过对案例教学法实践的研究，阐述社会工作案例教学法的实施过程和内在逻辑。研究发现，社会工作案例教学法的实施有四个重要因素：案例情境、学生参与、分析讨论和整合内化。借鉴哈贝马斯的共识真理论，本文认为共识是社会工作案例教学法的内在逻辑，共识是在师生的共同建构、平等关系和开放对话中形成的，并由此形成案例教学法特有的知识观、师生观和教学观。沟通理性是实现社会工作案例教学共识达成的重要路径。社会工作实践逻辑融合于社会工作案例教学法中，能够促进社会工作教育目标的有效实现。

**关键词**　社会工作　案例教学　沟通理性

---

* 本研究得到“华东理工大学 2017 年教育教学规律与方法研究项目——学生为中心的社会工作案例教学法研究”，以及 2017 年度上海市教育科研市级课题“建构主义视角下社会工作专业案例教学法研究”（C17039）项目资助。

** 费梅苹，华东理工大学社会工作系教授，博士生导师；唐立，华东理工大学社会工作系博士生。作者感谢王思斌老师对本论文撰写及修改提出的宝贵意见。

## 一 问题的提出

案例教学法（Case-based Teaching）最早可以追溯到古希腊苏格拉底的“问答法”，在大学教育中正式使用始于1870年的美国哈佛法学院，受其成功实践的影响，哈佛商学院于1921年正式推行案例教学法，并进行案例的开发和研究。20世纪40年代之后，在一些基金会的资助下，哈佛开始向外大力推广案例教学（杨光富、张宏菊，2008）。案例教学法以学生为中心，以案例为基础，通过呈现案例的情境，将理论与实践紧密结合，引导学生发现问题、分析问题、解决问题，从而掌握理论、形成观点、提高能力。由于其独特的教学效果，案例教学逐渐从哈佛走向世界，被广泛运用于各种学科，成为研究生教育、大学生教育，甚至是中学生教育的重要的教学和学习方法（马新建、李庆华，2008）。我国案例教学理念从西方引进，起步于20世纪80年代，从案例教学的文献研究分布来看，目前我国现有的案例教学研究文献大多集中在管理学、法学、医学等专业教育领域，很少有社会工作领域的案例教学研究文献。

为了适应经济社会发展需要，我国硕士研究生教育逐渐从以培养学术型人才为主转向以培养应用型人才为主，开展了多种专业学位教育。教育部在2009年3月出台了《教育部关于做好全日制硕士专业学位研究生培养工作的若干意见》，指出“教学内容要强调理论性与应用性课程的有机结合，突出案例分析和实践研究”“要注重培养学生研究实践问题的意识和能力”。为深入推进专业学位研究生培养模式改革，教育部于2015年5月出台的《教育部关于加强专业学位研究生案例教学和联合培养基地建设的意见》明确指出，案例教学对于强化专业学位研究生实践能力具有重要意义，并强调积极开展案例教学，创新教学模式。

自2010年我国MSW开始招生以来，全国各地MSW教育发展也较快，截至2019年7月，已经有155所院校开设了社会工作专业硕士（MSW）[①]。但从目前MSW教学工作现状来看，师资的教学观念和教

---

① 《中国社会工作》杂志微信公众号：《民政部慈善事业促进和社会工作司的工作，你了解吗?》，2019年7月29日。

学能力对专业学位的培养要求还存在不适应现象（谢立中，2017）。而案例教学法对 MSW 教育培养高层次应用型专门人才具有特殊意义。首先，案例教学法以问题为导向，以案例为切入，提供近乎真实的实践问题，引导 MSW 学生对案例进行分析和讨论，培养其对情境的感知和思考从而有助于提高学生的实践能力。其次，社会工作的价值理念强调“参与”和“平等”，而案例教学法积极鼓励学生参与，学生与学生之间以及学生和教师之间平等对话，在教学中可以很好地践行社会工作的价值理念。此外，处在本土化进程中的中国社会工作，实践中的很多问题尚没有现成的解决方案，案例教学的讨论有助于社会工作专业教师和 MSW 学生通过开展案例教学的实践研究，共同建构有中国特色的社会工作专业知识。

近年来，案例教学法被一些高校引入 MSW 教育中，但是对于案例教学法在社会工作中运用的理念和机制仍然缺少系统的、深入的探讨，社会工作案例教学法研究成果相对较少。为此，本文以“青少年社会工作”案例教学实践为例，希望通过对案例教学法的深入研究，探讨出社会工作案例教学的基本要素和内在逻辑，为提高社会工作教育质量、推动中国特色社会工作知识体系创建贡献微薄之力。案例教学法在当下教学方法中流行的背后折射出的是真理观在当代社会的演变，因此笔者也将结合哈贝马斯的共识真理论对社会工作案例教学进行进一步探讨。

## 二 文献回顾

案例教学法将课程理论知识和实践运用相融合（Culbertson，1960），是一种通过案例引发讨论以阐明所学课程内容的教学方法（Olmstead，1974）。

案例教学法最先应用于哈佛法学院。由于看到以传统讲授和背诵为主的教育方法难以培养出处理复杂案件的律师，在 1870 年，哈佛法学院院长 Langdell 开始倡导使用案例教学法，认为培养未来的律师应该通过对真实案件的分析和讨论，而不是从教科书的背诵中进行（Carter & Unklesbay，1989）。尽管最初法学院其他教职工对此方法持怀疑态度，但看到效果较好后，也慢慢普及这种方法，到 1915 年，它被美国大多数著名的法学院所采用（Merseth，1991）。1908年，当看到了法学院的教学成功后，持有相同教育理念的哈佛商学院教师决定将这种教学方法运用于商业教学（Christensen et al.，1987），特别是从哈佛法学院毕业的Donham被任命为该院院长后，加速了案例教学法在商学院的推广。他成立了专门的商业研究部门收集案例，举办研讨会培训教师案例教学方法的技巧，系统地为每门课程建立信息档案，讨论教师使用该方法时遇到的问题并寻求解决方法，经过四年努力，学院大部分课程采用了案例教学法（Copeland，1954），撰写的大量案例也被其他商学院所使用（Merseth，1991）。哈佛商学院的案例教学法被认为可以普遍运用于大学教育（Hunt，1951）。之后哈佛医学院也开始尝试案例教学法，法学、商业和医院成为最早接受案例教学法的三个学院。教育学院接受案例教学法的过程则比较曲折，但到1986年美国开始正式在教育学院全面推行用案例教学法培养未来教师（Shulman，1992）。到目前为止，案例教学法已经被广泛运用于法律、医学、商业、教育、银行、咨询、公共管理和社会学等领域。不仅在大学阶段，还在中学阶段以及在职培训，案例教学都有广泛的使用（Wilson & Tomera，1980；Lang，1986）。

不同于传统的教条主义教学方法，案例教学方法强调对话和参与（Sanchis，2007）。案例教学法在具体使用过程中因不同的课程目的和使用者而有所差异，但总的来说，存在一些共同的特征：①有一个真实的或者接近真实的案例可供学生进行分析；②学生是以单独的或者分组的形式讨论案例；③在全体班级中进行讨论；④教师是作为讨论的促进者（Powell，1994）。Hunt（1951）认为通过案例教学法可以实现以下七个目标：①分析和掌握复杂情境的能力；②把概念和经验事实结合起来的能力；③识别解决问题需要的资源能力；④灵活修改目标和行动的能力；⑤以引发思考的方式将自己的想法传达给他人的能力；⑥在理论逻辑形式上使用概念的能力；⑦面对问题，快速确立目标的能力。案例教学法实施过程中“案例”是关键，是关于个人或团体必须做出决定或解决问题的故事（Velenchik，1995）。案例不仅可以用来观察学习者的互动反应和作为解释相关理论知识的工具（Heitzmann，2008；Kurz et al.，2009），而且案例本身可以作为构建知识的来源（Sykes & Bird，1992）。

案例教学法可以帮助学生建立理论与实践之间的联系，使学习变得“真实”（Tedlock，1981）。案例教学法为促进学生在教学中反思实践提供了肥沃的土壤（Richert，1992）。Adam（1992）进行了实证研究，结果表明案例教学法有助于提高学生的批判性思维、学习兴趣和好奇心，经过案例教学之后，学生阅读课外材料的时间增加了，与家人及朋友讨论的时间也变多了。Merseth（1991）系统总结了案例教学法的优点：第一，提高了学生批判性分析和解决问题的能力；第二，学生在教学中变得更善于反思；第三，培养了学生在复杂的情况下分析和行动的能力；第四，有利于学生在学习中扮演积极的角色；第五，有助于建立学习者共同体的协作学习。

虽然案例教学法存在诸多优点，但其本身也存在一些问题。Shulman（1992）认为使用案例教学法的问题主要有：①编写满足需要的案例成本高、耗时长；②很难操作且需要投入比其他方法更多的时间准备；③效率较低，案例涉及知识内容较少，但花费时间很长；④案例是情境性的，往往不够系统，难以在学生头脑中形成完整的知识框架；⑤案例中涉及的信息可能会被学习者过度概括化。因此，Lasker（1949）认为案例教学法虽然非常重要，但不能完全替代传统的讲授方法。

西方案例教学法已经有一百多年的历史，涉及领域从最初的法学、商业和医学领域拓展到几乎所有的领域，成为教学中的重要方法之一，甚至成为某些领域的主导教学方法。从案例教学的理念到具体的操作技巧以及案例教学的效果，西方学者都有系统的、丰富的论述和研究。我国案例教学法起步较晚，但20世纪80年代从西方引进之后，便受到众多学科的关注，截至2019年7月在中国知网（CNKI）搜索主题为“案例教学”的文献可以找到25557篇，近几年每年都会增加1700篇以上中文文献。国内学者首先从理念上对案例教学研究法进行了介绍和比较，认为案例教学通过提供近乎真实的情境可以缩短知识和实践之间的鸿沟，为学生进入现实生活实践做好准备（郑金洲，2002）；指出案例教学有很强的建构性，在此过程中，知识、探究能力、情感目标得以建构（吴云鹏，2012）；与传统教育方法相比，案例教学关注的是程序性知识而非陈述性知识（刘刚，2008）；在教学目的、教学载体、教学方式、沟通渠道、教师地位、学生地位、学习积极性等方面与传统教学有很大不同（张家军、靳玉乐，2004）。除此之外，国内学者也对案例教学法的具体操作和内在机制进行了研究，有的学者将案例教学法分为四个阶段，分别为计划、动员、讨论和点评（郭忠兴，2010）；有学者指出案例教学具体方法除了有讨论法，还有质疑法、提示法和操作法等（黄明、郭大伟，2006）；有的认为保障案例教学的效果需要三个因素：学生的积极参与、教师的有效组织和挑选的案例材料（郭德红，2008）；有的探讨了案例教学的作用机制，将其分为知识来源扩大机制、学习内容优化机制和学习效果改善机制三个方面，分别对应交往教学理论、信息加工理论和学习迁移理论三种学习理论（刘刚，2008）。案例教学法的价值还在于可以帮助学生处理个人主体性和社会制约性两者之间的关系，在案例教学的讨论互动中，有效促进个人本位和社会本位的融合。

虽然案例教学法已经引起我国众多学科的关注和重视，一些学科已经开始将其应用于教学中，比如法学、医学、管理学、教育学、军事学等，但对案例教学的重视程度仍然不够，很多学科仍然是以传统的教学方法为主，案例教学法只是辅助。此外，对案例教学法的理解往往不够深入，使用时重结果，轻过程，缺少师生之间的互动。有些教师甚至出现误用情况，将案例教学法等同于举例教学法，难以收到案例教学法应有的效果。近年来，由于社会经济发展的需要，我国正在大力开展以培养应用型人才为主的专业学位教育，而案例教学法由于其理论和实践的结合、对分析和行动的重视，非常契合专业学位教育的培养目标。正因如此，案例教学法开始引入社会工作专业教育，但目前对社会工作案例教学法研究的文献非常少，有限的研究成果也仅是在强调案例教学法对社会工作教育的重要性，深入的社会工作案例教学法研究成果几乎是空白的，目前迫切需要对社会工作专业案例教学法进行系统阐述，特别是对社会工作案例教学内在机制和逻辑开展实践研究。

## 三 案例教学法的实践——以“青少年社会工作”案例教学实践为例

为了培养适应职业需要的高层次应用型人才，2013 年 11 月教育部和人力资源社会保障部出台《教育部 人力资源社会保障部关于深入推进专业学位研究生培养模式改革的意见》，指出培养模式改革的目标是“以职业需求为导向，以实践能力培养为重点”，要改进课程教学，“增强理论与实际的联系，创新教学方法”。为具体推进教学改革，2015 年 5 月教育部出台《教育部关于加强专业学位研究生案例教学和联合培养基地建设的意见》，指出“加强案例教学，是强化专业学位研究生实践能力培养，推进教学改革，促进教学与实践有机融合的重要途径，是推动专业学位研究生培养模式改革的重要手段”。

同时，作为一门实践性学科，社会工作专业的出现从一开始就带着很深的社会关怀，承载着道德的重量，在本质上是一种道德实践和政治实践。社会工作与其他专业，除在知识基础和技术上有分别之外，它的意识形态（Ideology）介入与进行专业介入时所涉及的道德价值和政治信念，使它有别于一般专业（朱志强，2000）。社会工作的知识传授，必须基于其道德实践和政治实践的特点，在实践性情境中启发学生掌握知识，提升专业能力。鉴于此，为回应专业学位研究生培养的教学改革的要求，并凸显社会工作学科的实践性特征，笔者所在的单位华东理工大学社会工作系自 2016 年起开始社会工作案例教学探索，主要在案例库建设、案例教学教案建设、案例教学方法探索以及案例教学效果评估等方面开展了具体教学实践及研究，本文以“青少年社会工作”案例教学实践为例，分析案例教学法的具体运用过程。

## （一）案例教学法实践过程

### 1. 课程准备：教案设计和案例的开发

本课程主要聚焦预防犯罪工作中的青少年服务开展教学工作，主要教学目标如下：①理解涉罪青少年群体的成长历程、特点、服务需求；②了解青少年司法服务的相关法律、政策、行政体系、服务现状；③掌握青少年司法服务的相关理论；④具备整合开展青少年司法社会工作服务的基本能力。课程一共 32 课时，主要由三部分教学内容组成，分别是认识青少年群体（8 课时）、认识青少年司法制度及政策（8 课时）、青少年社会工作服务的能力训练（16 课时），具体如下（见表 1）。

**表 1 "青少年社会工作"案例教学大纲**

| 课程安排 | 教学目的 | 教学内容及方法 |
|---|---|---|
| 认识青少年群体(8 课时) | ①了解涉罪青少年群体的成长历程、特点、服务需求；②掌握青少年发展理论、青少年偏差理论 | ①服务需求：案例及研讨；<br>②基本理论（青少年发展理论、青少年偏差理论）：案例及研讨 |
| 认识青少年司法制度及政策（8 课时） | ①了解法律制度和相关政策；②理解法律、政策、服务间的关系 | ①法律、政策：自学和讲授；<br>②青少年司法保护制度：案例及研讨 |
| 青少年社会工作服务的能力训练(16 课时) | ①掌握青少年司法服务的相关理论；②具备整合开展青少年司法社会工作服务的基本能力 | ①青少年社会工作服务项目：案例及研讨；<br>②青少年社会工作服务能力：角色扮演、视频观摩、案例研讨 |

开展案例教学的首要工作是案例的选择和使用。开发合适且有效的案例是案例教学法的基础。为了创建真实的案例情境用以讨论，案例教学法中的案例要能够反映实践中的真实问题，同时，案例要围绕教学目标带给学生一定的启发性，配合案例教学要求的不同，案例本身在分析思考、概念方法及信息表达等方面要体现相应的难易度。因此，笔者坚持案例应该具有真实性、相关性、典型性和启发性的特征，开展较长时间的案例库建设。案例库建设的有效开展，得益于本系长期以来遵循"教学－实践－研究－政策倡导"四位一体地开展社会工作专业建设的传统，使得案例库建设有较为丰富的资料来源。本课程案例主要有两个来源，一个来源是笔者作为任课教师，长期以来参与相关实务领域的督导及实践研究工作，积累了大量青少年社会工作服务案例，在此基础上，任课教师依据教学目的对既有案例进行改编，形成了一批教学案例。另一个来源是组建"教师－学生－机构资深督导"联合工作小组完成案例撰写。本专业学生在校期间经过三个阶段的专业实习积累了大量案例，为此，任课教师动员学生按照课程教学目标的要求参与教学案例撰写，通过教师指导、学生参与，师生交流、资深督导评估相结合的案例撰写过程，形成了一批教学案例，也促进了案例库建设中的学生参与。案例库建设提高了教师的社会工作知识统整能力，形成了案例研究的初步成果①，同时

① 在社会工作教学－实践－研究的基础上笔者出版了《青少年社会工作案例评析》、《正面成长：青少年社会工作案例研究》（华东理工大学出版社 2010 版、2017 年版）等案例研究成果，为案例库建设奠定了一定基础。

也进一步巩固了教师、学生、实务工作者之间的协同教学关系。

结合“青少年社会工作”教学目的要求，笔者以案例库为基础，筛选出了三类案例。第一类是体现青少年成长性需要的案例，尤其是能引发对青少年“自我认同”“主体性”等概念的深度研讨和反思的相关案例；第二类是讨论青少年司法保护制度的相关案例，此案例的选取考虑到了当下社会工作制度环境、政府购买服务制度、政社关系、少年司法分流制度的国际经验及国际规则等相关知识背景；第三类是培养青少年社会工作服务能力的相关案例，引发学生能在当下社会发展背景下整合开展专业服务。案例撰写及选择也是一个不断完善的过程，考虑到课程的学期长度、上课次数和上课时间，案例的难易度与教学工作周期的匹配度是一个重要的评估因素，需要在教学实践中不断探索及完善。

**2. 课程实施：案例研讨**

案例教学法是为了达到特定的教学目标，将案例内容和教学任务相结合，将学生置于特定的案例情境中，积极参与对案例的分析和讨论，从而实现学生分析问题和解决问题等能力的提升。案例教学法强调参与和对话，以学生为主体，在深刻理解案例的基础上提出案例问题的解决方案。社会工作案例教学的实施，主要分为课前、课中和课后三个部分。

课前，教师会提前把案例材料发给学生阅读，这样做的好处是让学生有提前准备的时间，使课上的案例研讨可以更充分。此外，教师在课前需对案例进行仔细研读，准备好思考问题。比如关于青少年服务需求的案例中，笔者设计了“青少年的生命历程是怎样的?”“成长性需求是什么?”“个体的社会适应性与其行为、态度、观念有何关系?”“家庭、学校、同伴、社会与青少年成长是什么关系?”等问题，同时要思考案例中的问题是否会引起真正的讨论，预估讨论的情况，思考如何可以更充分地组织学生讨论。

课中，教师首先对案例内容再次呈现，并提出问题引发学生思考。其次，针对提出的问题组织学生讨论，讨论方式可以是学生单独发言或分组讨论。若遇到班级讨论不积极或教师希望学生有更多内部交流的情况下，通常采用小组讨论的方式。采用学生单独发言的方式可以让更多有想法的同学主动表达自己的观点，但也可能容易出现冷场，这时候教师可以征求一些同学的意见和想法，鼓励其表达。无论采用何种讨论方式，当某个学生表达观点之后，教师和其他学生应合作检查表达观点的相关证据，教师引导学生时可以说“你能解释下你这种看法的依据吗?”，另外，教师可以鼓励其他同学或小组对其进行点评，表达赞同、修改完善，或者反驳并提出自己的观点，比如教师可以说“你怎么看待他（她）提到的观点?”“还有其他方式可以解释这个案例吗?”等。为了让学生能够更清晰地看到讨论的各种结果，教师可以在黑板上记录针对该问题的不同观点。最后需要对课堂讨论的情况进行总结，总结方式同样可以采用个体总结或小组总结等，在学生总结的基础上，教师整合性归纳提炼并和涉及的专业知识点（教学任务）进行对接。整个讨论和总结过程中，教师要对学生的积极参与进行鼓励和肯定，对观点存在分歧的地方找到共同点，并确立讨论的共识。

课后，为促进学生在理论层面加深认识，教师布置作业要求学生阅读相关专业知识，并练习运用。比如在教授“青少年群体服务需求”时，在课上组织学生讨论偏差青少年的故事，教师对在讨论中涉及的专业理论知识进行说明（自我同一性、自我辨识论、社会化理论、社会适应模式、社会联结理论等），但学生对这些理论了解不够系统，因此教师会要求学生课后深入学习这些理论，并尝试用这些理论进行案例分析。此外，为了继续引导学生思考，也会在课堂最后提出一些在讨论中没有解决的问题，供学生课后思考并自行查阅相关文献，在下次上课时再进行交流。具体的“青少年社会工作”课程案例教学安排见表2。

**表2 “青少年社会工作”课程案例教学的具体安排**

| 课程主题 | 案例教学的具体安排 |
| --- | --- |
| 青少年群体服务需求 | 课前：教师准备案例，提前发放给学生阅读案例<br>课中：①教师简单回溯案例内容；②组织研讨：这是一群怎样的青少年？如何理解？青少年群体的发展性需求有哪些？如何理解他们的成长轨迹？③讨论总结<br>课后：①学生以小组为单位，撰写一篇案例分析报告；②要求学生收集青少年偏差的相关理论，运用理论解释案例中的青少年发展性需求和成长轨迹 |

续表

| 课程主题 | 案例教学的具体安排 |
| --- | --- |
| 青少年司法服务制度、政策 | 课前：教师准备政策文本文献提前发放给学生阅读<br>课中：①教师简单回溯政策文本及文献内容；②组织研讨：青少年社会工作服务的法律依据，政策要求，制度基础是什么；③讨论总结<br>课后：学生以小组为单位，组织研讨：如何处理司法行政机关与社会服务机构的关系 |
| 青少年社会工作服务 | 课前：安排学生进行机构探访，社工访谈，了解青少年司法社会工作服务现状<br>课中：教师结合前期参观情况，选择一项社会工作服务项目，开展教学研讨，结合案例的具体服务活动内容开展情境模拟及角色扮演，进行服务能力训练。第一阶段，对小组计划书的点评，分组讨论及总结：计划书存在的问题，分析该问题，如何完善该计划书。第二阶段，情境模拟，角色扮演。第三阶段，视频观摩，讨论提炼，模拟练习。第四阶段，总结（小组设计知识点）<br>课后：①以小组为单位撰写服务项目的改善报告；②形成观点及理论提炼 |

社会工作案例教学法与其他教学法如启发式教学、参与式教学相比，既有联系又有区别。虽然三者都强调以学生为主体，但重点不一。启发式教学方法强调启发性，提高学生积极性；参与式教学方法重视互动，鼓励学生积极参与；社会工作案例教学法则是在特定案例的情境中鼓励学生参与，启发学生思考，既重视启发性也重视参与性，同时还必须遵循案例分析的基本步骤以使学生获得对知识的理解和掌握。第一，确定案例中的议题和事实；第二，考虑案例中行动者的观点和价值观；第三，确定专业知识；第四，设想在案例中可能采取的行动；第五，预测行动的可能结果，包括正面的和负面的（McNergney, Herbert, & Ford, 1994）。遵循上述案例分析的步骤，案例教学法能够真正提高学生分析问题和解决问题的能力。

**3. 课程检验：教学效果的评估**

为了评估案例教学法在“青少年社会工作”课程的实施效果，课程结束后，运用自制评估问卷，教师对本课程开展教学效果评估。评估结果显示，90%以上学生认为案例教学法对专业学习产生较好的帮助，具体来说，有80%的学生认为案例教学法增加了老师与学生的互动，有73.33%的学生认为加深了对理论知识的理解，这73.33%的学生认为案例教学法使一些抽象概念和实际问题变得生动，让人容易理解和掌握，有66.67%的学生认为案例教学法增加了学习兴趣，有60%的学生认为案例教学法提升了自主学习能力。总的来说，案例教学法能够起到一般教学方法没有的效果，通过将理论与实践融合，不仅有助于学生的理论联想，创新思维的开发，而且提高了学生的分析和解决问题能力以及人际互动能力。

## （二）社会工作案例教学的要素提炼

上文介绍了社会工作案例教学法的实施过程，在此基础上，笔者进一步提炼出开展社会工作案例教学法的四个要素：案例情境、学生参与、分析讨论和整合内化。

### 1. 案例情境

Dewey（1933）认为学习不是在经验之外发生的，经验是形成知识的必要条件。哈佛商学院的教授 Richard Elmore 认为学习应该具有情境性，只有积极地在情境中参与知识的建构，才能拥有知识（Christensen，1991）。案例教学是在特定的案例情境中进行。案例提供了一个可以让学生参与表达的情境，在该情境中，师生围绕着案例中的问题展开讨论，平等交流对话，形成经验。在案例情境中，知识不是“死的，封闭的”，而是“活的，开放的”，师生间通过对现实的问题讨论共同建构出知识，学生对知识的学习不是基于单向“灌输”而是基于彼此观点启发产生的认同。案例教学本质上是一种在情境中建构知识和经验的学习方式。案例教学法实施的首要工作就是要创设一种可供讨论的案例情境，为此，教师需要在课前将案例准备充分，寻找具有真实性、典型性、启发性、难度合适的案例，提出可以激发讨论的问题。案例的编写需要和教学任务紧扣，案例情景的编写服务于教学目标。比如本文的案例教学中，关于青少年服务需求，既考虑到“实现自我认同”“主体性萌发”是青少年期的核心任务，又考虑到青少年社会化的各类影响因素，尤其是城乡二元结构下导致的留守、流动等问题，因此所选择的案例隐含了这些因素，并通过组织学生的研读、研讨和反思，师生共同形成对青少年成长性服务需求的理解和整合性判断。笔者的体会是，案例情境的设计与选择，首先需要课程主讲者对教学内容的深入研究分析，其次需要考虑学生对案例情境的接受度、与其自身及社会经验的连接度、激发思考的广度和深度。最后，还要通过教学实践，验证案例情景的契合性、与教学任务的匹配性，由师生共同评估，并在教学实践中遵循“编写—实践—修改—再实践”的循环过程逐步完善。

**2. 学生参与**

案例教学法以学生为中心，重视学生的经验，依靠学生的交流讨论建构知识，成功的教学应该让学生基于自己先前的理解和经验，不断在课堂上构建新的意义。因此，教师必须制定策略以了解学生的看法，在教学过程中必须考虑到学生的想法，为概念的扩展或新概念的构建以及由此产生的新意义提供基础。由于学习被视为一种有目的的活动，因此学生应该积极参与到学习情境中（Bickerton，1993）。

激发学生积极参与可能是一个漫长过程，在开始实施社会工作案例教学时，笔者遇到的最大挑战就是学生的被动参与，虽然教师可以通过点名、邀请等方式让学生回答，但这样的效果不是很好。之后笔者在实践中不断摸索，逐渐总结出以下鼓励学生参与的措施。一是提前发放案例材料让学生独立阅读，并通过布置思考题让个人“提前入场”，使其在课堂上“有话可说”，一般都会提前一周将案例材料发放给学生提前阅读。二是采用互动式、研讨式和情景式教学方法，通过影视教学、角色扮演、课堂辩论等形式，充分发挥学生的主动性和参与性，培养学生处境化、整合性的批判反思能力。在这些教学方法中，影视教学和角色扮演的结合运用，是比较有效地促进学生参与的教学方式。首先，影视题材紧扣教学内容，身临其境的观摩，学生可以更为生动直观地感受到具体情境里的要素互动；其次，运用角色扮演，再现影视情境，通过学生的人物带入，并不断变化情境，让学生理解及再现角色，协助学生深度理解每个角色背后的动机、价值观和视角，并通过角色重塑，激发学生的对话与想象，激发其批判反思能力。三是在讨论交流过程中，采取个体合作（小组讨论）、群体分享（全班交流）、教师引导等多种举措充分促进学生交流沟通和积极参与。四是鼓励学生参与教学案例编写，通过实习 - 反思 - 案例撰写的循环过程，学生会非常投入于案例教学活动中。

**3. 分析讨论**

只有通过对案例的分析讨论，才能增进和丰富对案例的理解，彼此启迪和受益。讨论的基础是对案例的分析，因此讨论之前需要对案例进行分析。在案例教学中，笔者通过运用案例分析五步骤来事先约定师生进行案例分析的程序（见图1）。

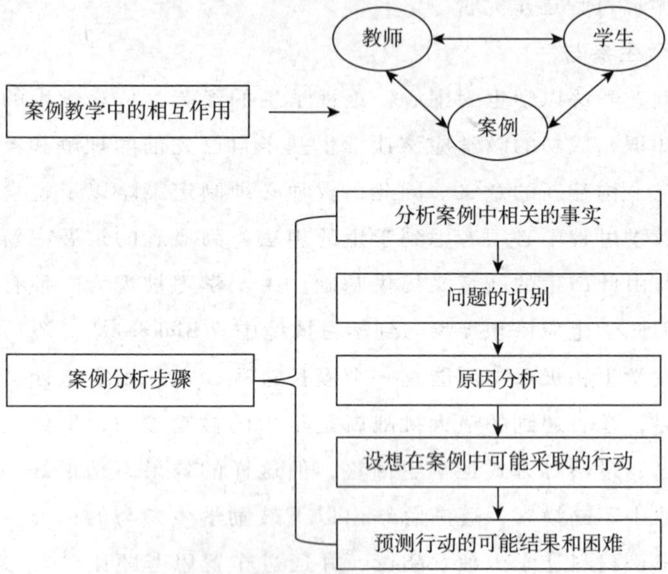


**图1 社会工作案例教学中的相互作用和案例分析步骤**

分析讨论是在教师、学生、案例三者相互作用下进行的，案例在分析的过程中有讨论，讨论的过程中亦有分析，在讨论中不断深化对案例的反思性理解。对于前三个步骤的分析讨论，主要采取小组讨论及全班交流的方式进行，遇到持不同观点者，也会通过辩论赛及评审团制予以抉择。后两个步骤的案例分析及讨论，则更多通过角色扮演、情境模拟等形式进行，以激发学生参与的主动性，激发多维思考，提升批判反思能力。

需要指出的是，案例教学中的讨论不是情绪的表达，也不是无理由的观点陈述，而是一种理性、平等的交流，即如哈贝马斯所说的沟通理性。在沟通理性下，单个主体与其他主体相互协调，主体间性取代了主体性，世界不再只是一元的中心而是多元的网络（孙来清，2010）。因此案例教学中的分析讨论环节需要建立一种规则和秩序，即坚持在没有内外压力之下主体间的相互理解、平等沟通，只有在沟通理性下师生及生生互动交流，案例教学中的学生为中心、平等关系、开放对话及知识的共同建构等才可能得以实现。在社会工作案例教学实践中，为了最大限度地实现“沟通理性”，笔者主要淡化了教师的权威角色，以一种尽量平等的姿态和学生沟通，教师是作为讨论的促进者而不是主导者，比如在讨论过程中发现学生讨论离题太远，笔者并不会直接指责或评价，而是用诸如“我想知道为什么没有人提到这个问题”这些话语提醒学生重新看待问题。同时笔者在案例教学中还注重建立促进沟通交流的公正程序，使讨论的过程有一定的规范约束，如讨论不能进行人身攻击，所谈观点必须有理有据；为使讨论有序以及保障每个学生都有表达机会，案例讨论需要遵循一定的程序，如个人预习、分组讨论，小组讨论达成一致后进行班级呈现等。最后对归纳出的观点，教师还要征求全班同学意见，通过同学们的赞同或反驳意见的充分表达后才形成共识。这些程序性规则，在案例教学实践中经过师生共商建立，并在教学过程中不断完善，同时邀请学生成立规则实施监督小组及时予以监测及评估。

**4. 整合内化**

哈贝马斯认为，任何对外在世界的了解都必然涉及了解者的演绎，而真理取决于参与讨论者在相关的社群规范制约下而达成的共识（杨善华，2001）。在哈贝马斯看来知识是一种共识性的真理，不仅涉及主客体的关系，也涉及主体间的关系，在主体与主体之间，真理可能被承认，也可能遭到驳斥。真理的形成依赖于主体间双向理解达成的共识。哈贝马斯的共识观点，对案例教学法的实施有重要启示，也促成笔者归纳出社会工作案例教学法的第四个要素即整合内化。整合的目的是把在讨论过程中彼此启发形成的各种观点在师生的共识下建构出问题的“答案”形成知识，这个知识的形成即教学目的的达成。案例教学法充分尊重每个个体的经验和表达，课堂是一个多元主体参与的场域，对问题的回答亦是多元化的，因此整合对于最后的讨论总结非常重要。在整合的过程中师生一起参与，但教师起主要引导作用。教师需要在各种回答中去伪存真，在平等的讨论中彼此的启发下共同建构共同认同的“知识”，而非强迫。此外，教师要处理好讨论的结果和教学内容之间的关系，如果讨论的结果没有涵盖教学内容要求的知识点，教师要进一步通过提问的方式进行引导，启发学生思考，如果已经包括了教学内容，教师需要点出并与教学内容知识点进行对话（学生讨论的结果往往是经验性的概念，没有上升到专业概念）。还需要指出的是相对于教学要求的知识点，师生应保持开放的心态，讨论的结果往往更具体、更丰富，师生可在此情境中互相学习，这对社会工作学科来说尤其重要。中国特色的社会工作理论需要在一般通识及本土特征的整合下形成，在讨论基础上的整合，可以更好地帮助学生实现对中国特色社会工作理论的理解。如本课程中关于“青少年社会化的中国特征”、关于“社会工作服务中的制度基础”、“党政主导下的政社关系”、中国传统文化影响下的“专业关系中人情的作用”等，均是通过深入研讨和整合提炼，学生得到充分思考和理解。

本文提炼出来的“案例情境、学生参与、分析讨论和整合内化”的四个要素，是在案例教学实践过程中逐步凝练的。这四个要素的提炼，首先是为了解决案例教学过程中教学目标与教学方法之间的有效契合问题，在过程中坚持以学生为中心、平等沟通、案例引导激发批判反思，进而实现知识理解和整合内化的案例教学理念，通过师生在教学过程中的共同实践 - 反思 - 修正与建构得以形成。所以案例教学既是一个教学过程，也是一个实践研究过程，在过程中，师生不断深化对社会工作知识的理解，逐步达成共识，进而完成对实践性社会工作知识的内化。

## 四 共识真理论视角下社会工作案例教学的思考

为了进一步提炼社会工作案例教学法的实践逻辑，在上文关于案例教学四要素初步归纳的基础上，笔者将进一步对社会工作案例教学的知识观、师生观、教学观以及共识的达成路径做理论反思，而哈贝马斯的共识真理论对本文有重要启示。

### （一）共识：社会工作案例教学的内在逻辑

据文献研究，相应真理论和共识真理论对应着不同的教学方法（吴全华，2003）。相应真理论对应着传统教学方法，强调真理的客观性、主客二分，否定学生在教学过程中的主体能动性，不注重学生的课堂参与和讨论，导致课堂表现出教条化、模式化、单一化和静态化等诸多问题（郑金洲，2001）。而不同于传统教学的知识灌输方式，共识真理论强调主体的平等性，重视学生的参与表达，认为知识是在交流讨论中形成的共识。社会工作案例教学法较好地体现了共识真理论的要义，充分发挥学生的主体性，在教师的引导下师生之间、学生与学生之间交流讨论，不同观点互相交锋，彼此启发，探讨问题的解决方式。社会工作案例教学法的内在逻辑就是通过平等讨论寻求共识的过程，这主要体现在以下几方面。

**1. 知识观：在共同建构中达成共识**

社会工作案例教学的知识是课堂中各个主体共同建构的知识，是一种共识的知识。案例教学不同于传统知识观的教学方法，知识不是由教师单方面传授的，学生也不是被动地接受已有的知识，它强调学生的主动参与，在师生相互交往的“关系”中，通过集体讨论达成共识。知识对学生而言不是既定和僵化的，而是流动和生成的，是在互动交流中共同建构而成的，学生也成为知识的生产者和建构者。在社会工作案例教学实践中，笔者重视学生的参与和表达，通过各类案例研讨方式让学生对案例背景及问题进行深入分析，通过角色扮演及情景模拟对案例问题的解决进行多元思考和寻找解决路径。在这样的深入研讨交流过程中，师生和学生之间彼此启发，在赞同或反驳的表述中不断深化对案例的分析，从而建构出共同认同的“知识”。在教师和学生的互动过程中，笔者不断弱化教师作为“专家”的角色，采用引导的方式和学生讨论交流，在不断讨论的过程中一方面可以去伪存真，不断接近问题的“正确”答案，另一方面该过程也是不断产生对“知识”认同的过程。共同建构出来的知识不是完全从主体需要出发脱离客观实在的相对真理，而是主体之间通过沟通形成的共识，且在出现的最佳论据中不断趋向教学目标的要求。在这个过程中建构的知识包括理论、概念等知识，还包括实践性知识，包括对服务对象的理解，对社会情境的认识及理解，对于实务解决的实操性知识的理解。更在研讨交流过程中，掌握平等、尊重、开放、包容及交流沟通的理念和方法技巧，真正内化社会工作实践性知识。

**2. 师生观：在师生平等关系中达成共识**

相应真理论认为真理的发现是主体单方面认识的过程，认识的对象是等待主体认识的客体，主客体之间是一种单向的互动。在传统师生关系中，教学过程很容易形成一种等级式不平等的师生观。在这种等级式的师生观下，话语权牢牢掌握在教师手中，具有权威性的教师掌控着课堂的一切，学生的经验和话语无法表达，只是知识被动的接收者。共识真理论强调知识是主体间互动交流的产物，主体之间通过平等协商达成共识，反映在师生关系上就是一种平等的关系，学生能够自由表达，分享自己的观点和经验，对他人提出的观点也能够表达认同或驳斥，师生能够在彼此尊重和信任的条件下平等交流，师生之间单向的理解转向了双向的理解。案例教学法体现了共识真理论的要求，师生之间、学生与学生之间通过对社会工作案例的研发、研讨，彼此启发，相互促进，在平等的沟通交往中达成对社会工作的共识，教师不再是话语权威的拥有者，而是教学活动的参与者和学生自由表达的支持者。为构建平等的师生关系，从教学之初，笔者就在课程中营建一种尊重、真诚、接纳、开放、平等的师生关系，创建一种自由交流的课堂氛围，尤其是教师充分激发学生的主体意识，对学生的表达观点予以一定的肯定和鼓励，比如有时候发现学生的观念有明显的偏颇，但笔者只是通过说“你有没有注意到案例中有这样的细节和你讲的有点不同?”之类的话加以引导，不会直接否定学生。同时通过制定规则，组建学生为主的课堂规则监督小组来实现平等性师生关系的有效运作。在师生平等性关系中达成共识成为案例教学的过程目标和结果目标。

**3. 教学观：在开放对话中达成共识**

传统教学观下的师生之间是一种单向的互动，教师把准备好的知识点讲授给学生，课堂只是单纯的知识讲授场所，学生要做的就是牢记课堂上讲授的知识点，缺少自我表达的机会，对知识也难以真正地内化。案例教学不同于传统的教学方法，教学活动中师生可以共同撰写教学案例，共同参与课堂内容的研讨，自由谈论自己真实的想法，建立良好的对话机制，通过开放的讨论形式达成共识，所有观点、结论都将在参与者彼此间的对话和合作中不断形成（张新平、冯晓敏，2015）。通过对案例的剖析，教师和学生之间可以对话交流，从彼此的分析讨论中受益。为了更好地促进对话交流，笔者一方面制定了讨论的规则和程序，以保障师生在课堂中的充分表达；另一方面也保障了教师不能用权威压制学生，而是通过营造平等对话沟通机制达到教学目标。此外，为了更好地让学生“有话可说”，笔者还通过角色扮演、实地参访等形式让学生切身体验使其对话是“有感而发”。案例教学的课堂不是教师单独表演的舞台而是师生互动的场所，不是封闭和单调的而是开放和充满活力的。在开放对话中，学生不仅学习到了有理论性的知识，还提高了学生分析问题、解决问题、沟通交流的能力。同时，教师不仅收获了学生分享的知识，也丰富了其教育实践知识。

## （二）沟通理性：社会工作案例教学共识达成的路径

沟通理性是指主体间在没有内外压力之下的平等沟通，哈贝马斯认为共识的达成需要一种不同于科技理性的沟通理性（杨善华，2001），在沟通理性的指引下，案例的分析讨论以一种自由、平等、开放的沟通方式进行，师生之间彼此启发，相互受益，在积极有效的沟通中达成共识，知识的共同建构、师生的平等关系和互动开放式的教学才能够实现。

当沟通理性作为共识达成的路径选择时，哈贝马斯关于成功话语的三个关系及其基础上形成的三个宣称，就成为案例教学过程中通过交流互动达成共识的重要逻辑依据。哈贝马斯认为每一个成功的话语都存在三重关系：一是话语与作为现存物的总体性的“外在世界”的关系；二是话语与作为所有被规范化调整了的人际关系（在一个给定的社会中，它们被认为是合法的）之总体性的“我们的社会世界”的关系；三是话语与作为言说者意向经验之总体性的“特殊的内在世界”的关系（哈贝马斯，1993）。此三种关系对应着三个有效宣称，即“真理的宣称”、“正当的宣称”和“真诚的宣称”，三个有效宣称是交往行为的前提，是沟通理性在语言上的体现。

依据上述理论观点反观案例教学过程，我们认为，第一，发生在真实社会现实及实务情境中的社会工作教学案例，能够发挥“反映外在的客观事实，并通过这些认知句子把相关事实告诉他人（阮新邦，1999）”的作用。师生依据案例情境开展研讨，也必须符合事实，有依有据，具有真实性，如果讨论过程中的真实性不能得到满足，参与讨论的各方为了证明自己的观点或驳斥他人的观点而歪曲事实，都将导致共识难以达成。因此，案例库建设是案例教学的首要工作之一。第二，在案例教学过程中的研讨交流，必须与“社会世界”的公认规范相符合，从而使听者能够接受，并以此达到主体间的彼此认同（宫瑜，2017）。具体而言，案例教学中师生、生生的研讨交流必须基于对社会工作事业发展的基本逻辑、制度基础、行业规则、通用过程等的认同和尊重，即在与“社会工作的公认规范”相符的前提下进行深入研讨交流，才是“正当的宣称”。如何在案例教学课程教学大纲设计本身，以及在不同年级不同课程的递进及关联的整体设计中，完成社会工作公认规范的教学任务，再据此开展案例教学，这是整个案例教学工作应考虑的重点，也是在公认规范认同和尊重基础上开展案例研讨及反思的前提条件，与案例教学同等重要。同时在案例教学研讨的沟通表达方面，师生均要符合语言规范，尽量避免语言表述不完整、句子成分冗赘、前言不搭后语、句式歧义等问题的出现；在讨论过程中，要遵守讨论规范和议事规则。这些均属于对“社会世界的公认规范”的认同遵守，是能够达成共识的途径之二。第三，案例教学最重要的目的在于通过激发学生主体性，深度投入对知识的探寻、反思和建构中，实现个体成长与知识收获的有机合成，真正达至以学生为中心的案例教学目标。为此，案例教学需要首先通过案例及对案例的研讨，实现案例情景与学生内在世界的联结，促使学生反思其现有生活经验和“主观世界”，并通过对个体主观世界的真诚表达，使听者相信这是真诚地表达其内心的想法和感觉（阮新邦，1999），否则无法建立相互的理解和信任，共识也将无法达成。因此，社会工作案例教学的重要内容之一是营造真诚开放的教学氛围，建立安全信任的教学关系，促使学生能够开放自己。同时教师要精心设计交流沟通方式，激发学生反观其个人的态度、行为与价值观，反思其知识学习能力，并协助学生真实地表达自己的观点和情感，积极倾听他人内心世界，对他人提出的想法开放包容和接纳，从而实现相互理解和深度交流。就这点而言，社会工作专业关系建立中所强调的真诚、尊重、同理等原则，以及社会工作专业方法及沟通技巧，是完全可以运用到案例教学过程中的，社会工作实践逻辑与专业教学方法的有机融合，能够有效地达成知识的共识并实现学生的专业成长，达到真正教育的目的。

## 五 结论

近年来，为适应经济社会发展需要，以培养应用型人才为主的专业学位教育备受重视，社会工作专业学位教育就是其中之一。为符合教育部关于专业学位建设要求，同时探索契合社会工作实践性学科特点的教学方法，推动教学改革，案例教学法被引入社会工作专业教育中。本文基于“青少年社会工作”案例教学法的实践梳理出案例教学法的实践过程，提炼出社会工作案例教学法的四个要素：案例情境、学生参与、分析讨论和整合内化。并结合哈贝马斯的共识真理论，进一步分析了社会工作案例教学法的内在逻辑是达成共识。社会工作案例教学法的共识达成，是在知识的共同建构、师生的平等关系和互动开放式的教学中达成的共识，由此形成了社会工作案例教学工作特有的知识观、师生观和教学观。共识的达成路径需依赖主体间的沟通理性，具体表现在：第一，案例库建设，要遵守真实性，案例研讨要有理有据，案例库建设要与社会工作实践研究紧密结合；第二，要平衡社会工作专业的一般规范与实践性情境性专业知识的教学关系，要在对社会工作规范认同及尊重的基础上开展案例研讨及沟通反思；第三，社会工作案例教学法与社会工作所强调的平等、多元等价值观具有内在的一致性以及群体动力、增能视角等，均能有助于以学生为中心的社会工作案例教学目标的达成。社会工作案例教学法与社会工作实践在理念、目标和手法上是高度契合的，两者的有机融合，能真正实现社会工作教育的育人目标。

## 参考文献


宫瑜（2017）：《交往理性与道德共识——哈贝马斯话语伦理学研究》，中国社会科学出版社，第 86 页。

郭德红（2008）：“案例教学：历史、本质和发展趋势”，《高等理科教育》，第 1 期，第 22～24 页。

郭忠兴（2010）：“案例教学过程优化研究”，《中国大学教学》，第 1 期，第 59～61 页。

哈贝马斯（1993）：“交往与社会进化”，张博树译，重庆出版社，第 69 页。

黄明、郭大伟（2006）：“案例教学中的案例选取与设计”，《教育探索》，第 3 期，第 90 页。

刘刚（2008）：“哈佛商学院案例教学作用机制及其启示”，《中国高教研究》，第 5 期，第 89～91 页。

刘娜（2009）：“普遍语用学对教育的启示”，《教育评论》，第 5 期，第 107～109 页。

马新建、李庆华（2008）：《工商管理案例教学与学习方法（第二版）》，北京师范大学出版社，第 3 页。

阮新邦（1999）：《批判诠释与知识重建——哈伯玛斯视野下的社会研究》，社会科学文献出版社，第 35 页。

孙来清（2010）："沟通理性下我国政府新闻发言人的制度重构"，《理论与改革》，第 4 期，第 74～77 页。

吴全华（2003）："共识真理论的教育学启示"，《华南师范大学学报》（社会科学版），第 1 期，第 87～93 页。

吴云鹏（2012）："案例教学的生成性探析"，《教育评论》，第 5 期，第 87～89 页。

谢立中（2017）："社会工作硕士教育在中国：现状、问题与对策"，《社会治理》，第 3 期，第 51～55 页。

杨光富、张宏菊（2008）："案例教学：从哈佛走向世界——案例教学发展历史研究"，《外国中小学教育》，第 6 期，第 1～5 页。

杨善华（2001）：《当代西方社会学理论》，北京大学出版社，第 171～172、194 页。

张家军、靳玉乐（2004）："论案例教学的本质与特点"，《中国教育学刊》，第 1 期，第 51～53 页。

张新平、冯晓敏（2015）："重思案例教学的知识观、师生观与教学观"，《高等教育研究》，第 11 期，第 64～68 页。

郑金洲（2001）："重构课堂"，《华东师范大学学报》（教育科学版），第 3 期，第 53～63 页。

郑金洲（2002）："案例教学：教师专业发展的新途径"，《教育理论与实践》，第 7 期，第 36～41 页。

朱志强（2000）："社会工作的本质：道德实践与政治实践"，《华人社会社会工作的本质的初探》，八方文化，第 89～113 页。

Adam, M. E. (1992). *The Response of Eleventh Graders to the Use of the Case Method of Instruction in Social Studies* (Doctoral Dissertation, Simon Fraser University).

Bickerton, L. (1993). *Case Method Teaching in Senior Biology: a Synthesis of Curriculum Content and Goals with Year* 2000 *Goals* (Doctoral Dissertation, Simon Fraser University).

Carter, K., & Unklesbay, R. (1989). Cases in Teaching and Law. *Journal of Curriculum Studies*, 21: 527 - 536.

Christensen, C. R. (1991). *Education for judgment: The Artistry of Discussion Leadership.* Boston: Harvard Business School Press.

Christensen, C. R. and Hansen, Abbey J. (1987). *Teaching and the Case Method.* Boston: Harvard Business School Press.

Copeland, M. (1954). *The Case Method at the Harvard Business School.* New York: McGraw-Hill. pp. 25 - 33.

Culbertson, J. A. (1960). *Administrative Relationships: A Casebook.* New York: Prentice-Hall.

Dewey, J. (1933). *How we think.* Boston: D. C. Heath.

Heitzmann, R. (2008). Case Study Instruction in Teacher Education: Opportunity to Develop Students' Critical Thinking, School Smarts and Decision Making. *Education*, 128 (4): 523 - 542.

Hunt, P. (1951). The Case Method of Instruction. *Harvard Educational Review*, *21* (3): 175 - 192.

Kurz, T. L., Batarelo, I., & Middleton, J. A. (2009). Examining Elementary Preservice Teachers' Perspectives Concerning Curriculum Themes for Video Case Integration. *Educational Technology Research and Development*, *57* (4): 461 – 485.

Lang, C. (1986). *Case Method: Teaching in the Community College: A Guide for Teaching and Faculty Development.* Newton, M. A.: Education Development Center.

Lasker, B. (1949). *Democracy Through Discussion.* New York: H. W. Willson.

McNergney, R. F., Herbert, J. M., & Ford, R. E. (1994). Cooperation and Competition in Case-based Teacher Education. *Journal of Teacher Education*, 45 (5): 339 – 345.

Merseth, K. K. (1991). *The Case for Cases in Teacher Education.* Washington, D. C.: AACTE Publications.

Merseth, K. K. (1991). The Early History of Case-based Instruction: Insights for Teacher Education today. *Journal of Teacher Education*, 42 (4): 243 – 249.

Olmstead, J. A. (1974). *Small-group Instruction: Theory and Practice.* Alexandria, VA: Human Resources Research Organization.

Powell, J. L. (1994). *Case Method in Higher Education: A Case Study* (Doctoral Dissertation, Kansas State University).

Richert, A. E. (1992). Writing cases: A Vehicle for Inquiry into the Teaching Process. *Case Methods in Teacher Education*: 155 – 174.

Sanchis, C. M. (2007). The Case Study Method: a Powerful Teaching Tool in Sports Marketing Education. *International Journal of Sports Marketing & Sponsorship*, *9* (1): 7 – 11.

Shulman, J. (1992). *Case Methods in Teacher Education.* New York: Teachers College Press.

Sykes, G., & Bird, T. (1992). Teacher Education and the Case Idea. *Review of Research in Education*, *18* (5): 457 – 521.

Tedlock, D. (1981). The Case Approach to Composition. *College Composition and Communication*, *32* (3): 253 – 261.

Velenchik, A. D. (1995). The Case Method as a Strategy for Teaching Policy Analysis to Undergraduates. *The Journal of Economic Education*, *26* (1): 29 – 38.

Wilson, R. J., & Tomera, A. N. (1980). Enriching Traditional Biology with an Environmental Perspective: Using Case Studies in a Simulation Format to Influence Students' Environmental Attitudes. *The Journal of Environmental Education*, *12* (1): 8 – 12.

中国社会工作研究　第十八辑
第 86～112 页


# 将实践融入教学与研究：案例教学方法在我国社会工作专业教育中的应用

张　曙*

**摘　要**　社会工作教学质量是影响我国社会工作高水平人才培养的制约因素之一。案例教学法在国内外很多应用型专业教育中得到广泛的应用，在社会工作专业教育中采用这一教学方法十分必要。案例本质上具有理论与实践相结合、增加学习者对实际的体验感受、引发学习动机的功能，将实践案例引入社会工作教学中，有利于学生主动建构知识，接纳不同意见和观点，培养问题解决和决策选择能力，提升社会工作实践研究水平。本文在对国内外关于案例教学法的理论基础和作用机制做了综述性分析后，结合社会工作专业教育的现实需要，针对案例教学中的案例选择、案例教学的实施及案例教学效果的评价等关键环节，阐述了将社会工作实践融入教学和研究的案例教学理念与方法的思考。

**关键词**　案例教学法　社会工作　教学与研究

* 张曙，南京理工大学公共事务学院社会学系主任、教授。

# 一　我国社会工作专业教育中引入案例教学方法的意义

我国社会工作专业教学质量一直是该专业自开办以来，教育界十分关心的问题。为了进一步落实习近平总书记在全国教育大会上的指示精神和党的十九大关于“实现高等教育内涵式发展”的战略部署，我国社会工作教育界提倡采用案例教学法进行教学改革，提升办学水平。

## （一）社会工作实践发展对社会工作教育的期待

2006 年 10 月，党的十六届三中全会在《中共中央关于构建社会主义和谐社会若干重大问题的决定》中提出要在诸如社会救助、公共卫生、司法矫正、教育就业等诸多领域“建设宏大的社会工作人才队伍”，社会对社会工作专业人才的需求非常旺盛。截至 2017 年底，全国社会工作专业人才资源总量为 1025757 人（民政部，2018），专业社会工作者的队伍建设从以下几个方面得到加强。首先，建立了我国社会工作专业教育体系，培养了一些受过社会工作专业训练的社会工作管理者和服务者。截至 2019 年，我国有 80 余所高职院校开展社会工作专科教育、348 所高校开展社会工作本科教育、155 所高校和研究机构开展社会工作专业硕士（MSW）教育，每年培养社会工作专业毕业生 3 万多名。其次，加强了我国实际社会工作者的队伍建设。一是通过全国助理社会工作师、社会工作师职业资格水平考试、机构改革，进行人员调整，明确职能，理顺关系，提高效率。二是加强对一线社会工作者的培训，尤其是对敬老院、儿童福利院、精神病院等专业福利机构主管的专业培训，以发挥其在专业化服务方面的示范和辐射作用。三是建立不同层次的社会工作队伍，如专职队伍、兼职队伍、志愿者队伍。社会工作进入专业化、职业化、行业化的时代，这在客观上推动了高校社会工作专业教育的发展。

在我国社会工作组织体系、制度建设、人员规模、行业规范得到快速推进的同时，我们也面临如何高质量发展的问题。任何行业与专业的高质量发展都需要有一支高素质、高水平的专业队伍，高校社会工作教育者是发展及完善我国社会工作的重要力量。由于高等教育评价体制与机制存在重科研、轻教育的问题，我国社会工作专业教师理论与实务存在一定程度的脱节，"教""学""做"等环节脱节的困境也较难以克服，社会工作专业人才培养质量不尽如人意，刚毕业的学生在职业能力、专业素养、实务研究能力等方面均在一定程度上不能很好地满足社会工作服务机构发展的需要。在我国全面深化改革，建设中国特色社会主义社会治理体系，实施创新驱动发展战略的大背景下，提高我国社会工作教育水平，重视社会工作专业教学方法的研究、实施与教学效果的科学评价，促使教师在教学理念、教学方法、课程设计等方面提升与加强专业的科学性、过程性以及操作性，做到：面向教学，从"理论聚焦"转向"实践关怀"，使自己成为能满足社会工作教学需要的专业教师；心系学生，使学生能从"知识获取"转向"能力发展"，着眼于发展学生的创造能力、问题解决能力，培养其理解、分析、反思直至行动的能力，这应当成为社会工作教育界高度重视的议题。

## （二）社会工作教育的目标与能力标准

### 1. 社会工作人才培养目标的内涵认识

自专业社会工作在中国重建之日起，学术界甚至蔓延到政府领域，均将社会工作专业视为应用性专业，并强调实务或实践的重要性（陈英、刘淑娟、关盛梅，2016；史铁尔，2007；宋辉、撖梦圆，2019；王思斌，2017；王圣军、张绮莹，2010；严霄云、马良、石艳，2019）。2010 年 12 月，教育部《关于社会工作硕士专业学位研究生指导性培养方案的通知》，明确社会工作专业学位教育的人才培养目标是培养有专业社会工作价值和理论水平、具备较强实务能力的社会服务与社会管理的应用型高级专业人才。受社会工作专业应用性、实务性定位的影响，社会工作专业人才培养的内涵呈现为多种以提升学生实务（或实践）能力为导向的教学形式，如"实务教学"（古学斌，2011），"回应社会工作实务需求的教育定位"（童小军，2017），"实践性教学"（史铁尔，2007；张洪清，2016）等。在各种以提升实务或实践能力为导向的教学形式下，探索出多种具体教学模式，如"校－政－机构"共同参与的联合实践教学模式（仰和芝、赵玲玲、游河，2016）；“专业系－政府－机构”三方合作实习模式（严霄云、马良、石艳，2019），基于上述“政－学－社”（顾东辉，2016）的联合培养模式几乎成为全国社会工作专业人才培养的普遍模式。围绕“政－学－社”这一模式，高校人才培养包括以下两个方面：（1）外部，寻求政府和机构资源，以找到实习（或实践）场所；（2）内部，改善社会工作专业教师人员配置、提升专业教师实务教学能力、开设不同方向和领域的社会工作课程、严控学生专业实习的时量与质量。

**2. 社会工作学科与专业建设的目标：“科学化”—“学科化”**

在现代社会，知识迅速增长，学科高度分化，社会职业结构需要具有专门知识的人才。分学科、分专业开展教育与研究，使学生具备专精的职业能力，是现代大学的基本特征。社会工作专业学位的内涵是面向服务类职业，以“实践和应用”为导向，通过专业教育，其学生可以获得进入“专业（Profession）”领域的资格证明（孟现志，2009）。随着我国社会工作教育的发展，社会工作学科与专业建设的目标正从“教育科学化”向“学科体系化”发展。教育科学化是指从事社会工作专业教育的教师既是社会工作专业教育的实践者，也是社会工作专业服务和社会工作教育的研究者。为了实现教师教学方式从以“教”为主向以“学”为主的转变，学生的学习从“学会”向“会学”的转变，培养出“应知、应会、应是”“知与行、理论与实践、做事与做人”有机统一的高素质专业人才，我们应总结社会工作专业教育、教学规律，在教育理念、知识构建、运用的教学方法、教学效果的评价标准等方面深入思考、科学研究，提升教学水平，提高教育质量。教育的专业化、科学化水平的提高，人才培养质量的提升，可以使教育界与实务界获得良好的合作与交流，社会工作单独成立一个学科的学科体系化建设目标才能获得坚实的专业教育基础。

**3. 以能力为本的教育政策和认证标准**

无论是从社会发展的现实需要，还是社会工作教育以及社会工作学科发展的终极使命看，社会工作者的核心竞争能力都已成为我国教育界、实务界十分关心的议题。从时间维度来看，2005 年、2006 年每年只有 1 篇研究文献，2007～2011 年每年有不超过 10 篇研究文献，2012 年有 12 篇相关文献，2013～2016 年每年均有 20 多篇研究文献，2017 年则有超过 30 篇研究文献（刘斌志，2018）。已有研究大多是从研究者个体角度出发，对社会工作能力结构、不同服务领域社会工作者的能力建设问题加以研究，提出“反思批判能力”应成为社会工作者的核心职业能力，而不是我国传统的教育理念认为，学生应具备“运用科学知识”的能力（张威，2017）。至于通过何种教育政策和教学方式使毕业生具备“将知识转化为行动”的“反思能力”，我国现有的关于社会工作能力建设的研究则关注较少。社会工作能力建设国际经验的内容介绍大多是英、美等国的社会工作教育培养模式、课程设置以及社会工作者的多元文化敏感能力等，较少有对社会工作专业行动的核心能力体系化、标准化内涵的分析，更缺少关于提升专业能力的教学实践指南与教学方法指导的研究。

2008 年，美国社会工作教育协会（Council on Social Work Education，CSWE）颁布了以能力为本的教育政策和认证标准（Educational Policy and Accreditation Standards，EPAS），以期更好地指导教师和学生有目的地将社会工作知识、价值观和技能整合和应用于社会工作专业服务的动态情境中。2015 年，重新修订更新这一标准，美国 EPAS（2015）中提出的社会工作者 9 项核心能力是：（1）能以道德和专业的行为开展服务（Demonstrate Ethical and Professional Behavior）；（2）能在实践中包容合作对象与服务对象的多样性和差异性（Engage Diversity and Difference in Practice）；（3）促进人权和社会、经济和环境的公平与正义（Advance Human Rights and Social，Economic，and Environmental Justice）；（4）能从事基于实践的研究和基于研究的实践（Engage in Practice-informed Research and Research-informed Practice）；（5）能参与政策实践（Engage in Policy Practice）；（6）能与个人、家庭、团体、组织和社区一起工作（Engage with Individuals，Families，Groups，Organizations and Communities）；（7）评估个人、家庭、团体、组织和社区的需求和问题（Assess Individuals，Families，Groups，Organizations and Communities）；（8）能对个人、家庭、群体、组织和社区的问题进行干预（Intervene with Individuals，Families，Groups，Organizations and Communities）；（9）能对个人、家庭、群体、组织和社区的社会工作实践进行评估（Evaluate Practice with Individuals，Families，Groups，Organizations and Communities）。从通才培养视角看，上述每一项核心能力都包含了价值观、认知、技巧、情感的投入等内涵要素，并通过

可观察到的专业实践行为，表明上述能力的体现（CSWE，2015）。这一立足于教学基础颁布的能力标准，既能指导教师关注学生的学习结果，了解如何组织教学过程、设计教学内容，又能通过学生外显的、可观察的专业实践行动表明师生“教”与“学”的成效。

### （三）我国社会工作教育的理想与难题：研究、教学与服务实践的融合

如前所述，中国社会本身和我国社会工作都处在一个快速发展的过程中，我国社会工作教育的理想是：争取专业的合法地位（王思斌，2013），发展拥有本科、硕士、博士授予权完备的学科体系。在理论层面，寻找学科之间的边界和学科的自主性理论体系。在实务层面，从生态论视角贯通宏观与微观、个人和社会；从方法论视角思考科学知识与实践智慧的融合；从认识论视角寻求全球视野与文化自觉的结合（何雪松，2015），以期在社会工作领域中有更为明确、深入的研究、教育与实务的分工与合作，培养初、中、高级不同层次的社会工作专业人才，保持与我国社会工作职业化、专业化发展进程的相对平衡。为此，在社会工作教育过程中，要以学生为中心，从实务者处理复杂、不确定的范畴出发，更新教学理念，优化教学体系，改善教学方法、创新教学评价标准，提升教师与学生社会工作研究与实践的核心竞争能力。

我国社会工作教育面临的难题有以下几方面。

**1. 师资队伍存在的问题**

具体表现为：（1）现有的社会工作师资具有社会工作专业教育背景和实务工作经验教师比例偏低，具备研究、教学与服务整合能力、宏观与微观实务视野兼备的师资团队数量有限，导致案例教学和实务教学的能力不足（谢立中，2017）；（2）现有博士教育课程缺乏教师职业专业教育课程训练，有些教师自身也未将教育视为事业。

**2. 专业教学方法被“集体无意识”忽略**

教学本身应被视为是一种教育实践，教师是教育专业的实践者。由于我国高等学校普遍存在的重研究、轻教学的倾向，教师对教学目标的认识模糊，导致出现两极化倾向。一是错误地将应用型人才培养等同于实务（实践）能力培养，在这一问题根源的基础上，各类教学

模式、课程设置，均有意无意地以提供直接地实务知识、提升直接地实务技能为主导，从而进一步导致专业教育努力将学生培养成为类似掌握某种（或几种）技能、思维和视野窄化的“社会工作技术工”。二是理论与实践脱节，课堂教学偏重认知，而轻实务，甚至不是很了解实务，缺乏对中国国情、社会情境、文化特质的本土化应用的反思。三是习惯采用单向教学方法，即老师讲，学生听，学生只是记忆老师所讲内容，欠缺一定的认知行为。四是对教学效果差的简单归因。学生职业和专业能力表现不尽如人意，常常被简单归因为学生心理素质差，家庭教育环境不好，学生、教师和家长之间因为相互影响因素的错综复杂，现有教学效果评价方法缺乏一定的科学性，难以区分、界定影响学习者学习成效的直接责任人是谁？因为师生间的地位不平等，教师也极易推卸自己的教学责任。

**3. 社会工作教学研究十分薄弱**

大多数教师仅仅是教学的实践者，却不是自身教学实践的研究者。仅有的一些社会工作教育的研究成果多属于宏观的分析与论证，缺少对有关课程设计、教学内容、教学效果的实证研究与社会适应性的检讨。教学实践与教育研究的脱节，导致我国社会工作专业在教育理论研究与教育教学实践之间难以形成良性循环的关系，直接影响我国社会工作专业人才的培养质量。

基于社会工作行业的发展，社会工作教育标准的建立，以及我国社会工作教育急需改善教育教学环境的现实需要，采用案例教学方法，提升教学水平，也不妨是一种有益的尝试。

## 二 文献综述

19 世纪后期，古希腊哲学家和教育家苏格拉底（Socrates，前 469 ~ 前 399）提出“问答法”的教学形式，即围绕某个问题，根据学生掌握的知识和了解的情况，平等地进行讨论，发挥学生思考问题、解决问题的能动性，从而引导其得出结论（罗翔，2010）。1870 年，哈佛大学法学院院长克里斯托弗·哥伦布·郎代尔（Christopher Columbus Langdell）将这种教育理念和方法引入哈佛大学的法学教育之中，他在《合同法案例》一书中强调了案例教学法是学生学习和掌握知识的有效方法（徐芳，2014）。经过近百年的发展，案例教学法在世界各国教育教学领域逐渐流行，现已被广泛应用于理学、工学、医学、经济学、管理学、社会学、军事学、心理学等各类专业教育领域之中。我国教育界开始探索案例教学法大约在 1980 年。最早有关案例教学法的文章，是《成人教育》杂志上于 1983 年第 6 期刊登的谢敬中的《案例教学法简介》一文。通过 CNKI 学术定义搜索，笔者发现，涉及案例教学方法应用的领域与国外文献所涉及的领域大致趋同。医学、法学专业教育中使用案例教学方法开展教学的相对比较多，不过分注重最终得出的答案是否正确，而注重得出答案的分析过程。教学内容和教学过程均具有实践性，教学成果则具有实效性，且能以实证研究来加以说明。

关于案例教学法，国内外的文献呈现了以下研究内容。

**1. 案例教学法（Case Method）的定义**

目前被国内外广泛接受的是哈佛商学院的案例教学模式，其定义为："一种教师与学生直接参与共同对工商管理案例或疑难问题进行讨论的教学方法。这些案例常以书面的形式展示出来，它来源于实际的工商管理情形。学生在自行阅读、研究、讨论的基础上，通过教师引导全班讨论。因此，案例教学法既包括了一种特殊的教学材料，同时也包括了运用这些材料的特殊技巧。"（刘建新、卢厚清，2011）

案例教学法（Case Method）有许多不同的英文名称，如 Case-based Instruction、Case-study Teaching Method Pedegogy、Case Methodology（张民杰，2005）。案例教学法源自法学教育，法律一般将"Case"翻译为案例，故大多数学者支持将"Case Method"翻译为案例教学法，并区分于个案研究（Case Study）、个案史（Case History）、个案工作（Case Work）、讨论教学法（Discussion Method）、问题教学法（Problem Method）等，它们之间既有相似之处，也有所区别（张民杰，2005：9）。

目前我国教育界对案例教学的认识尚处于引进理论、实验探索阶段。大多数研究都是基于教学目的，从不同学科角度对案例教学法进行界定。

《教育大辞典》将案例教学法定义为"高等学校社会科学某些学科类的专业教学中的一种教学方法。即通过组织学生讨论一系列案例，提出解决问题的方案，使学生掌握有关的专业技能、知识和理论”。从教育学角度看，案例教学法是指教师围绕一定的教育目的，通过科学的案例选择，把实际教育过程中真实的情形加以典型化处理，在课堂上采用独立研究和讨论的方式，引导学生运用自己掌握的理论知识，论证自己结论的正确性，从中得出合理结论的教学方式，来提高学生思考、分析问题和解决问题能力的一种方法（刘建新、卢厚清，2011）。

**2. 案例教学法的理论基础**

基于上述案例教学法的定义，王青梅等认为，我们可从人本主义理论、情境学习理论、信息加工理论和建构主义理论中找到与其相应的理论基础（王青梅、赵革，2009）。

人本主义理论认为人总是现实社会中的人、整体的人、具体的人，具有人的价值和尊严，具有人的主动性和独特性，有自我实现的愿望和丰满的人性。人本主义学习论反映到教学上，那就是在教学中，要尊重学生，把学生作为主体，置于中心地位，让每位学生都能根据自己的意愿，自主学习，实现自我。一个成功的案例应能驱动学生的好奇心，使其对探究未知的结果产生浓厚的兴趣。教学的着眼点应始终放在学生的自主发现上。教师的主导作用主要是要引导学生深化发现，加深学生的理解。案例教学究其根本是让学生自己在试着做，在边做边想中做到自我的提升（王青梅、赵革，2009）。

情境学习理论的基本观点是：知识是学习者与情境互动的产物，且本质上深受活动本身、社会文化的影响，知识只有在它的产生及应用的活动与情境中去解释，才能产生意义。真正的、完整的知识是在真实的情境中获得的。对于案例教学而言，教学案例实际上就扮演着一个真实的情境，它展现给学生的是一个真实的问题、一个仿真的经验。通过案例呈现的问题情境，使学生对问题情境引发的问题进行思考与学习并运用所学的知识对案例中的问题进行分析，从而获得有意义的学习，所以在案例的选取中要尽可能与实际生活相联系。从主要目的来看，案例教学是希望学生从别人的替代经验中进行学习，并通过对案例的分析对别人的经验进行解释，最终学会像有经验的人一样思考问题。

信息加工理论从知识类型角度出发，认为知识可区分为陈述性知识和程序性知识。陈述性知识是指关于事物及其关系的知识，即“知道是什么”的知识。程序性知识则是经过学习之后自动化了的关于行为步骤的知识，即“知道如何做”的知识。程序性知识以产生式的形式，通过目的流将一系列的“条件－行动”组装起来，指导人们采取相应的行动以达成一系列中间子目标，通过实现相关子目标来达到最终总目标（刘刚，2008）。而传统教学方法注重理论知识即陈述性知识的教学与记忆而缺少对程序性知识的应用，学生缺乏应用知识的经验，久而久之，缺乏对解决问题的兴趣，形成思维的惰性，习惯于对命题的记忆，因此，获得的只是一堆孤立的、松散的事实认知，学生解决问题的实操能力弱。而案例教学则关注形成学生的程序性认知和产生式系统，在面对案例情境时要求学生调动原有的知识结构，学会思考问题的方法。案例教学法是帮助学生将陈述性知识与程序性知识转化为产生式系统的有效方法。因此，信息加工理论成为案例教学的理论基础（徐延宇、汤小红，2002）。

建构主义学习理论则一改过去行为主义学习理论把学习者作为知识灌输对象，学习过程作为刺激－反应的观点，而认为学习是在一定的社会文化背景下，借助其他人（包括教师和学习伙伴）的帮助，通过人际间的协作活动而实现的意义建构过程。建构主义学习理论的核心是在教师辅助和指导下，课程结构要具有社群互动的性质，强调学生对知识的主动探索、主动发现和对所学知识意义的主动建构，包括“情境”、“协作”、“会话”和“意义建构”等四大要素。每个学习者通过阅读案例，形成自己初步的观点；提出自己的不同于其他同学的观点，不断改进自己的思维水平和分析技能；通过探究，形成自己有关某一领域的理论与概念模式以及问题解决技能；从学习的案例中得出概括性的认识或结论。教师可以将案例分析任务分解为学生搭建脚手架，即把复杂的学习任务加以分解，将知识分为初级知识和高级知识，以便把学习者的理解逐步引向深入。初级知识是指：由事实、概念、原理或定律组成，彼此之间存在严密的逻辑关系和层次结构；高级知识是指：结构不良领域的知识，它通过大量反复的案例分析、讨论和实际问题解决活动，把握在同一案例中各知识之间关系的复杂性与在不同案例中同一知识的意义和用法的差异性，从而达到灵活运用知识、迁移知识的目的。

### 3. 案例教学法的作用机制

国内学者刘刚曾把案例教学的作用机制（见图1）分为知识来源扩大机制、学习内容优化机制和学习效果提升机制三个方面，并以三种学习理论（交往教学理论、信息加工理论和学习迁移理论）解释了案例教学法相对于传统教学法的优势，特别是它在知识和决策的程序化或惯例化方面的作用（刘刚，2008）。

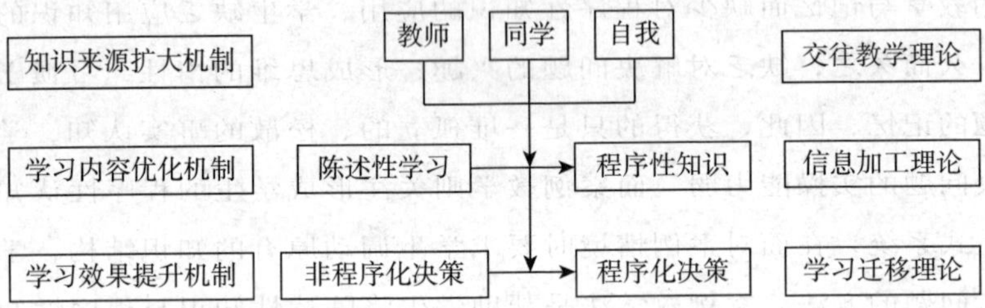


图1　案例教学法的作用机制

在传统的授课方法下，学生的知识来源仅仅局限于教师单一知识的传授，而在案例教学中，知识来源于教师、同学与自我的互动交往讨论。教师要根据教学目的和要求，选择恰当的案例，设计具有典型性且适合学生能力水平的问题，有效组织课堂讨论和学生参与，为学生开辟广阔的思维空间。学生在课前、课中、课后要发挥自身的主体能动性，查阅文献、思考问题、参与小组及课堂讨论，通过与同学、教师的互动交流及团队协作，获得不同的分析视角、分析思路以及新的启发，提升自己的批判思维能力。

传统授课内容大多传授陈述性知识，教师揭示问题“是什么”的知识，对“如何解决问题”的知识关注不够。如果学生所学的专业具有应用型特点，则应关注“如何做”的知识，程序性知识的学习非常重要。案例教学强调以客观、中立的语言为学生描述某个特定的案例情境，吸引学生注意，形成记忆，有效影响学习者随后采取的立场和行动。学生则需从干预行动的角度“发现问题”，从案例知识中发展出“解决问题”的策略知识，获得普遍化的实务经验。

学习迁移理论认为，一个人在解决问题的过程中所检验的一系列原理、方法及所形成的解决问题思路，会迁移到以后的问题解决活动中去，从而提高未来决策的效率（伍新春，1999）。在案例教学中，学生通过自学、小组讨论、课堂讨论等方式寻求案例的关键问题所在及解决问题的方法，这些经验将学生头脑中孤立、分离的知识转化为一套解决类似问题的思考策略与顺序。学生在今后的工作中，一旦遇到相似的情境，以前学到的知识和经验比较容易发生迁移，其选择和决策的效率相对于没有体验过案例教学方法的学生要高很多。

**4. 案例教学法实施的关键要素**

已有的研究文献大多强调案例教学具有以下几个要素。一是根据相应的教学目标对案例加以选择和设计。二是介绍案例教学法的工作程序。第一阶段是课前准备阶段，该阶段要做好三个环节的工作：①布置案例并提出明确要求（一般不少于一周时间）；②个人分析案例；③小组讨论案例，撰写分析报告。第二阶段是课堂讨论与辩论阶段，该阶段要做好两个环节的工作：①小组派代表发言，同时展开质疑和争论；②教师讲评，客观给定成绩（吴安平，2002）。三是多元的评价考核。首先是教师对学生进行评价考核，其次是教师帮助学生进行自我评价考核。二者都可从价值观、知识整合能力、认知思维能力与参与行动、执行技能等角度进行评价考核。

**5. 案例教学法在社会工作教学中的应用**

2010 年以后，我国社会工作教育界开始出现探讨案例教学法在社会工作教学中的应用的研究文献（吴安平，2002；杨秀文，2010；周巍等，2010；朱贵平，2011；张丽君，2013；高晓华，2015；杨维琴、关盛梅、杨雪梅，2015；孙奎立等，2017；孙璐，2018）。研究文献数量仅数十篇，讨论内容包括：案例教学的必要性、案例教学的实施途径及实施策略、运用案例教学需要避免的误区等。上述研究仍处于案例教学普适性的理念和方法的宣介阶段，忽略教学过程和教学效果的实证研究证明，在社会工作教学实践中，教学理念、科学性、过程性以及操作性都需提升与加强。

我们应结合社会工作专业教育的实践本质，针对人才培养目标所需具备的能力标准，将真实世界的具体情境融入教学和研究过程之中，通过平等对话讨论，提升学生的主体能动性，培养学生建立批判的理性思维方式，提高我国社会工作专业案例教学方法论、案例教学教育实践及效果评价的实证性研究水平。

## 三 将社会工作实践融入教学和研究

从国内外已有的关于案例教学的研究成果看，笔者认为，社会工作案例教学的本质是指教师运用精心选择的案例，通过教授者的身份构建“学用一体化”的学习情境（见图2），通过教授者积极引导学习者自主学习，使学习者领会并辨识社会工作价值观、系统理解社会工作理论知识、掌握社会工作技能的一种教学方法。教师是“助学者”“向导”“课程资源提供者”“参与者”，学生由“知识接受者”转变为“发现者”“探索者”“建构者”，通过综合与批判性思维的训练，理解与行动思维方法的建立与转换、创新思维、综合素质的培养，使学生在职业能力和专业养成方面具有核心竞争力。

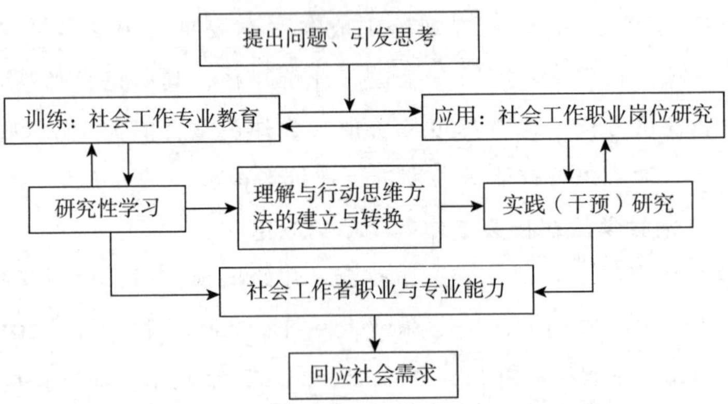


**图2 构建“学用一体化”的学习情境**

案例教学法实施的结构要素包括：案例教学目标的明确定位、案例的选择（取向性、适用性）、课程设计（理解与行动）、教师对社会工作理论与实践逻辑的理解与反思、教师的专业知识和实务经验、教师的教学能力。社会工作案例教学课程设计的内在逻辑是依据特定的教学目标，选择恰当的案例教学内容，采用能力为本的教学方法，从“单维视角”转为“综合向度”，实施以标准为本的教学评估。教师在课程设计中的理解与行动能力的差异，使得教师所选取的具有知识内涵的案例，不一定能体现所有的能力与素质要素，教师在案例教学中应注意把握结构要素的分解性呈现与整合性学习的关系（见图3，虚线指教师未必然能在一个案例中把所有能力要素都包容进去）。

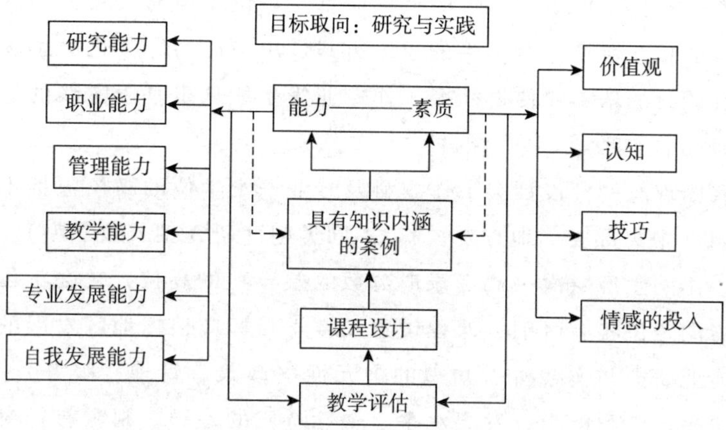


**图3 案例教学法实施的结构要素**

### 1. 理论与实践的整合能力是社会工作案例教学的目标

2018年3月13日，人力资源社会保障部、民政部联合印发了《高级社会工作师评价办法》（人社部规〔2018〕2号，以下简称《办法》）。《办法》明确界定了高级社会工作师应具备的职业能力：“（1）能够熟练运用社会工作专业理论、方法、技巧和相关政策法规，提供高质量的专业服务，解决复杂疑难专业问题；（2）能够发挥专业骨干作用，组织设计、实施和评估社会服务方案或项目，提升服务管理水平；（3）能够对助理社会工作师、社会工作师等社会工作从业人员开展专业督导，帮助其解决专业难题，提高职业能力；（4）能够开展社会工作政策、理论与实务研究，总结提炼社会工作实务经验，创新社会工作专业方法，针对具体社会问题的解决及有关政策的制定提出建设性意见建议。”作为一线职业的高级社会工作者，不一定要成为学术研究者，但应成为实践研究者，他们既是研究成果的消费者，也是实务技巧的使用者。使用理论可帮助实践研究者理解与解释复杂世界运行的方法，提供架构来了解事件、概念以及行为，如生态系统理论架构引导社会工作者的思考模式，提供许多概念与构思之间关系的解释，有理论思考的社会工作者的行动相对拥有掌控性，可提供增强实践成效的机会；从实践经验中可获得体验性的学习机会，使得实践者置身真实情境中，反思自身的价值观和道德观，验证各类知识（专业知识、行业知识、生活经验、日常知识），明察自身的能力（实践能力、社会能力、自我能力、将知识转化为行动的能力），提高实践行动的方向感及主观能动性。社会工作案例教学的目标应基于理论思考与实践行动两个不同方向的相互转换，对学生的思维方式、思考能力、文化敏感度进行整合性能力的培养，使得社会工作专业学生能从事基于实践的研究和基于研究的实践。

我国现有的开设社会工作本科及专业硕士学位的高校包括不同主管部门（中央部委、地方院校）、不同类型（研究型、教学型）、不同区域、不同生源层次（高考录取分数的差异）的高校，社会工作专业培养方向定位各有区别，课程设置及教学目标应根据地区发展的阶段性、专业研究与实践所需知识的多元性（政策、管理、服务）、学生智力水平、学习能力、发展水平、个性特质的差异，制定有针对性的课程教学目标。

**2. 社会工作案例的选择：干预研究与干预实践**

社会工作案例教学的实施过程包括选择案例、组织教学及教学效果考核三个基本环节。案例选择是案例教学法实施的首要关键，案例应与课程目标相契合。当前我国社会工作教育存在学生的研究能力与实践能力均须兼顾的压力，笔者认为，对研究型大学的社会工作专业来说，当务之急的案例教学课程目标应是：将我国社会工作迅猛发展的实践情境引入教学过程，既要培养学生的专业服务能力，又要提高学生的实践研究能力。我们应借鉴案例教学的基本原理，将作为一种教学方法的案例教学与作为一种研究方法的案例研究加以灵活转换，通过教师带领学生研讨与分析案例，学生的学习方式具备参与性、协作性、研究性等特点，学生是与教师对话批判的共同研究者。从理论上讲，这是完全有可能的，从现实意义上讲，也是十分必要的。

案例是理论与实践联系的桥梁，是否能从案例教学走向案例研究，需要教师既具理论素养，又具实践经验。通过对案例的讨论分析，帮助学生更好地领悟、理解和检验有关社会工作理论知识，逐渐积累与社会工作实践相关的临床经验（具体表现为个别性的案例认识），尽量避免学生因缺乏实践与临床背景知识，而在学习过程中，只能从理论到理论，无法实现理解与行动思维方式的建立与自如转换。

我国社会工作专业教师的学科训练背景大多出自社会学，因此，我们有必要搞清楚社会工作与社会学研究的异同，才能在教学中选择恰当的案例。笔者认为，社会工作与社会学研究的相同之处在于：都要遵循社会科学的一般研究逻辑；不同之处在于：社会学研究擅长描述、解释问题，如制度、政策、某类人群、某种问题状况是什么？为什么？社会学的研究者更倾向于做社会问题的观察分析者，而不是社会发展与建设的身体力行者。社会工作是一个集研究者与实践者于一体的专业，作为研究者，关注的焦点是在解决个体和社会问题时，有可能遇到的政策、管理、教育以及服务等干预实践问题，如资源、服务的供给状况如何？怎么提供？如何解决？服务对象是否增强获取资源和权力的能力，这是“对社会工作实践”的研究。作为实践者，关注的是社会工作者与服务对象“关系”建立的策略及互动过程、社会工作者对待人与事的专业意识与方式，体现出辩证性、结构性、系统性、互动性的特点，关注的是改善服务对象困境所需使用的专业方法模式及技巧，体现在以下几个方面。(1) 需求与方法的匹配度：社会工作专业实践状况与原因分析是社会工作实践策略选择的需求依据，即问题的盛行率、发生率，估计政策与服务是否需要维持、增加还是减少？(2) 实践方法的执行过程：干预研究设计、服务方法与技巧、服务的过程评估设计。(3) 科学地说明实践成效：服务对象问题改善度、能力提升度，社会工作者的贡献度，该服务方法的可推广性等，此乃社会工作者“在社会工作实践中”的研究。这一过程包括事前设计（评估）、事中干预（介入）、事后评估（比较性评价研究），其中，每个行动过程都需要社会工作者加以批判性反思，进行动态调整，产生生成性的实际效果。

基于社会工作专业研究与实践的内容，可从以下两个不同取向选取高质量的案例素材。

(1) 干预研究取向下案例的选取

教师以课程为基础，根据学生的年龄、已有的概念和知识基础，进行案例选择。案例来源于已有的干预研究，这些研究都是以真实事件为根据的，包含对事件的深刻描述，展现事件的复杂性及问题解决方法的成效性。案例性质可分为实例例证取向及反思性取向。实例取向的案例只需说明成功的实例，强调学习是通过接受、获取、遵守而取得的；反思性取向的案例则可用于引导性讨论，协助学生发展多元观点分析干预实践的问题，联结理论与实务，产生问题解决的本土化方法和策略。

教师将相关研究文献（问题解决的成功案例）事先推荐给学生，引导学生发现、分析案例中呈现的干预问题，思考其中干预行动的理论逻辑假设、研究方法、社会工作实践研究与社会工作实践行动的异同等。如：演绎的逻辑是否也是实务干预的逻辑，即根据既有的理论与模式开展服务，是否具规范性、科学性及合理性？质性研究者角色与实务工作者角色的差异；实务成效（服务对象关系的改善与问题的解决）与质性研究成效的评价标准的差异（方法的严谨性与关联性）等。

（2）干预实践取向下案例的选取

干预实践取向下的案例，大多选取现实中的社会工作服务案例，教师应客观地呈现真实故事，依据科学研究的归纳逻辑，引导学生确定研究选题，思考可能面临的困境和冲突，探寻解决问题的多元方法以及方法论理论基础，以引起学生的讨论、总结以及批判性的反思。高质量的案例可带来丰富的课堂讨论内容，包括：探讨实务思维方式与理论思维方式的差异，思考社会工作实务取向下的问题意识，问题的逻辑起点与过程的差异。如：从干预、解决问题的角度思考问题是什么？为什么？如何解决？众多学科及问题的研究结论可以成为社会工作干预的前提假设，即“若……，则……”，该问题有可能得到改善；理论依据的科学性、适用性、实践干预的可行性（服务使用者应参与对问题的辨识和界定）；伦理角度的思考（服务使用者利益以及决断能力）；社会工作实务成效评估的科学性；学生评估、反思自我的能力；宏观实务与微观实务的系统联结等。

**3. 基于学生的专业养成实施案例教学**

从案例教学法的发展趋势看，案例教学法在大学各专业教育的教学中得到广泛应用，且成为教学特色之一。观念是行动的先导，但先进的教学观念不一定会带来良好的教育和学习行为，教师由“知”到“行”，学生由“学会”到“会学”，绝非一朝一夕就能实现的。案例教学法要顺利实施的重要前提是师生双方都应具备最基础的专业知识，了解案例教学的目标、功能和存在的局限性，以及成功应用案例教学法所需要的系统支持配套措施，关注师生交往与关系，注重教学效果的有效性。在案例教学的学习与实践活动（见图4）中，通过体验性认知（思想、情感和行为不可分割）、体验式学习、行动中的反思和行动后的反思、认知融于身体，教师对案例内容的选择与熟悉，学生对案例教学方式的适应与了解，均可加深师生对不同层次、不同类型的理论与实践知识的认识与理解。

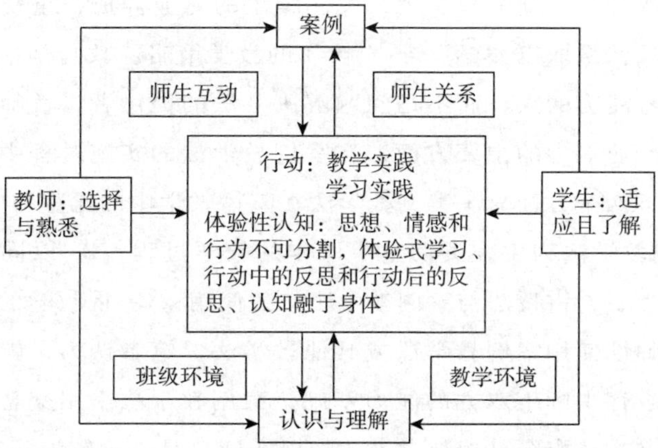


**图4 案例教学中的“教”与“学”**

（1）案例教学中的教师

我国社会工作专业教育经过二十多年的快速发展，已拥有从专科、本科、硕士等不同层次的专业教育体系，社会工作专业服务也在不同实务领域得到快速推进，社会工作专业的教师在案例教学方法的实施中，应根据不同层次、不同实务领域对学生的专业养成要求，设计、组织案例教学，从原来的“教”学生变为帮学生“学”，教师需要熟知专业理论知识和专业实践情境、了解学生知识情况和兴趣、具备激发学生探究动力的能力。然而，关于社会工作教师专业教学能力的研究成果在我国少之又少，现有的研究大多是针对宏观教育体制存在的障碍、教学评价机制、教师自身的学科背景、实践经验等进行分析。我们有必要探讨社会工作专业教师的教学实践从“知”到“行”应具备的条件和素养。

首先，社会工作专业教师的职业认同。教师是教学活动的实施者，是确保教学效果的关键人。案例教学法是需要教师在教学前、教学中、教学后投入较多时间精力的一种教学方法。如前所述，我国社会工作专业教师的学科背景多元，他们在从事社会工作教学时，除了遵守作为教师应有的职业道德之外，还需要认真反思自己投身社会工作教育的职业价值观，教师从事社会工作教育的动机直接影响到其在教学中注入的热情和精力。

其次，社会工作教师的创新教学智慧。教师需要认真领悟学习社会工作教育改革的新思想与新理念，不断形成新的课程观、新的学生观、新的教师观、新的教学观，关注学生的专业养成，重视自身的教学能力成长，采取以“学”定“教”的教学策略。教师是帮助学生建立独立思考能力的人，而不是问题解决办法的提供者。教师的教学能力是教师专业能力的主要方面，在案例教学法的实施过程中，教师需要把握以下四个方面。①案例教学法在整体教学中的比重与位置，如：A. 以案例教学法为主，贯彻整个课程的教学过程；B. 以同一教学主题或理论为主，讲授法与案例教学法交替使用；C. 视教学的主题和性质而定，弹性使用案例教学法或其他教学法。笔者认为，就我国目前社会工作教育中师生双方的能力基础，案例教学法采用交替使用、逐步渐进的方式，配合其他教学方式加以实施，是一种较为现实的选择。②案例讨论的具体设计与控制，如小组讨论、全班讨论或者采用书面案例报告的形式。教师应表现出有利于讨论的行为，如倾听、鼓励学生反省思考的反应、通过提问促使学生发现自己的认知失调问题。教师应避免不利于讨论的行为，如不耐心等待、过快奖赏、影射答案（Programmed Answer），即将应答者引导到提问者所预期的答案，不具体回馈的提问方法，也即教师以笼统、模糊的提问方式了解学生是否理解或掌握相关知识，“大家还有问题吗？”“你们都了解了吗？”等。③组织跨学科、综合性的案例研习课程，如是不是应该采用综合性的教学课程。而在这种课程中使用的复杂多维的案例应由学生自己决定，教师需要在最后对案例进行总结，强调具体案例中涉及的一般概念。④实施过程中需要注意的问题，如：选择什么样的问题，谁来选择，对教材的重新认识与把握，教师的角色转换与师生关系，学生需要如何来配合这个教学法，怎样才能让这个教学法发挥出它最大的功效，课堂时间的限制，教师自身个性、观念与执行能力的障碍，这个教学方法对学习者获取系统的知识有可能造成的不利影响等。

最后，案例教学学习效果的评价形式。传统的以教为主的教学评价，常常以学生对教师教学态度、教学行为的满意度作为教学评价标准，忽略对学生有效学习的评价。这种评价方式造成的后果是，教师为了获得学生的较高评价，放松要求，讨好学生；学生只能通过传统考试方式获得的成绩确认自身的学习能力和学习效果。案例教学法的实施，课堂气氛活跃，学生在思辨过程中脑力激荡，才思敏捷，同时也激发教师角色内在的愉悦感、成就感。师生间双向激荡，教学相长。因此，案例教学效果的评价，可采取“教师组织－学生评判”“教师组织－教师评判”“学生组织－学生评判”“学生组织－教师评判”等评价方式，学生通过教师、同学的共同评价，对自身的学习能力、学习效果有一个较为客观、明确的了解。

（2）案例教学中的学生。

案例教学能为学生带来的好处是：学生在与同伴针对案例进行讨论的时候，可以发现独自学习所带来的局限性，同伴一起合作做出的决策能带来协同效应。学生自身也会有各种原因造成案例教学参与的困难：①案例讨论中学生的自我准备和课堂参与度所占的比例为7:3，需要教师和学生投入的时间、精力乃至金钱都比传统教学方法大得多，时间久了，难以维持；②学生很难对案例有一个完整的了解，如果课堂参与度低，案例教学法就会失败，徒增学生对课堂参与的恐惧感，并且也会降低课堂讨论的质量与效率；③学生经常不提前阅读材料，于是他们对需要掌握的概念或主题一无所知，这也使得课堂上只能简单地重复案例事实，而没有时间对案例进行辩证的思考；④教师很难对每一位学生都有一个详细的了解，包括：学生的非智力因素（动机、兴趣、情感、意志、性格）、必要的知识储备和良好的认知结构、创新思维能力、开放与弹性处理生活问题的能力、学生个人的实务经验的差异等，教师也很难在课堂上组织有针对性的、适合每个人个性特质的学习讨论，在此种情形下，演讲式教学方法无须回馈、讨论，操作起来比案例教学就要容易很多。

总之，教师应把握好自己倾听、促进、引导者的角色，调整好自己的心态，了解自身的长处和不足，有效克服自己的不足，在讨论中保持中立的态度，防止出现偏见与歧视，与学生保持合作伙伴的关系，了解学生，协助他们面对案例教学法的挑战，从中获得专业成长。

（3）案例教学的实施方法

现有的研究文献在介绍案例教学实施方法时，大多是从课前、课中及课后做程序性的实施步骤介绍。然而，无论采取怎样的实施步骤，我们始终不能忘记的是，案例教学方法的实质精神内涵是将社会工作实践引入教学和研究，通过平等讨论的方式，启发批判性思维，构建学习者理论与实践的联结能力。从这个角度看，案例教学不同于举例教学，也不同于实践教学；就教学目的而言，为了增强学生对所学理论和技能的理解，培养他们应用和评估理论的技能，将理论与知识转换为实践行动的能力；对学科理论而言，是为了增进理论的实践性；对专业实践来说，是为提升实践行动的方向性与可预期性。基于上述对实施方法的理解，我们在案例教学中，可采取的方法有以下六种。

第一种方法：培养有效的批判性思维能力。批判性思维是指在没有单一解决方案的情况下对社会工作者所要解决的问题进行反思和合理思考，并且习惯于决定相信和做什么（Kataoka-Yahiro，Saylor，1994）的思维。批判性思维被认为是一个从基本级别到复杂级别，最后到承诺级别的不断发展的过程。学生需要具备一定的自我意识能力以及与服务对象建立关系的能力。教师应根据这一教学目的，选取可用于价值观澄清的案例，帮助学生检查自己的价值观，并让他们反思所要面对的服务对象问题。然后为学生提供必要的数据和案例，将批判性思维过程应用于某个特定的对象及其问题，让学生具体了解该类问题的解释理论和概念、干预理论和概念，将理论与实践结合起来。再让学生分享案例中与自己的生活或临床经验相通的部分，或者通过观看录像案例，让学生检查影响服务对象和服务提供者之间互动的行为的细微差别，将经验知识与理论知识连接起来，使学生意识到可能存在几种替代和相互冲突的解决方案。随着学生理论知识库的不断扩大，他们的故事也越来越具有解释性，批判性思维的层次也会越来越高。

第二种方法：要求学生使用“归纳”的方法，学生被要求选择一个感兴趣的理论及模式，收集数据，根据这些数据，说明理论与实务之间的关联性，这个过程是学生领导，只有小组讨论和教程作为支持，而不是讲解。

第三种方法：直接向学生回答特定的问题并提供结构化的活动，而不是让学生自己决定调查路径。

第四种方法：要求学生对一个实务过程进行参与观察之后，识别该过程中理论与实务的特定特征。

第五种方法：使用一个高度结构化的练习方法，开始时老师准备好卡片，上面写有组织的名称、目标或对某个群体的不满、特定的资源，通过对实务情境的分析应用，学习资源动员理论，将这些最初匹配好的卡片分配给学生，并告知他们要基于已给出的信息，自我组织合作团体，将资源、目标与组织进行匹配。

第六种方法：组织学生的案例研讨会。会前要求学生阅读有关理论，让他们尝试用阅读过的理论研究实务案例，讨论如何能够将理论概念和观点应用于自己的案例研究？探索理论解释力所能达到的范围，识别那些超越他们案例研究中所发现的优点和局限。

（4）案例讨论的教学组织策略

建立一个参与式的环境，教师负责选择或开发案例研究，设计问题和规划讨论流程，促进和总结实际的案例讨论。

第一阶段：尽可能选择与课程目标一致的案例研究，或进行案例研究的开发。一个好的案例研究会使学生自己成为角色的决策者和问题的解决者，以及审视他们自己的价值体系。当学生解析和重建复杂的情况时，他们要学习和培养理解自己和别人的能力。

第二阶段：规划讨论流程，建立一个有利于坦诚沟通的环境，以确保参与者可以互相交流思想。教师应告知学生，讨论的目标是问题以及解决的思路，而不是解决问题。设计问题能够促成富有成效的讨论，根据情况和学生的批判性思维能力，问题可以是趋同的也可以是有分歧的。趋同的问题需要低水平的思维过程，学生可以要求核实信息，比较和对比各种社会工作理论，或是仅仅为了定义关系。存在分歧的问题通常没有正确的回答，但可以引出对社会工作价值观和态度问题的思考，有利于学生去发展较高水平的批判性思维。

第三阶段：促进和总结实际的案例讨论。三到五个小组的学生被要求温习和讨论并试图回答这些问题，学生展示他们的研究发现，教师总结、验证小组的观点，并强调重点，帮助学生进一步整合理论和概念。

## 四 基于教学有效性研究呈现教学方法的科学性

案例教学法要得到有效实施，有赖于作为教学质量保障的教学评价手段与方法的科学性。在我国现有的教师教学评价方法中事实评价偏多，效用评价不足。教学评价侧重于对教师教学行为的管控，忽略对教学中“教”与“学”活动进行教学理念与目的判断，教学能力与问题的诊断、教学效果的检验。“教”“学”分离，手段、目的倒置，评价结果仅用于教师职称评审，忽略以学生学习成效为出发点和归宿点的终极教学目的。

随着教育部将人才培养确定为“双一流”建设的根本任务，基于有效学习理论，以学生为中心的教学质量评价理念创新与方法改革应当得到高度重视。尽管案例教学尚未在我国社会工作教学中有效实施，案例教学效果的评价依然是需要认真研究的一个课题。

案例教学评估的方法有很多种，按照教学进程，可区分为教学前的诊断性评估、安置性评估、教学过程的形成性评估，以及教学后的总结性评估（张民杰，2005）。笔者认为，聚焦“教”与“学”，应从教学方法、教学效果、案例教学设计、学生学习方式与效果等四个方面开展关于案例教学评估方法的探索与研究。

教学方法的科学性评价。以能力为本的社会工作课程的教学，通常关注的是学生理论与实务的整合和能力，表现在行为层面的，则是其研究能力与实践行动能力。因此，需要在教学中让学生明确自己需要达到的能力标准，以便在课程结束时，评估其能力达成的程度。同时，通过实验组与控制组进行对比研究，得到关于教学方法实施效果的实证研究结果。研究发现，学生学习成效的两个重要指标：“学生感知到能力标准的重要性”“学生感知到对拥有此种能力充满信心”，与教师所采用的教学方法有显著相关性（Macgowan，Vakharia，2012）。

教学效果的有效性评估。一是教师对学生进行评价考核。主要测量学生课程目标的完成情况，确定课程学习等级，从认知思维与技能、自我效能等方面对学生进行评价。认知思维的评价，是指在案例教学活动过程中，其思维的品质、方法和能力是否达到期望的高度。技能方面的评价，主要考核学生能否理解案例的丰富内涵，在表达意见、分析信息及问题解决等方面的能力是否得到发展，是否具有运用理论解决实际问题的能力，对事物的分析是否具有独到的见解。自我效能常被社会工作者用于对服务对象的评估，其实也可以用于评估社会工作的教学成效（Holden et al.，2017）。二是教师帮助学生进行自我评价考核。可以采取个人学习历程档案的方式、学习者行为剖析图、问卷或访谈方式来评价学生的学习成效，学生成绩的20%是基于他/她参与课堂讨论的自我评估。学生自我评价有助于学生发展自我意识，增强自尊和培养专业责任感，也为案例教学的改善提供参考依据。

案例教学设计的评估。主要关心案例教学法的运用是否促进了学生的学习动机与兴趣？如反映学生内在学习动机的四个因素：求知进取、专业兴趣、挑战性、问题敏感度等与教学目标的符合程度。反映学生外在学习动机的四个因素：他人评价、同伴压力、追求回报、社会取向等与教学目标的符合程度。是否掌握了一定的技能？教师可基于五大标准对学生进行评估：对服务对象问题的描述、相关研究结果的讨论、相关问题处置理论的识别、清晰陈述的能力以及合成数据与得出结论的能力。学生的批判性思维能力也可以通过书面作业的方法得到评估，写作可以促使学生进行抽象化思考、概念化、概括和解释（Jones, Russell, 2008）。

学生学习方式及效果的评估。一是强制参与：大多数案例教学研究文献都支持这种方法，可解决学生的被动与疏离，提高学习兴趣，促进自主学习。二是合作学习：同伴支持，相互分享与彼此案例研究相关的文献和资源；同伴教育，通过提供其他观点，使其观点变得更全面；同伴互动，相互间有更清楚的了解。三是“实践”的理念和方法，给学生一个自己去“做”理论的机会，让理论“动起来”，强调对其实践思维能力进行评估，而不仅仅是听讲。四是体会理论的价值，克服课堂学习中学生普遍存在的“理论焦虑”与“理论记忆”，将既有理论知识与真实生活联结，更好地掌握到概念工具能够让研究人员做什么，以及不同的理论视角能够给他们的关注或解释带来（或是不能带来）些什么，这个过程甚至可以改变学生对理论是用来做什么的理解，积极主动的理论探索的一个关键好处是从理论本身就可以获得的更深的理解。

综上所述，我国社会工作案例教学方法从倡导到实施，尚需时日。高等教育整体教育环境的改善，社会工作学科体系建设与教学科学化发展的互动、互促，社会工作专业实践主体在数量与质量上的飞速发展，都将倒逼高校对师资队伍、课程设计、教学方法改革动力的提升，创设有利于案例教学法实施的管理制度和政策环境。作为社会工作专业的教师，应以学生专业能力提升为教学的终极目标，以教师专业发展为己任，高度重视对自身职业动机与责任、教学理念、角色与方法的思考、实践与研究，努力保持与我国社会工作教育发展步伐的同频共振，积极投身案例教学方法的创新性实践，在教学经验积累的基础上，加强教学实践研究，实现教学与研究的有机融合。

**参考文献**

陈英、刘淑娟、关盛梅（2016）：“社会工作专业应用型人才培养模式的探索与实践”，《黑龙江高教研究》，第2期，第152～153页。

高晓华（2015）：“高校社会工作专业应用案例教学法的研究”，《内蒙古财经大学学报》，第6期，第121～123页。

古学斌（2011）：“三重能力建设与社会工作教育”，《浙江工商大学学报》，第7期，第86～88页。

顾东辉（2016）：“社会工作专业教育十年：自我增能与‘促境美好’”，《中国民政》，第12期，第27～28页。

何雪松（2015）：“社会工作学：何以可能？何以可为？”，《学海》，第3期，第41～46页。

刘斌志（2018）：“近十年来我国社会工作能力建设研究的回顾与前瞻”，《重庆师范大学学报》（社会科学版），第1期，第14～23页。

刘刚（2008）：“哈佛商学院案例教学作用机制及其启示”，《中国高教研究》，第5期，第89页。

刘建新、卢厚清（2011）：“案例教学法的起源 、特点与应用研究”，《南京工程学院学报》（社会科学版），第3期，第60页。

罗翔（2010）：“从苏格拉底‘问答法’走向建构主义‘案例教学法’”，《文史博览》（理论），第7期，第69页。

孟现志（2009）：“高等教育的专业性”，《教育研究》，第2期，第93～96页。

民政部（2018）：《民政部办公厅关于2017年度社会工作和志愿服务法规政策规划落实情况的通报》（民办函〔2018〕29号）。

史铁尔（2007）：“社会工作实践教学探索”，《社会工作》，第4期，第10～13页。

宋辉、撖梦圆（2019）：“全日制社会工作专业硕士培养模式研究——基于重庆市高校的实证调查”，《现代教育科学》，第1期，第125～129页。

孙奎立、谭灵芝（2017）：“医务社会工作案例教学的建构主义特征研究”，《中国医学伦理学》，第7期，第885～889页。

孙璐（2018）：“案例教学法在社会工作课程中的运用研究”，《现代商贸工业》，第35期，第169～170页。

童小军（2017）：“国家监护视角和困境儿童服务”，《中国民政》，第6期，第53页。

王青梅、赵革（2009）：“国内外案例教学法研究综述”，《宁波大学学报》（教育科学版），第6期，第9～10页。

王圣军、张绮莹（2010）：“社会工作专业应用型人才培养实践教学模式研究”，

《广东工业大学学报》（社会科学版），第12期，第20～24页。

王思斌（2013）：“走向承认：中国专业社会工作的发展方向”，《河北学刊》，第6期，第108～113页。

王思斌（2017）：“加强社会工作教育界与实务界的交流合作”，《中国社会工作》，第3期，第61页。

吴安平（2002）：“案例教学法研究与实践”，《长春大学学报》，第5期，第23页。

伍新春（1999）：《高等教育心理学》，高等教育出版社。

谢立中（2017）：“社会工作硕士教育在中国：现状、问题与对策”，《社会治理》，第3期，第51～55页。

徐芳（2014）：“案例教学法文献综述”，《科技视界》，第19期，第202页。

徐延宇、汤小红（2002）：“案例教学理论基础探析”，《学位与研究生教育》，第6期，第38～40页。

严霄云、马良、石艳（2019）：“以能力建设为取向的社会工作专业实习教育研究”，《人才培养与教学改革-浙江工商大学教学改革论文集》，第1辑，第52～56页。

杨维琴、关盛梅、杨雪梅（2015）：“案例教学与问题教学的整合研究——以社会工作理论教学为例”，《职业技术》，第10期，第64～65页。

杨秀文（2010）：“《个案社会工作》教学中案例教学法的应用分析”，《成功：教育》，第5期，第8～9页。

仰和芝、赵玲玲、游河（2016）：“社会工作硕士专业学位研究生教育‘校—政—机构’联合实践教学途径探讨”，《教育观察》（上半月），第12期，第112～115页。

张洪清（2016）：“需求导向下的社会工作硕士专业学位教育改革思考”，《河北工业大学学报》（社会科学版），第9期，第44～48页。

张丽君（2013）：“社会工作专业案例教学法初探”，《教育观察》，第4期，第81～82页。

张民杰（2005）：《案例教学法——理论与实务》，甘肃出版社，第2～9，129页。

张威（2017）：“社会工作者的‘反思性专业性’与核心职业能力——对‘反思性社会工作理论’的解读和思考”，《中国农业大学学报》（社会科学版），第6期，第23～34页。

周巍、李细香（2010）：“案例教学法在社会工作专业教学中的应用分析”，《社会工作》，第5期，第18～20页。

朱贵平（2011）：“社会工作专业教学中案例教学法的运用”，《教育与职业》，第35期，第152～153页。

Applewhite, S. R., Kao, D., PritzkerS. (2017). Educator and Practitioner Views of Professional Competencies for Macro Social Work Practice, *International Social Work*, Vol. 61, No. 6, pp. 1169-1186.

Budge, K., Cowlishaw, K. (2012). Student and Teacher Perceptions of Learning and Teaching: a Case Study, *Journal of Further and Higher Education*, Vol. 36, No. 4, pp. 549-565.

CSWE (Council on Social Work Education). (2015). Educational Policy and Accreditation Standards for Baccalaureate and Master's Social Work Programs. From: https://www.cswe.org/.

Damianakis, T., Barrett, B., Archer-Kuhn, B., Samson, P., Matin, S., Ahern, C.

(2019). Teaching for Transformation: Master of Social Work Students Ientify Teaching Approaches That Made a Difference. *Journal of Transformative Education* (published online).

Holden, G., Barker, K., Kuppens, S., Rosenberg, G. (2017). A Social Work Education Outcome Measure: The Evaluation Self-Efficacy Scale. *SAGE Open*, Vol. 7, No. 3, pp. 1 - 9.

Jones K. A, Russell S. (2008). Using Case Method Teaching and Student-written Cases to Improve Students' Ability to Incorporate Theory into Practice. *Journal of Teaching in the Addictions*, 2008, Vol. 6, No. 1: 35 - 47.

Kam, P. K. (2019). "Social Work is not Just a Job": The Qualities of Social Workers from the Perspective of Service Users. *Journal of Social Work* (published online).

Kataoka-Yahiro, M., Saylor C. (1994). A Critical Thinking Model for Nursing Judgment. *Journal of Nursing Education*, Vol. 33, No. 8: 351 - 356.

Macgowan, M. J., Vakharia, S. P. (2012). Teaching Standards-based Group Work Competencies to Social Work Students: an Empirical Examination. *Research on Social Work Practice*, Vol. 22, No. 4: 380 - 388.

Macgowan, M. J., Wong, S. E. (2015). Improving Student Confidence in Using Group Work Standards: A Controlled Replication. *Research on Social Work Practice*, Vol. 27, No. 4: 434 - 440.

Spensberger, F., Kollar, I., Gambrill, E., Ghanem, C., Pankofer, S. 2019. How to Teach Evidence-based Practice in Social Work: A Systematic Review. *Research on Social Work Practice* (published online).

Staller, K. M. (2019). Gaining Qualitative Perspective: a Career Interview with Roy Ruckdeshel. *Qualitative Social Work*, Vol. 18, No. 3: 354 - 369.

Van der Steen, M., Van Twist, M., Frissen, P. (2016). Learning from Experience: From Case-based Teaching to Experience-based Learning. *Teaching Public Administration*, Vol. 35, No. 1: 105 - 125.

中国社会工作研究 第十八辑
第 113 ~ 131 页


# 风险中的能力：脱贫攻坚社会工作的实践与反思*

童　敏　吴宝红**

**摘　要**　目前我国扶贫工作进入了攻坚阶段，如何做好无法就业的多重贫困人群的脱贫及其返贫预防工作已成为亟待解决的难题之一，而这一问题的解决主要依赖多重贫困人群能力的深度发掘和社会资源的多方链接，以便有效应对随时出现的返贫风险。尽管注重能力发掘和资源链接的社会工作已经成为精准扶贫力量中的一员，但是它缺乏对风险中的能力的考察。为此，本研究选择了厦门市同安区的精准帮扶社会工作试点项目为个案，通过为期两年的参与式合作研究发现：第一，多重贫困人群随时面临返贫风险，他们应对风险的能力主要受三个方面的影响，即托底保障、能力成长和环境支持；第二，多重贫困人群需要以家庭为中心的三维整合实践，即应对返贫风险的分级分类个案管理的托底实践，应对生活安排困难的潜能挖掘的能力实践，应对环境支持不足的多方参与的资产实践；第三，三维整合实践的核心是对社会工作一直以来把风险作为管理对象的能力视角的转变，

---

* 本文得到国家社会科学基金项目“新时代的场景实践与中国社会工作本土化理论体系建设”（项目编号：18BSH151）的资助。

** 童敏，厦门大学社会学与社会工作系教授，博士生导师；吴宝红，厦门大学社会学与社会工作系，博士研究生。

将风险视为生活的常态，把面对日常生活中的不确定性、融入日常生活的具体场景以及接纳日常生活的局限也作为能力的一部分，协助多重贫困人群在接纳生活限制中寻找可能的改变空间，提升多重贫困人群抵抗返贫风险的能力。

**关键词** 精准扶贫 多重贫困 社会工作

## 一 问题提出

随着我国全面建成小康社会的临近，扶贫工作也已进入了攻坚阶段。中共中央、国务院在 2018 年 6 月发布的《关于打赢脱贫攻坚战三年行动的指导意见》中明确指出，未来三年，还有 3000 万左右农村贫困人口需要脱贫，其中，因病、因残致贫的比例居高不下，是攻坚阶段的难点和重点。这些因病、因残致贫的人群不仅因为自身身体的原因无法就业，而且还给家庭增加了医疗费用的开支，成为家庭长期照料的负担，导致家庭陷入长期的多重贫困中（戈艳霞、李强，2018）。值得注意的是，这些因病、因残致贫人群占比高达 80%（程凯，2018）。由于长期陷入多重贫困状态中，这一人群常常失去走出贫困的内部动力，进入一种持续性贫困的状态（李小云，2018），因而，他们的返贫比例很高，达 42%。[①] 返贫风险就成为这一类人群服务中必须面对的难题。然而，目前提供财政和物资支持的主流扶贫实践方式尽管能够给这些多重贫困人群带来物质生活状况的改变，但是对他们的内在生活状态改善却很难发挥实质性的作用，无法让他们产生脱贫的“内生动力”（贺海波，2018）。显然，这些多重贫困人群问题的解决依赖他们自身能力的深度发掘和资源的多方链接，以便在返贫风险高发的日常生活中形成有效的应对风险的能力，这样，风险与能力就需要结合在一起进行考察。不过，尽管社会工作自诞生之日起就注重服务对象的能力挖掘和与周围环境资源的链接，并且强调将两者结合在一起，相互促进（Mosely，2016），但是它始终忽视了风险因素的

---

① 《坚决打赢脱贫攻坚战》http://www. pad. gov. cn/art/ 2016 /3 /1 / art30145709. html，最后访问日期：2016 年 3 月 11 日。

分析（Weick et al.，1989），即使引入了抗逆力概念之后，也把风险作为能力的消极因素加以管控（Cowger, Anderson, & Snively, 2006）①。实际上，多重贫困人群在日常生活中经常需要面对随时可能出现的返贫风险。因此，有必要针对脱贫攻坚的社会工作实践进行考察，了解社会工作者是如何帮助多重贫困人群在日常生活的风险中挖掘他们自身拥有的能力和运用周围环境的资源的，以便找到能够有效帮助多重贫困人群脱贫及其预防返贫的方法，重新审视能力与风险的内在关系，拓展能力的内涵。

## 二 文献回顾和研究设计

近年来，我国的扶贫工作已由原来的“粗放式”进入到“精细化”的阶段，帮扶的主体也由过去单一的行政手段转变成多元主体的参与（林顺利、孟亚男，2018）。特别是，2015年中国中央、国务院做出了《关于打赢脱贫攻坚战的决定》，要求在攻坚阶段“实施社会工作专业人才服务贫困地区计划”。作为精准扶贫多元主体中一员的社会工作，肩负着非常艰巨的使命（王思斌，2016）。虽然已有研究提出社会工作可以从人与环境间的互动入手开展精准帮扶的工作，加强贫困人群利用环境资源的能力，促进贫困人群的经济资本、社会资本、文化资本和象征资本等方面的建设（李文祥、吴征阳，2018），或者通过自我、个体、团体、组织、社区等不同层面的增能提升贫困群体的主动性和社会参与能力（卫小将，2017），但是针对贫困人群的干预，尤其是在脱贫攻坚中多重贫困人群的服务方面，社会工作的参与还停留在寻找社会工作介入的专业性（袁君刚，2017；高飞、向德平，2016）、角色功能定位（李红飞、温谋富，2018）、评估方式（李迎生、徐向文，2016）、价值理念（王思斌，2016）以及路径和方式的可能性上（陈成文，2016）。显然，我国精准扶贫的社会工作实践还处于探索的起步阶段，急需针对多重贫困人群的专业服务的实践经验。

① 尽管危机介入模式把风险视为促进服务对象寻求改变的机会，但是它仍然强调风险是可以完全把控的，是一种实证主义的掌控理性逻辑。

运用服务对象的能力和资源克服所要面临的问题这种能力取向的服务策略，一直以来就受到社会工作者的关注（Mcmillen，Moorris，& Sherraden，2004），特别是20世纪80年代正式出现了优势视角之后，深陷困境的服务对象被视为有能力的人，服务对象生活的社区也被作为充满资源的环境，强调通过合作关系的建立挖掘服务对象的能力，协助服务对象学会重新掌握日常生活的安排（Rapp & Chamberlain，1985）。尽管优势视角在之后的发展过程中不断吸收来自社会理论的观点，强调服务对象优势发挥过程中所具有的增能（Saleebey，1996）和对社会歧视的挑战（Rapp & Goscha，2006），但是就能力概念而言，它显然是在实证主义二元对立的掌控理性的原则基础之上建立能力服务策略的，把风险看作生活中的不稳定因素，把它当作能力的对立面（Webb，2006）。直到20世纪90年代，由于经济全球化和国际交流程度的加深，特别是伴随着西方国家鼓励多方参与的多元福利制度的改革，使得多元化逐渐受到人们的关注，成为主流（Fook，2002；Hogan，1996），在后现代主义思潮、女性主义、批判理论和反思行动学习等多种理论的共同影响下，关注场景化和生活化的社会工作实践受到人们的青睐（Healy，2000），它主张一种在场景中并且随场景一起改变的策略（in and with contexts）（Sands & Nuccio，1992）。在这种场景化、多元化的服务中，不稳定性、模糊性和不确定性就成为服务中的常态，这样，风险也就必然伴随整个服务过程而且是服务中不可缺少的元素（Fook，2002）。为此，澳大利亚学者福克（Jan Fook）意识到这种二元对立掌控理性的能力服务策略面临的困境（Fook，2013），专门提出场景实践的概念，强调社会工作的实践具有变动性和多样化的特点，坚信这样的实践具有“自下而上”的特征，需要随时面对和超越当下冲突的能力（Fook，2016）。福克的观点得到另一澳大利亚学者希利（Karen Healy）的热烈响应，她发现这种不确定性的风险是后现代社会多元生活必然需要面对的，要求人们放弃这种二元对立的掌控理性（Healy，2014）。最直接地对传统二元对立能力视角提出挑战的是英国学者威伯（S. Webb），他从风险社会入手分析后现代社会中社会工作的实践，要求建立一种能够有效协助困境中服务对象应对日常生活风险的社会工作服务逻辑（Webb，2006），尤其是那些面临多重困难的弱势群体，他们面临的风险很高，导致这一要求变得更为突出（Gould，2010）。因此，怎样针对多重困难弱势人群日常生活中的高风险，协助他们找到应对风险的能力，这不仅是一个实践问题，同时也是一个值得探索的理论问题。

为此，本文的研究者选择厦门市同安区的“暖心宅急送”精准帮扶社会工作试点项目作为研究个案，考察项目中的社会工作者是如何深度挖掘多重贫困人群的能力和资源来应对日常生活风险的过程。“暖心宅急送”精准帮扶试点项目，是厦门市同安区政府精准扶贫工作要求让社会工作者尝试的项目，该项目从2017年6月开始正式试点。2018年7月多重贫困人群由原来的30户扩展到80户，包括农村因残致贫的52户、因病致贫的16户和其他原因致贫的12户，参与项目的社会工作者也由原来的2名增加到3名（其中，1名有7年的专业服务经历，1名有3年的专业服务经历，1名刚从高校毕业不久）。本文研究者采用参与式合作研究方法（Heron，1996；Heron & Reason，1997；Reason & Bradbury，2001），这种研究方法是由行动研究发展而来的，它继承了行动研究中的行动探寻（Action Inquiry）概念，强调研究者的参与以及与研究对象的合作，在行动的场域中体验、观察和分析知识生产的多个层面的内涵，克服传统实证主义视角的机械倾向和后现代主义视角中的相对主义（Reason & Bradbury，2001：6）倾向。依照参与式合作研究方法的要求，本文的研究者（2名）与项目的社会工作者（3名）组成该项目的实务研究团队，每两个月见一次面，跟随项目的进程讨论项目实施过程中的每一个重要技术环节，同时针对该技术环节开展焦点小组（10次），以便找到最佳的项目行动方案。此外，本文的研究者还采用文献法收集该项目的需要评估（2份）、服务项目计划书（2份）、服务中期和末期评估报告（4份）的文本资料，并且针对项目涉及的村街合作方（1人）、该项目的机构负责人（1人）和社会工作者（3人）以及服务对象（3人）进行访谈，收集项目执行的相关资料。

为了便于资料的整理和分析，本文的研究者对运用焦点小组、文献法和访谈法收集的资料进行统一编码。具体的编码情况见表1所示。

**表1 厦门市同安区"暖心宅急送"精准帮扶社会工作试点项目的研究资料编码表**

| 序号 | 资料收集方法 | 编码内容 | 编码方式 | 备注 |
| --- | --- | --- | --- | --- |
| 1 | 焦点小组 | 10次（包括入户评估1次、分级分类3次、重点案例2次、重要案例3次、小组活动1次） | J1－10 | 按照时间分类排序 |
| 2 | 文献法 | （1）项目需求评估2份<br>（2）项目计划书2份<br>（3）服务中期评估2份<br>（4）服务末期评估2份 | （1）W1－2<br>（2）W3－4<br>（3）W5－6<br>（4）W7－8 | 按照文献内容分类排序 |
| 3 | 访谈法 | （1）村街合作方1人<br>（2）项目的机构负责人1人<br>（3）项目的社会工作者3人<br>（4）项目的服务对象3人 | （1）F1<br>（2）F2<br>（3）F3－5<br>（4）F6－8 | 按照访谈对象分类排序 |

就资料整理中出现相互矛盾的信息，及时地与相关方进一步沟通，确认信息的准确性，并由实务研究团队一起讨论来确定信息的内涵。

## 三 研究发现

这些多重贫困人群受到残疾和疾病等原因的影响，重新就业的可能性很低，也缺乏重新就业的愿望，他们面对的主要挑战是如何管理好自己的日常生活，更为有效地应对日常生活中的各种压力，避免使自己陷入返贫的困境中。正是返贫风险的降低，社会工作者才能与这些多重贫困人群建立起专业的服务关系，走进他们的家中开展专业的服务。

### （一）人群：分级分类的托底实践

如何针对多重贫困人群的需求做好整体人群的服务，是社会工作者开展脱贫攻坚多重贫困人群服务时面临的首要挑战，他们既不能只关注其中返贫风险比较高的人群，只是做好风险预防的工作，也不能只注重其中改变意愿比较强、改变可能性比较大的人群，只是做好生活改善的服务，甚至也不能不管改变意愿比较低、改变可能性比较小的人群，因为在开展生活改善服务中这类人群也会面临返贫的风险，需要做好风险预防的工作。实际上，最好的风险预防工作是在平时就做好生活改善的服务，即使那些暂时看起来改变意愿比较低、改变可能性比较小的人群，也会随着社会工作者在日常生活中对他们了解的逐渐深入，找到改变的途径和方式。这样，多重贫困人群需求的分级分类工作就成为专业服务开展首先需要解决的难题。

> 我们（社会工作者）开始时没有经验，针对村里给的每一户贫困家庭名单都进行入户随访，但是很快发现这样做不仅效率低，而且根本没有办法回应贫困人群的个性化需要。经过半年多的实践以及与研究团队的讨论，我们逐渐形成了分级分类个案管理的做法（资料来源：社会工作者的访谈 F3）。

之所以形成分级分类的个案管理的服务方式，并不是因为社会工作者自己的需要，而是在实际的服务中，多重贫困人群的返贫风险问题非常突出，使得社会工作者不得不面对这一难题，“随时面临村街的问责”（资料来源：项目机构负责人的访谈 F2）。特别是当服务的多重贫困人群从第一年的 30 户增加到 80 户之后，社会工作者“一下子感受到了巨大的压力”（资料来源：社会工作者的访谈 F4），需要对自己的时间和精力做更细致的规划，保证服务的精准性。

> （分级分类个案管理是）根据风险和能力两个维度对首次入户了解后的多重贫困家庭进行分级。依据风险的高低，将这些多重贫困人群分为三个级别的服务：重点、重要和一般。“重点”是指那些突然发病或者面临严重的人际冲突和生活挑战的人群，他们返贫的风险很高，急需他人协助处理日常生活中面临的风险；“重要”是指那些改变意愿比较强、社会支持比较好，特别是那些有子女教育要求的人群，他们生活改变的可能性比较高，是专业服务中需要注重生活改善的那部分多重贫困人群；“一般”是指那些改变愿望比较低、社会支持比较弱，也没有子女教育要求的人群，他们的服务重点需要放在日常生活的维持上。在分级基础上，根据日常生活中需要面对的挑战，将这些多重贫困人群分为三种类型：残疾、疾病和其他。对于有子女教育要求的多重贫

> 困人群，尤其需要关注防止贫困代际转递的改变意愿（资料来源：社工服务项目的策划书 W4 和社工实务研究团队的焦点小组讨论 J4）。

显然，通过分级分类的个案管理方法，社会工作者就能够针对脱贫攻坚中多重贫困人群的不同需要开展专业服务，既能够关注到高风险的重点人群，及时地帮助他们处理生活中面临的风险，又能够注重改变意愿比较强而风险不太高的多重贫困人群，针对他们日常生活中面临的具体挑战进行分类指导；同时，还能够跟进改变意愿比较低但风险不太高的多重贫困人群，不强迫他们做出生活的改变，而是“在随后的深入交往中寻找改变的意愿和机会”（资料来源：社工实务研究团队的焦点小组讨论 J4）。这样，针对返贫风险比较高的多重贫困人群，分级分类的个案管理就能做到有的放矢，实现托底的功能，降低多重贫困人群陷入返贫的风险。

## （二）家庭：潜能挖掘的能力实践

在通过分级分类个案管理确保多重贫困人群的风险应对之后，这类人群接着会面临潜能挖掘的难题，特别是其中改变意愿比较强、改变可能性比较大的家庭，他们是整个多重贫困人群中改变可能性最大的人群，尽管他们属于个案管理中的重要级别，但是由于他们长期陷入贫困状态中，改变的意愿要比一般的贫困人群低，而且在实际生活中他们往往面临多重的生活困难，除了经济贫困之外，还有残疾或者疾病等原因带来身体功能的受损，甚至有的人因受损性身体功能严重影响日常的生活安排，而且他们在社会资源的运用上也因为文化程度低等问题存在一定的困难。显然，针对这样的多重贫困人群，需要根据每个家庭的特点开展深度的潜能挖掘，充分发挥他们拥有的能力，以提高他们应对生活贫困的能力和责任。

> 我们（社会工作者）刚开始做这个项目时，并没有多大的信心，抱着试一试的态度，因为这个人群面临很多困难，而我们社工手上的资源也很有限。因此，我们一开始就采取能力导向的服务原则，看这些贫困人群能做什么，我们尽力协助他们（资料来

源：社会工作者的访谈 F3）。

随着服务的不断深入，社会工作者发现，能力导向服务策略的实施是离不开家庭成员之间的相互支持的，不仅他们很多的改变意愿来源于家庭的生活安排，而且改变意愿的直接支持也来自家庭成员的肯定。特别是有子女教育要求的多重贫困家庭，这一特征表现得更为明显，最终使这个项目确立了“以家庭为本、以能力为导向”的服务原则。

具体来讲，根据家庭的残疾、疾病和其他三种类别，采用三种潜能的深度挖掘方式，包括：现有能力的发掘、新的能力的提升和资源获取能力的拓展。现有能力的发掘是针对多重贫困家庭现有生活状况进行能力挖掘，关注他们生活中仍旧有效的生活应对经验；新的能力的提升则是针对多重贫困家庭在应对现有生活挑战中一些无效的方面进行改善，学习有效的应对方式；而资源获取能力的拓展则是针对多重贫困家庭在获取环境资源扩展自身发展空间方面的能力提升，鼓励他们主动改善现有的生活安排（资料来源：社工服务项目的末期评估 W7 和 W8）。

可见，针对改变意愿比较强、改变可能性比较大的多重贫困家庭，社会工作者需要采取以“以家庭为本、以能力为导向”的服务策略，根据多重贫困家庭的类别，结合每个多重贫困家庭的具体需求特征（残疾、疾病和其他）开展有针对性的潜能挖掘的服务。此外，由于每个多重贫困家庭的改变意愿和改变能力不同，社会工作者还需要考察这些家庭现有生活的安排，从这些家庭现有的生活状况出发，采用现有能力的发掘、新能力的提升和资源获取能力的拓展三种潜能挖掘方式逐步深度发掘多重贫困家庭的能力，使服务具有契合性。显然，这样做才能深度挖掘多重贫困人群的能力，调动他们的内在改变动力。

### （三）环境：多方参与的资产实践

对于多重贫困家庭来说，由于他们长期陷入贫困状态中，他们的环境支持力度明显不足，不是缺乏必要的家庭支持，就是社会资源获取的能力欠缺，很容易受到环境变化的影响而重新陷入贫困状态中。显然，对于这样的多重贫困家庭，除了发掘、提升和拓展家庭自身的能力外，还需要改善家庭外部的环境，保证给予多重贫困家庭必要的社会支持。即使他们遭遇生活中的变故，也能够得到及时、有效的帮助，避免再次陷入贫困状态中。因此，如何调动多方力量参与，为多重贫困家庭提供及时有效的支持，就成为阻止多重贫困家庭返贫工作中不可缺少的重要措施。

> 我们（社会工作者）会针对重要风险等级的多重贫困家庭组织一些互助类的小组，如养生保健小组等，让这些改变意愿比较强的多重贫困家庭成员能够有机会走出家门，相互认识、抱团取暖。我们也会组织这些家庭成员成为志愿者，协助我们完成一些慈善和公益活动，如农村影院、暑期夏令营等，除了增加他们与邻里的交流之外，还加强他们在活动中与社会组织的接触，了解社区的资源。此外，我们还会链接爱心企业和爱心人士进行结对帮扶，协助这些多重贫困家庭建立有效的社会支持网络。（资料来源：对社会工作者的访谈 F3）

显然，社会工作者在挖掘、提升和拓展深度贫困家庭的能力过程中，将外部环境的改善也作为支持多重贫困家庭改善的重要条件，通过互助、志愿服务、结对帮扶等手段让多方人员参与到多重贫困家庭的精准帮扶工作中，保证他们拥有更好的应对贫困生活的社区资源，减少返贫情况的出现。特别值得一提的是，社会工作者还将社区工作者“也作为志愿者和爱心人士的一部分，与多重贫困家庭建立一种关爱帮扶的支持机制”（资料来源：村街方的访谈 F1）。这样一来，社区工作者不仅能够及时了解多重贫困家庭的风险变化状况，而且“能够将政策的保障落实到位”（资料来源：服务对象的访谈 F6），与社会工作的服务结合起来，推进多重贫困帮扶的“三社联动”机制创新。

实际上，人群的分级分类托底实践与家庭的潜能挖掘能力实践以及环境的多方参与资产实践是相互关联的，它们共同构成多重贫困人群脱贫攻坚实践中的三个基本维度，即托底实践、能力实践和资产实践。多重贫困人群不同于一般贫困人群，他们不仅重新就业的可能性极低，而且脱贫的“内生动力”也明显不足，存在三个方面的突出困难：一是生活极其脆弱，返贫风险很高；二是改变动力不足，能力挖掘欠缺；三是社会支持缺乏，资产基础欠佳。值得注意的是，这三个基本维度是相互影响的，因为返贫风险很高，所以他们的改变动力欠缺，社会支持不足。同样，因为能力挖掘欠缺，他们的资产条件欠佳，生活极其脆弱。而社会支持缺乏，又会反过来影响能力的挖掘和返贫风险的预防。因此，针对深度贫困人群，需要建立三个维度的整合实践，除了减少多重贫困人群的返贫风险之外，还需要同时做好多重贫困人群的潜能挖掘和资产建设，增强多重贫困人群应对贫困的能力。

## 四　研究讨论

通过分析“暖心宅急送”精准帮扶社会工作试点项目可以发现，多重贫困人群的脱贫攻坚面临两个方面的挑战：一个挑战来自多重贫困人群的生活状况，表现为高风险的生活处境，需要做好风险应对；另一个挑战来自多重贫困人群的能力状况，表现为生活应对能力的不足，需要做好能力建设。这种能力建设又具体包括两个方面，即自身能力的挖掘（能力实践）和环境支持的拓展（资产实践）。也就是说，对于多重贫困人群的脱贫攻坚来说，不仅需要处理这些人群的高风险的生活处境，而且同时还需要协助他们寻找有效应对高风险生活处境的能力。

### （一）能力建设与风险应对

尽管目前我国的扶贫工作已经由过去粗放型的“大水漫灌”向精细化的“细水滴灌”的模式转换，强调通过设计一套完整的贫困识别机制，对治理对象、治理行动、治理效果等方面实行量化，以便能够精确瞄准和精准帮扶，使扶贫工作不断走向精准化（王雨磊，2017），但是在这种精准化的帮扶背后，却隐藏着一系列危机，这种试图通过发展一套系统的数字指标来推动贫困治理策略的实施，很容易导致精准扶贫的数字化和技术化倾向，除了容易出现“低保养懒汉”的现象之外（卫小将，2018），也容易单纯从“国家视角”出发，通过普遍化、一致化的要求改变不合时宜的贫困人群（斯科特，2017），而且更为重要的是，这样的扶贫策略往往难以与真正的贫困人群实现有效互动（王雨磊，2018），低估贫困具有的复杂性，只注重贫困人群的低收入这一维度，缺乏对贫困人群可持续发展能力的考察（关信平，2018）。

事实上，社会工作一直以来就关注人的能力挖掘和社会资源的运用（McMillen, Morris, & Sherraden, 2004），特别是20世纪80年代，在发展中国家摆脱贫困的社会发展实践基础上提出发展性社会工作之后，社会工作开始真正将人们的能力建设与反贫困的社会实践结合在一起（Elliot & Mayadas, 1996），倡导通过参与和自决过程实现贫困人群的能力提升，并在此基础上引入有助于能力持续发展的社会投资，在社区中建立一种相互支持的生活方式，避免因过度依赖机构院舍的服务而与社区生活隔绝，导致生活能力的弱化（Midgley & Conley, 2010）。这种以发展主义为基础的社会工作也受到人们的质疑，它不仅忽视了贫困背后的个性化需求（Smith, 2017），而且也无视了贫困人群参与市场经济竞争力的不足（Holscher, 2008）。更为重要的是，发展性社会工作从根本上讲仍然遵循的是现代社会的介入思路（Payne, 2011），强调对环境进行把控的技术理性，它或者无视风险的存在，把风险排斥在服务范围之外，或者直接将风险等同于危险，将它视为不利的因素加以管控。

然而，对于那些无法再参与就业的多重贫困人群来说，由于他们在生活中面临现实的多重困难，生活中的风险就变得异常突出，随时可能会影响他们的生活状况，让他们重新陷入贫穷的困境中；而如果把风险作为危险的因素加以管控，这样就会影响到多重贫困人群想要改变的愿望，随时挫伤他们想要改变的积极性，让他们对生活变得“麻木不仁”，缺乏改变的“内生动力”。因此，在多重贫困人群的脱贫攻坚战中，风险也就成为专业服务开展之前需要重新审视的重要内容。

### （二）高风险社会下的精准扶贫实践

实际上，人类生活离不开对风险的考察，灾难和危害常常被视为是不受人类干预和控制的（Bernstein, 1998），它是人类生活中的不确定性因素（Green, 2007）。这种不确定性在现代社会中被当作一种概率问题，表明某件事情发生的可能性，可以通过精算加以预测和管控（Payne，2011）。但是到了强调福利多元的后现代社会中，人们需要在多元主体的交往中做出自己的选择（Webb，2006）。这样，人们遭遇的日常生活风险就不仅仅是那些通过精算可以加以控制的过程风险，同时还包括在行动之前需要经过反身性的考察才能做出的行动决定，这样的行动决定同样也需要人们能够面对与他人的不同以及对习以为常的生活安排进行质疑，从不确定性中找到自身成长的发展空间（Blackman，2015）。可见，这种行动决定的风险不是一种具体事件的风险，它具有弥散性，实质上是人们对自我意义的寻找和自我身份的塑造（Thompson，1996），可以说，这是一种变动环境中的自我身份的规划（吉登斯，2016）。

有学者认为，这种行动选择的风险在全球化运动的推动下不断增高，促使人们在不断加速的社会、经济和环境的变化下做出行动的选择（Green，2007）。而在这样快速变化的社会中，多元福利主义已经成为国际社会的主流，人们逐渐信奉多元化的生活方式（Fook，2002）。特别是在后现代主义思潮的影响下，生活环境不再被看作是固定不变的，而是随时变化的生活处境，人们正是在这样不断变化的生活处境中做出自己的选择，呈现自我的主体性和能动性（Healy，2014）。有学者直接将这样的社会称为风险社会，认为在这样的社会中风险已经成为人们日常生活的主要议题（Beck，1992）。

从行动选择的角度来理解，在高风险社会中风险已经不是要与不要的问题，而是无法回避必须面对的生活现实，它不仅具有积极的功能，更为重要的是，它迫使人们把自己的生活与周围他人的生活联系起来一起审视，在复杂的关联中做出自己的行动选择，不再把自己和他人视为孤立的个体（Elliot，1996）。可见，由风险带来的对个人生活处境的审视恰恰是促使个人回归自我，重新寻找生活意义，从而激发个人“内生性”动力，避免物化和极端个人主义出现的重要赋能方式（Loreto，2011）。显然，我国目前开展的脱贫攻坚实践，其中涉及的多重贫困人群就属于高风险的人群，他们的生活改善问题就需要放在行动选择的风险框架下来理解。

### （三）多重贫困人群的风险中的能力

在行动选择的风险框架下，像多重贫困人群这样的高风险人群在日常生活中就会首先面临伦理判断的要求，需要回答是否能够面对这样的风险挑战，依据的是一种能否接纳风险处境的价值关怀，这是多重贫困人群发生改变的前提。而一旦多重贫困人群选择了逃避，针对风险的事实分析就会受到阻碍（Webb，2006）。甚至可以说，这种不对风险处境进行具体分析，只关注风险如何管控的“宏大叙事”本身就是人们逃避风险的一种方式（Webb，2006）。可见，在高风险的日常生活中，除非人们能够回到自己所处的位置，审视自己想法背后的伦理价值，对自己需要面对的“客观事实”保持开放的态度，才能跳出自己想法的束缚，找到深入理解环境和他人的方式和途径（Clifford & Burke，2009）。因此，从这一点而言，伦理立场不是生活之外高高在上的伦理价值原则，而是人们在高风险日常社会生活中的一项能力，只有借助这项能力，人们才能打开理解周围环境和他人的大门（Clifford & Burke，2009）。为此，社会工作者在针对多重贫困人群开展专业服务时，就需要具有生活风险等级的意识，首先根据生活风险的高低对多重贫困人群进行风险分级，对于高等级风险的，针对生活风险的处理进行直接干预，协助多重贫困人群提高生活风险应对的能力；对于一般等级风险的，则协助多重贫困人群学习在面对生活风险中寻找可以改变的空间，挖掘他们自身拥有的能力和资源。

显然，对于高风险的多重贫困人群来说，事实分析与伦理判断紧密地关联在一起，它无法脱离伦理判断的审视。正是凭借这种事实分析中的伦理判断的审视，或者伦理判断中的事实分析，人们才可以接纳日常生活中存在的风险，寻找其中可以改变的空间，在可能的范围探寻改变的途径和方式，放弃抽离日常生活处境的风险管控的“客观”分析，使社会工作的服务介入回归人们的具体日常生活处境中（Webb，2006）。否则，过分强调社会关怀，忽视多重贫困人群自身拥有的能力，就会导致人们放弃责任，走风险最小化的依赖路线（Barsky，2015）；或者只注重提高多重贫困人群应对困境的能力，忽视他们在日常生活中面临的返贫风险，导致社会关怀的缺失（Abisheva，2016）和个性化服务措施的抵制（Stanley，2018）。可见，除了需要对多重贫困人群的生活风险进行分级之外，还需要对一般等级风险的多重贫困人群根据他们在日常生活中面临的具体困难进行风险分类，了解多重贫困人群到底在日常生活中面临什么样的具体困难，以便协助他们学会在具体的日常生活场景中找到能力挖掘的途径和方法。

值得注意的是，这种风险中的能力不只是将风险和能力两个维度的要求叠加在一起，而是引入了一种伦理导向的事实分析框架。这样一来，如何面对高风险的日常生活中面临的条件和限制就成为人们成长中需要改变的重要环节，其中既需要人们学会接纳日常生活中的限制，放弃抱怨和不满，又需要人们转变理解的视角，理性地寻找可能存在的改变空间，放弃过于“乐观”的期待和被动消极的等待。只有这样，在脱贫攻坚的多重贫困人群服务中，社会工作者才能够避免因过分强调人的尊严和发展而将这些竞争能力不足的多重贫困人群视为失败者，让他们成为受指责的对象（Davidson et al.，2016）。因此，在协助多重贫困人群寻找可以改变的空间时，社会工作者也就不能仅仅关注“取”的能力，同时，也需要协助多重贫困人群接纳生活中存在的局限，关注他们“舍”的能力的培养，保持两者之间的平衡。

总之，引入风险中的能力概念后，对传统的能力概念在三个方面做了补充：①把面对日常生活中的不确定性作为能力的一个重要方面，表现为对生活风险进行分级，学会面对日常生活中的风险；②把融入日常生活的具体场景作为能力的一部分，强调对生活风险进行分类，在具体的生活场景中挖掘能力和资源；③把接纳日常生活的局限作为能力的一部分，关注“舍”的能力培养以及与“取”的能力之间的平衡发展。需要注意的是，风险中的能力概念并不是与传统的能力概念完全对立的，这里只是为了探究的需要，将两者做了对比，以便明晰两者之间的差别。实际上，一旦在日常生活中确定了具体的风险之后，就需要采取明确的步骤和方法应对这样的风险的发生。从这个意义上而言，风险中的能力更像是一种观察视角，让人们对传统的二元对立的掌控理性的能力服务策略保持警觉，看到它在与未来的不确定性、场景化和生活局限应对中可能存在的不足和潜在的危害。特别是在多元化的社会生活中不确定性和多样性成了生活的常态，在这样的社会生活中帮助多重贫困人群，作为社会工作者就需要随时协助他们在与周围他人的关联中审视自己的位置和状况，从而能够在有限的条件范围内为自己的日常生活安排做出某种改变的决定（Boddy et al，2018）。

## 五 结论

随着我国扶贫工作迈向攻坚阶段，那些因病、因残造成的多重贫困人群的生活状况也受到人们越来越多的关注，如何帮助这些面临多重生活困难的人群脱贫和预防返贫的工作，就成为亟待解决的难题，它不仅需要深度挖掘这些多重贫困人群的能力，充分运用他们身边的社会资源，而且同时还需要考察因多重生活困难带来的高风险的影响。为此，本文的研究者跟踪考察了厦门市同安区的"暖心宅急送"精准帮扶社会工作试点项目，分析项目中的社会工作者是如何深度挖掘多重贫困人群的能力和资源来应对风险的过程的。通过两年的参与式合作研究发现：脱贫攻坚中的多重贫困人群主要面对来自疾病和残障的挑战，还要随时面临返贫的风险，他们需要采取以家庭为中心的三维整合实践来迎接挑战与面对风险。三维整合实践，即针对返贫风险需要进行分级分类个案管理的托底实践、针对生活安排困难需要潜能挖掘的能力实践、针对环境支持不足需要多方参与的资产实践。其中分级分类个案管理的托底实践是基础，潜能挖掘的能力实践是核心，而多方参与的资产实践则是支撑。三维整合实践的核心是转变传统的能力的理解视角，将风险的概念引入脱贫攻坚的多重贫困人群的日常生活中，把面对日常生活中的不确定性、融入日常生活的具体场景以及接纳日常生活的局限也作为能力的一部分，协助多重贫困人群在多元化的社会生活中学会在接纳条件限制的同时寻找可能的改变空间，真正提升多重贫困人群抵抗返贫风险的能力，实现基层社会治理方式的创新。

**参考文献**

安东尼·吉登斯，夏璐译（2016）：《现代性与自我认同：晚期现代中的自我与社会》，中国人民大学出版社。

陈成文、姚晓、廖欢（2016）："社会工作：实施精准扶贫的推进器"，《社会工作》，第3期。

程凯（2018）："坚持精准扶贫精准脱贫基本方略着力解决因残致贫问题"，《行政管理改革》，第7期。

高飞、向德平（2016）：“专业社会工作参与精准扶贫的可能性与可及性”，《社会工作》，第3期。

戈艳霞、李强（2018）：“疾病照料负担对困难家庭劳动力就业的影响”，《人口与经济》，第1期。

关信平（2018）：“论现阶段我国贫困的复杂性及反贫困行动的长期性”，《社会科学辑刊》，第1期。

贺海波（2018）：“贫困文化与精准扶贫的一种实践困境—基于贵州望谟集中连片贫困地区村寨的实证调查”，《社会科学》，第1期。

李红飞、温谋富（2018）：“社会工作者在精准扶贫中的角色定位—基于晋江市特困家庭‘四帮四扶’项目的分析”，《云南农业大学学报》（社会科学），第4期。

李文祥、吴征阳（2018）：“贫困治理的场域观与社会工作增权”，《江淮论坛》，第3期。

李小云（2018）：“冲破‘贫困陷阱’：深度贫困地区的脱贫攻坚”，《学术前沿》，第7期。

李迎生、徐向文（2016）：“社会工作助力精准扶贫：功能定位与实践探索”，《学海》，第4期。

林顺利、孟亚男（2018）：“嵌入与脱嵌：社会工作参与精准扶贫的理论与实践”，《甘肃社会科学》，第3期。

Payne M. and Askeland G. A.（马尔科姆·佩恩、古丽德·阿加·阿斯克兰）（2012）：《全球化与国际社会工作：后现代的变迁与挑战》，李明政译，国家教育研究院与松慧有限公司。

王思斌（2016）：“精准扶贫的社会工作参与——兼论实践型精准扶贫”，《社会工作》，第3期。

王雨磊（2017）：“精准扶贫何以瞄不准——扶贫政策落地的三重对焦”，《国家行政学院学报》，第1期。

王雨磊（2018）：“农村精准扶贫中的技术动员”，《中国行政管理》，第2期。

卫小将（2017）：“精准扶贫中群众的主体性塑造——基于赋权理论视角”，《中国特色社会主义研究》，第5期。

卫小将（2018）：“精准扶贫与主体性塑造：再认识与再反思”，《中国行政管理》，第4期。

袁君刚（2017）：“社会工作参与农村精准扶贫的比较优势探索”，《西北农林科技大学学报》（社会科学版），第1期。

詹姆斯·C. 斯科特（2017）：《国家的视角：那些试图改善人类状况的项目是如何失败的》，王晓毅译，社会科学文献出版社。

Abisheva, K. & Assylbekova, L. (2016). Risk management and ethical issues in social work. *Future Academy*, Http://dx.doi.org/10/15405/epsbs.2016.09.2.

Barsky, A. (2015). *Risks of Risk Management*, The New Social Worker. http://www.socialworker.com/feature-articles/ethics-articles/risks-of-risk-management/.

Beck, U. (1992). *Risk Society: Towards a New Modernity*. Sage, London.

Bernstein, P. (1998). *Against the Gods: the Remarkable Story of Risk*. John Wiley, New York.

Blackman, T. and B. Featherstone. (2015). Risk and Uncertainty in the Social Sciences: Implications for Social Work Theory and Practice. *International Encyclopedia of the Social & Behavioral Sciences*, 20: 686 - 691.

Boddy, J. , O'Leary P. , Tsui M. S. , Pak C. M. and Wang, D. C. (2018). Inspiring Hope Through Social Work Practice. *International Social Work*, 6 (4): 587 -599.

Clifford, D. and Burke, B. 2009. *Anti-oppressive Ethics and Values in Social Work.* London: Palgrave Macmillan. , pp. 2 -3.

Cowger, C. D. , Anderson, K. M. , & Snively, C. A. 2006. Assessing Strengths: The Political Context of Individual, Family, and Community Empowerment. In D. Saleebey, *The Strengths Perspective in Social Work Perspective* (*4th ed.* ). Boston: Pearson Education, Inc. , pp. 93 - 115.

Davidson, G. , and Brophy, L. and Campbell, J. 2016. Risk, Recovery and Capacity: Competing or Complementary Approaches to Mental Health Social Work. *Australian Social Work*, 69 (2): 158 - 168.

Elliot, D. , and Mayadas, N. 1996, Social Development and Clinical Practice in Social work. *Journal of Applied Social Sciences*, 21 (1). pp. 61 - 68.

Fook, J. (2002). *Social Work: A Critical Approach to Practice.* Sage Publication Ltd, 3edition.

Fook, J. (2013). Critical Reflection in Context: Contemporary Perspectives and Issues. In Jan Fook & Fiona Gardner (eds. ), *Critical Reflection in Context: Applications in Health and Social Care* (pp. 1 - 11), New York: Routledge, p. 6.

Fook J. (2016). *Social Work: A Critical Approach to Practice.* Sage.

Gould, N. (2010). *Mental Health Social Work in Context.* New York: Routledge, p. 149.

Green, D. (2007). Risk and Social Work Practice. *Australian Social Work*, 60 (4): 395 - 409.

Grunwald, K. , and Thiersch, H. 2009. The Concept of the "Lifeworld Orientation" for Social Work and Social Care. *Journal of Social Work Practice*, 23 (2): 131 - 146.

Healy, K. (2000). *Social Work Practice: Contemporary Perspectives on Change.* London: Sage.

Healy, K. (2014). *Social Work Practices: Contemporary Perspectives on Change.* Sage Publications Ltd.

Heron, J. (1996). *Co-operative Inquiry: Research into Human Condition.* London: Sage.

Heron, J. and Reason, P. (1997). A participatory inquiry paradigm. *Qualitative Inquiry*, 3 (3): 247 - 294.

Hogan, T. (1996). Globalization: Experiences and Explanations. In A. Kellerhear (ed. ), *Social self, global culture* (pp. 275 - 288). Melbourne: Oxford University Press.

Holscher, D. (2008). The Emperor's New Clothes: South Africa's Attempted Transition to Developmental Social Welfare and Social Work. *International Journal of Social Welfare*, 17: 114 - 123.

Loreto Sáenz d. U. and Idoia Martin A. (2011). Social Work and Risk Society: The Need for Shared Social Responsibility. *European Journal of Social Work*, 14 (4): 447 - 462.

McMillen J. C. , and L. Morris and Sherraden, M. (2004). Ending Social Work's Grudge Match: Problems Versus Strengths. *Families in Society: The Journal of Contemporary Social Services*, 85 (3): 319.

Midgley, J. , and Conley, A. (2010). Introduction. In J. Midgley and A. Conley (eds. ), *Social Work and Social Development: Theories and Skills for Development Social Work* (pp. xii-xx). New York: Oxford University Press, pp. xiv.

Mosely, J. E. (2016). Yes, Macro Practice Matters: Embracing the Complexity of Real-world Social Work. *Human Service Organization: Management, Leadership & Government*, 21 (2): 4-6.

Payne, M. (2011). Risk, Security and Resilience Work in Social Work Practice. *Social Work Review*, 1: 7-14.

Rapp, C. A., and Goscha, R. J. (2006). *The Strength Model: Case Management With People with Psychiatric Disabilities* (*2nd ed.*). New York: Oxford University Press.

Rapp, C. A. & Chamberlain, R. (1985). Case Management Services For the Chronically Mentally Ill. *Social Work*, 30 (4): 417-422.

Reason, P. and Bradbury, H. (2001). Inquiry and Participation in Search of a World Worthy of Human Aspiration. In P. Reason and H. Bradbury (Ed.), *Handbook of Action Research: Participative Inquiry and Practice* (pp. 1-14). London: Sage.

Saleebey, D. (1996). The Strengths Perspective in Social Work Practice: Extensions and Cautions. *Social Work*, 41 (3): 296-305.

Sands, R. and Nuccio, K. (1992). Postmodern Feminist Theory and Social Work. *Social Work*, 37 (6): 480-494.

Smith, L. H. (2017). "Blaming-the-poor": Strengths and Development Discourses Which Obfuscate Neo-liberal and Individualist Ideologies. *International Social Work*, 60 (2): 336-350.

Stanley, T. (2018). The Relevance of Risk Work Theory to Practice: the Case of Statutory Social Work and the Risk of Radicalisation in The UK. *Health, Risk & Society*, 20: 1-2, 104-112.

Thompson, N. (1996). *People Skills*. Basingstoke: Palgrave Macmillan.

Webb, S. A. (2006). *Social Work in a Risk Society: Social and Political Perspectives*. Palgrave Macmillan, Basingstoke.

Weick, A., Rapp, C., Sullivan, W. P. and Kisthardt, W. (1989). A Strengths Perspective for Social Work Practice. : *Social Work*, 34 (4): 350-354.

中国社会工作研究　第十八辑
第 132 ~176 页


# 嵌入、服务与发展：农村社会工作嵌入性发展的实践过程

## ——以福建省 DC 村项目为例的个案研究*

张洋勇**

**摘　要**　专业社会工作嵌入性发展在中国话语体系下具有共识，但在农村社区语境下嵌入性发展的实践过程研究尚待深入。本文通过对福建省厦门市 DC 村农村社会工作服务项目的个案研究发现，自上而下的内生性嵌入、业缘性嵌入、理念和方法性嵌入是其农村社会工作嵌入性发展实践过程的三种表现形式。在此过程中，嵌入、服务与专业发展交叉相伴，社会工作通过嵌入获得发展空间，并通过专业服务和资源整合满足村民需求、助力乡村发展，社会工作自身也得到发展，主体性和专业性得到进一步建构。由此，本文总结出农村社会工作嵌入性发展的“嵌入、服务与发展”功能模型。

**关键词**　嵌入　服务　发展　农村社会工作　实践过程

---

* 该研究为福建省哲学社会科学基金项目（FJ2016B154）的阶段性成果，同时受福建省教育厅中青年教师教育科研项目（JAS150063），以及厦门大学“985 工程”及“211 工程”公共管理重点学科建设项目资助。

** 张洋勇，厦门大学社会与人类学院社会工作系助理教授，硕士生导师；香港理工大学应用社会科学系社会工作哲学博士候选人。

## 一　研究背景和文献综述

“嵌入”（Embeddedness）作为学术概念最早是在论述经济体系、具体的经济活动与社会结构、社会关系时被提及的。波兰尼（Polanyi）在论及市场经济发展与政治、社会问题时，最早提出“嵌入”概念，认为市场经济应该被嵌入到社会关系中去进行分析，社会关系对市场经济的发展具有一定调节作用（Polanyi，2001；王思斌，2011），但他只是宏观性地提及嵌入概念，不具可分析性。在论及具体的经济活动时，格兰诺维特（Granovetter）则更加具有可操作性地利用“嵌入性”来分析经济活动与社会关系，认为具体的经济活动与社会关系紧密相连，应该嵌入其中，复杂的经济活动必须考虑其在社会结构中的嵌入性，人际关系、信任和情景等对具体的经济活动具有影响意义（Granovetter，1985；王思斌，2011；许莉娅，2012），但他对具体的嵌入过程、如何嵌入、嵌入后的具体结构等内容并没有十分细致的分析。

在中国社会工作发展语境下，王思斌（2011）系统性地论述了中国社会工作的嵌入性发展，认为当前中国专业社会工作存在于传统的行政性非专业或本土社会工作实践中，其结构性张力将获得嵌入性发展（王思斌、阮曾媛琪，2009），并明确将“嵌入”概念从经济领域引入社会工作领域，“它指的是某一事物进入另一个事物之中去的过程和状态”（王思斌、阮曾媛琪，2009：210）。王思斌（2011）认为在中国语境下，社会工作嵌入性发展即专业社会工作嵌入本土社会工作实践的过程和状态，并明确了嵌入的四个基本要素，嵌入至少要有两个被认定的事物，即嵌入主体（专业社会工作）和嵌入对象（传统的非专业/本土社会工作实践）、结构性的嵌入过程和空间、嵌入机制和嵌入效应（包括自身发展产生的效应和产生的社会效应），他进一步从中国社会工作发展历史的角度，梳理了社会工作从20世纪八九十年代对社会服务的“表层”性介入，2000～2008年开始对实际社会服务的嵌入，再到2008年随着社会工作者职业化之后，逐步对社会服务的深层嵌入和核心嵌入的发展脉络。王思斌还进一步指出，当前我国社会工作嵌入尚属“政府主导下的专业弱自主性嵌入的发展格局”，并预见在不久的将来会发展到“政府 - 社会工作专业合作背景下深度嵌入的发展格局”（王思斌，2011：217 ~ 220）。显而易见，王思斌所论述的“嵌入性”强调的是社会工作的发展过程和状态。在此基础上，赵琼（2016）进一步从理论层面提出嵌入性发展的四个阶段，即专业性参与、结构性融入、互惠式建构和专业互构发展。这些为我们研究中国语境下专业社会工作的嵌入性发展提供了框架性的指引，但是也不难发现，制度层面的嵌入性话题的探讨是重点，深入到特定服务领域（如农村社会工作），社会工作该如何嵌入，具体的嵌入过程和空间，亦即项目和服务层面的嵌入性话题，尚待进一步的实证研究。

在王思斌系统论述“嵌入性”之前，针对社会工作者介入 2008 年四川抗震救灾服务模式的研究中，徐永祥（2009）曾特别提及“嵌入”的概念，指出其含义包括“社会工作者在主观意识和行动上要自觉纳入受助对象的关系网络中去，争取最大程度获得受助对象的理解和支持”，运用“嵌入”理念解决灾后社会工作“进场”问题，“主动将自己（社会工作者）纳入灾区的行政体制……努力赢得当地政府的理解、信任和支持”（徐永祥，2009：2）。与王思斌类似，我们也没有看到关于“嵌入”理念在灾后社会工作实践过程中的具体运用、嵌入过程中社会工作者与各利益相关方的关系处理以及嵌入后的效应等内容的细致论述。在更早一些时候，熊跃根（2006）在分析我国社会工作专业教育与政府关系时，运用布迪厄（Bourdieu）的实践理论（Theory of Practice）（Bourdieu，1977，1984）、格兰诺维特（Granotetter）的“嵌入性”（Embeddedness）概念（Granovetter，1985）及“体制嵌入”（Institutional Embeddedness）概念来诠释中国社会工作专业教育的实践逻辑与体制嵌入性的关系，认为“（嵌入性）教育领域的行动者与政府组织（权力）场域主动联结或被动吸纳的交互关系……在推进社会工作专业化过程中，院校与政府部门的合作是必不可少的，因此，主动建立与社会福利服务部门的联系，将专业教育嵌入现行社会服务体系中是一个必要的行动策略”（熊跃根，2006：197、205 ~ 206）。随后，在关于社会工作制度建构的论述中，葛道顺（2012）则将体制嵌入延伸到更宽泛的范围，并提出宏观性的对策和建议，但同样缺乏深入细致的实践模式探讨。很显然，在过去十年间，正如熊跃根（2006）所言，社会工作专业教育者和大专院校正在不懈努力推进这一点，并且已取得不错的成效（王思斌，2013，2015）。在嵌入性发展格局下，李晓凤、漆志超（2010）和李斌（2012）对我国社会工作专业化和职业化发展、社会工作人才队伍“嵌入性”建设展开了研究，提出了诸多共识性建议，但同样进行的是政策性探讨。

基于中国社会工作嵌入性发展语境，一些研究开始将其结合到社会工作特定服务领域的实践中。在医务社会工作领域，如郑玥（2012）通过对北京四家医院、六名医务社会工作者的研究发现，专业社会工作在介入医院环境时，碰到了诸多社会工作专业性营养稀释、职业独立性与不可替代性薄弱等发展瓶颈，会停滞于嵌入性发展的初级阶段，而且医务社会工作的本土实践可能遭遇行政性“工具化”危机，更高层次的专业嵌入将陷入困境。但是，该研究的局限性在于样本太小，对于社会工作嵌入过程的分析更多还是侧重于“绞溢”现象的分析，而且相区别于本文的研究主题——农村社会工作，医务社会工作有明显不同的实践语境。在学校社会工作领域，如许莉娅（2012）通过梳理总结和对比北京、上海、深圳、四川四地学校社会工作嵌入现有学生工作体制内的实践经验后，以四川抗震希望学校社会工作实践经验为例，就学校社会工作嵌入主体、嵌入对象、嵌入空间进行了经验性概括与介绍。但这一分析，更多呈现出来的是经验总结，对具体嵌入过程中社会工作者与各利益相关方的互动关系和变化过程、嵌入过程中社会工作服务的呈现均没有进行具体的阐述。姚进忠、邓玮（2012）在学校社会工作介入高校学生工作路径探讨中，提出“嵌入”是“介入”的路径，认为可以从理念层面、制度层面和方法层面进行嵌入，指出在宏观层面和微观层面的“整合”是学校社会工作介入高校学生工作的基本方向。该研究在“嵌入性”基础上提出“整合”的取向值得肯定，但是没有通过实证研究来清楚界定和区分“介入”和“嵌入”概念及其内涵外延，容易混淆。类似的，张大维、郑永君（2015）在武汉两所学校的社工介入实验的研究中发现，“软性嵌入”是将社会工作引入学校德育教育的有效介入策略，该研究中，“介入”（Intervention）实则类似王思斌（2011）提及的服务层面“嵌入”过程中对服务对象的干预，属于社会工作“嵌入”性发展中的核心环节，是嵌入的具体内容。在妇女社会工作领域，如韩晓燕、罗臻（2013）基于上海市某妇女增能计划的实施过程，分析了社会工作专业方法（个案、小组、社区等社会工作方法）嵌入妇联工作的经验。谢建社（2009）也论及了在妇女工作中嵌入社会工作专业知识和专业技巧。很明显，这些研究中提及的“嵌入”概念，应该属于社会工作专业方法“介入”具体妇联工作，与嵌入性发展有本质区别。在灾害社会工作领域，史铁尔、王松（2012：22）提出“嵌入式灾变社会工作”，亦即“把社会工作植入政府的救灾系统内，以社会工作专业价值理念，运用个案、小组、社区等手法针对灾区开展各种服务，以促进灾区的恢复和发展”，并认为在嵌入过程中可以实现身份合法性、资源多元化和服务手法的多样化。该研究也剖析了嵌入式灾变社会工作面临的诸多困境，诸如社会工作理念、方法与主流体制的差异、社工机构与中观系统的组织关系协调性问题、社工服务与微观系统中服务对象的真实需求的偏差等。遗憾的是，该研究只是进行了一般性的经验总结，对具体的嵌入过程、基于嵌入性发展而开展的服务内容、嵌入性社会工作服务成效并没有进行论述。而且，对于本研究而言，灾变（灾害）社会工作领域是具有特殊语境化的服务领域，对于农村领域的社会工作嵌入性实践在多大程度上具有参考性，还有待进一步论证。在城市社区服务领域，赵环、尹阿雳（2015：115）通过对政府购买服务背景下深圳市 Y 社区服务中心的研究，提出“增量嵌入”，认为“增量嵌入的专业社会工作在一定条件下能够实现常态化的有效嵌入，并能在此基础上重构社区服务体系……获得更深层次的发展”；朱健刚、陈安娜（2013）和管兵（2015）在政府购买服务背景下社会工作嵌入的研究中，肯定了嵌入性成效，但同时指出，社会工作在嵌入传统行政体制和街区（街道办事处和社区居委会）权力体系过程中，既面临弱主体性和弱专业性的挑战，又面临政府“反向嵌入”的压力，由此提出了在嵌入性发展过程中国家与社会关系的新议题。由此可见，在不同实务领域关于社会工作嵌入性发展的研究，虽有论及嵌入制度、嵌入设计等议题，但大多没有深入细致地论述具体嵌入的过程、在嵌入性发展基础上专业服务的开展情况以及嵌入效应等内容。而且，在中国社会工作语境下，关于农村社会工作嵌入性发展的实证研究基本空白。

随着社会工作嵌入性实践和研究的深入，也有学者发现，嵌入性发展“理想很丰满，现实很骨感”，开展了嵌入性实践相关的反思性和批判性研究。朱健刚、陈安娜（2013）通过对一个政府购买社会工作服务项目中专业社会工作嵌入街区权力关系的研究，从权力视角对嵌入理论进行了扩充，指出专业社会工作以政府购买服务的方式进入社区，在当地治理机制中存在着治理嵌入的挑战，传统街区行政权力的控制性容易使专业社会工作在实践过程中失去自身专业性和独立性，存在专业权力空心化、外部服务行政化、内部治理官僚化等问题，专业社会工作在传统街区权力框架下逐渐式微。同时，该研究还提及了传统街区行政权力对专业社会工作的控制和渗入，类似于"反向嵌入性"（管兵，2015）和"内部转型观"（尹阿雳、赵环、徐选国，2016）。显然，该个案研究的结论对专业社会工作嵌入性发展而言具有很强的警醒性和批判性，对于社会工作嵌入性发展是很好的思考。但是，该个案研究是一个事件分析，侧重的是社会工作机构和社会工作者与当地街区权力关系的分析，偏重机构和组织的中观层面权力平衡，而不是一个社会工作发展过程分析，对嵌入过程中具体服务的开展情况、嵌入后能带来的改变没有进行太多深入的剖析。"反向嵌入性"和"双向嵌入性"是两个值得探讨的新议题，但是具体的研究对象明显不同。管兵（2015）依据上海市 2009～2013 年政府购买社会组织服务的实践，指出在制度层面上，社会工作发展获得大量"嵌入性"发展的制度空间，但也存在非常显著的"反向嵌入性"，即国家嵌入到社会（组织）和社会工作领域，社会工作与政府的权力关系依然不平衡，社会工作的专业性在此过程中被逐步消解或稀释（管兵，2015）。很明显，该研究从"反向嵌入性"视角对"嵌入性"发展的思考是一种反思性的，提出了在嵌入性发展过程应厘清或警觉的政府部门强势干预的问题。但是很明显，"反向嵌入性"其实是在中国特殊语境下，强势政府在社会控制和社会治理过程中，行政职能的履行，虽然会给专业社会工作发展带来挑战，有别于纯粹公民社会状态下政府与社会（组织）的共同治理（Zhao，Wu & Tao，2016）理念，但是"反向嵌入性"讲的不是社会工作的发展过程，而是侧重国家与社会的关系研究，而且该提法有扩大政府与社会的二元对立关系之嫌。在当前社会工作嵌入性发展格局下，处于弱势地位或发展滞后的专业社会工作（大多依托社会组织）需要嵌入到强势地位的政府话语体系下，才能寻求更多发展空间，获得认可，建立合作、共治的话语平台

（王思斌，2011；王思斌、阮曾媛琪，2009），迂回发展策略的选择被验证是一种更为有效的路径，而不是将政府履行的行政职能放大，再构和扩大“不平等”和“对立”。尹阿雳、赵环、徐选国（2016）在分析“单向嵌入观”与“内在转型观”的基础上，建构了专业社会工作与行政社会工作发展的“双向嵌入性”，有诸多反思性启发，但是同样存在诸如管兵（2015）“反向嵌入性”概念类似的问题，即有扩大政府与社会的二元对立关系之嫌。

综上，无论是“嵌入”还是“体制嵌入”，对于中国专业社会工作发展而言，已基本形成一个共识，专业社会工作需要在制度、项目和服务层面寻求“嵌入性”的发展空间，虽然会面临诸如政府行政职能干预和控制，“反向嵌入性”和“双向嵌入性”等问题的挑战，但在诸多社会工作实务领域的嵌入性实践研究已为我们提供了佐证，不断推进中国专业社会工作的发展。然而，纵观相关研究文献，不难发现，关于“嵌入性”发展的制度性或政策性的研究诸多，项目和服务层面的实践性研究偏少；“嵌入性”发展实践研究大多没有对嵌入性发展过程、社会工作者与利益相关方的互动细节、嵌入性发展带来的效果等内容展开深入的研究；在农村社会工作领域，社会工作“嵌入性”发展的实践过程研究几乎是空白。

基于此，在农村社区，尤其是非典型性贫困的农村社区，尚未有专业社会工作嵌入的地方，相关的实证研究具有很强的理论和实践意义。本文以福建省 DC 村项目为基础展开个案研究。社会工作该遵循怎样的“嵌入性”发展实践过程和路径？在此基础上，应该开展怎样的社会工作专业服务和资源整合来回应农村社区居民的需求和乡村发展诉求？农村社会工作“嵌入性”发展实践过程中社会工作自身发展如何体现？这些，就是本文的主要研究问题。

## 二 研究理论和研究框架

追溯“嵌入性”理论，其源于结构功能理论（王思斌，2011；朱健刚、陈安娜，2013）。波兰尼（Polanyi）或格兰诺维特（Granovetter）在运用嵌入性来分析经济关系（活动）与社会关系（社会结构）时，已经认识到经济关系（活动）受到社会关系（社会结构）的影响，同时又影响新的社会关系（社会结构）的变化，经济关系和社会关系的交互影响，在整个社会结构下发挥不同的功能，共同推进社会的变革和发展。这实则是结构功能理论的思维和逻辑：社会是有机联系和整合的，由不同的功能性主体所组成，各组成部分被整合而维护社会秩序和社会稳定（Haralambos，2013）。在王思斌等学者提出中国专业社会工作“嵌入性”发展话语体系时，当然首先肯定和承认社会的完整性和统一性，以及传统或本土社会工作实践体系的存在性和话语权，专业社会工作只有作为一种社会单位被嵌入到本已存在且具有强大资源和能量的行政或固有的权力结构和社会结构中，才能发挥它的作用。在此过程中，专业社会工作其实在嵌入的过程中不断被建构和“被功能化”，除了提供专业服务，参与社会治理和社会建设（王思斌，2014），专业社会工作还会潜在地被“反向嵌入”，扮演协助维护秩序和进行社会控制的角色（朱健刚、陈安娜，2013）。这也实则是结构功能理论在社会工作领域的表现（童敏，2014）。因此，基于嵌入性理论和结构功能理论，本文的研究框架是（如图1所示）：以农村社会工作嵌入传统本土社会工作的实践过程为重点，在此基础上，探索农村社会工作专业服务和资源整合的具体内容，最后通过呈现具体的嵌入效应，来探讨农村社会工作的嵌入性发展。

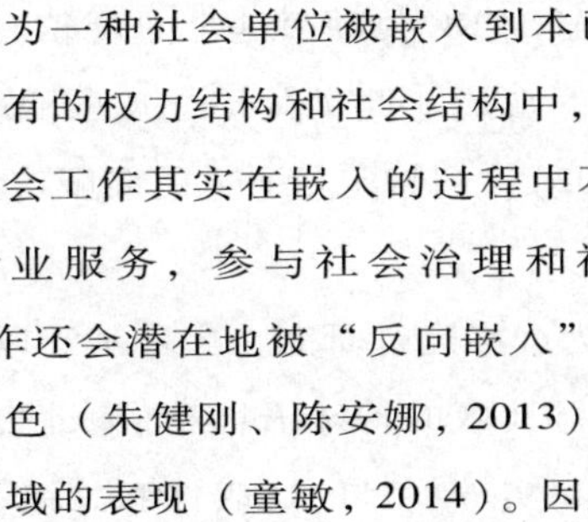


**图1 研究框架**

## 三 研究方法

本研究采用的是个案研究。个案研究是一种实证研究，被广泛应用于社会学、管理学、教育学、心理学、社会工作、公共政策等社会科学的不同领域。个案研究是指系统地研究个人、团体、组织或事件，以获得尽可能多的相关资料和具有借鉴性的应对之策（王宁，2002）。在本研究中，个案研究把行为观察和态度观察以及研究对象的感受结合在一起（Rubin & Babbie，2016），是对社会工作实务的综合研究策略，它是在不脱离现实情景下对实务过程和现象的研究（Yin，2014）。个案研究法具备在自然情境下探讨问题、深入式研究、重视脉络、丰富描述与启发作用、归纳性和建构性、自然类推等特点。同时，本个案研究的目的是通过解剖 DC 村项目这个"麻雀"，即对具有典型意义的农村社区进行研究，形成对此类共性或现象的较为深入、详细和全面的认识（王宁，2002），超越定量研究的局限，从而探索具有借鉴意义的诠释和策略。

将 DC 村项目作为个案进行研究，主要基于以下考虑：DC 村项目作为典型城市郊区农村社区的特殊语境和代表性，既因其作为城市郊区农村社区的典型性和实务项目的代表性和关键性，又因其在农村社区特殊的"场域"（Bourdieu & Wacquant，1992），个案"节点"的分析是起点或触发点，实则深入剖析农村社区"关系网络整体"，也符合"关系性个案"的特征（沈毅，2013；王富伟，2012：178），对其进行研究的结论具有明显的启示性。还因作者深入参与该项目，有行动和反思的结合，符合 Yin（2014）关于个案研究的建议，研究者在选择个案时要坚持关键性、独特和启示性的原则。

就具体研究方法而言，为避免研究表面化，本个案研究在收集资料的过程中，综合运用了参与式观察法、半结构访谈法、文献资料法和自反性（Reflexivity）等一系列直接和间接的方法获取研究材料，晶体化（Crystallization）的资料来源使不同方法之间的数据弥合性更高，以求对个案有充分的认识，深刻地理解所研究的主题（Richardson & Pierre，2005；刘毅，2002）。

**1. 参与观察法**

自 2015 年 8 月项目启动开始到 2016 年 8 月项目结束的一年时间内，作者全程参与到项目的策划、监测过程，并负责项目的督导工作，深度参与和完整经历了项目的整个运作和服务过程。在本研究中，参与观察的频率是每月一次，每次 2～6 小时。2016 年 9 月至 2017 年 3 月，项目后续服务阶段，作者也继续直接参与观察。参与式观察的地点主要包括DC村委会、村落和村民活动空间、居民家中以及社工办公空间等，以保证研究者能真正全身心参与到研究对象的情景中。参与观察的内容主要包括社会工作者开展工作和嵌入情况、不同利益相关方互动情况、服务和活动开展情况，以及资源和关系整合情况等四个方面。从这个角度而言，该研究也属于参与式实务研究（童敏、林丽芬，2015）。

基于此，该研究援引了大量一手的项目服务过程资料，主要包括：项目总策划书1份、项目执行方案1份、服务对象需求评估报告1份、项目年度中期和末期总结报告各1份、第三方评估机构对项目进行的中期和末期评估报告各1份、服务对象详细的个案管理材料57份、个案工作服务记录材料6份、小组工作记录材料3份、社区系列活动服务材料9份、志愿者档案资料59份、志愿者培训和服务记录材料10份、老年人兴趣团体自组织材料2份、社工督导记录24份、工作汇报和协调会记录10余份。对于文献资料的整合和分析，按照研究框架设计进行分类、归纳和整理。

**2. 半结构访谈法**

研究主要使用了半结构访谈法，访谈对象主要包括项目服务对象、社会工作者和DC村委会工作人员等三大类。具体而言，访谈了服务对象7名、2名项目全职社会工作者和1名兼任项目负责人，以及与项目服务和活动有密切关联的3名DC村委会工作人员。半结构访谈的主题和内容，根据研究框架进行设计，主要侧重农村社会工作嵌入过程、服务对象的改变、DC村社区变化情况、社工的角色与利益相关方的互动、服务开展过程、资源和关系整合、社会工作发展等内容。

针对个案研究资料的分析，作者主要运用了建构性解释的分析方法（O'Neill，1996），即在DC村农村社会工作嵌入性发展实践（社会实践）与结构功能理论之间找到一种“反思性平衡”（Dworkin，1998；张帆，2011），来建构DC村项目社会工作嵌入性实践模式。然后在建构实践过程模式的逻辑框架下，运用数据资料来论述农村社会工作嵌入性发展的实践过程。特别需要说明的是，晶体化的资料来源将更能深入地展现DC村项目服务过程的真实性、完整性，更能深入、复合和彻底地理解所研究的主题（Richardson & Pierre，2005；Rubin & Babbie，2016）。

自反性是所有质性研究中面临的共同话题。在本研究中也不例外，由于作者在本研究中既是研究者，也是重要的行动者，因此，在资料收集和分析过程中进行了大量的自反性思考，并将这些自反性思考投入后续服务以及建构性解释的分析方法中，补充、修正和增进对研究主题分析的深度理解和分析（Bourdieu & Wacquant, 1992; Crapanzano, 2007; Malinowski, 2007; Robben & Sluka, 2007），主要包括结构功能理论逻辑框架设计的合理性、项目服务内容和主体性、项目中社会工作者角色和功能的局限性、社区为本和需求为本的思考、嵌入性发展实践模式等内容。

关于本研究的伦理和道德话题，作者严格遵守相关的研究伦理和社会工作职业道德，充分做到了知情同意、匿名、保密和非伤害性等原则（Danchev & Ross, 2014; Johns, 2016; Reamer, 2013）。本研究课题已在作者所在大学立项，通过了大学学术委员会的研究伦理和道德审批。不同的访谈，均做到了访谈对象的知情同意；对服务过程的参与式观察和项目资料的援引，均征求了社工机构的授权同意。更为重要的是，作者在访谈、参与观察过程中严格以服务对象或访谈对象的利益为重，避免影响或潜在伤害服务对象，严格遵守研究伦理和职业道德。

## 四 DC村和项目介绍

### （一）关于DC村

DC村隶属于福建省厦门市TA区TX镇，距城区20公里，位于厦门市西北部山区，西北与泉州市接壤，面积6.67平方公里，平均海拔450米，森林覆盖率达80%以上，素有TX镇“后花园”美称。有耕地620亩，山地9，630亩，拥有600多亩天然茭白湿地公园，一万多亩生态公益林。辖内有4个自然村，各自然村地点较为偏僻，间隔距离远，最远相距有7公里左右的山路。从人口结构来看，DC村有农户189户、人口637人，其中60岁以上老人71人，占11.14%，1~6年级儿童39人。由于地处偏远地区，教育资源缺乏，出于给孩子更好教育的考虑，村内年轻父母均往城区迁移，平时常住人口100人左右。

老年人由于生活习惯、心理需求等主客观原因选择留在农村，从而形成了农村“留守老人”这一特殊群体。村里的年轻父母以及儿童周末和节假日才会回村，所以造成村里没有所谓的留守儿童需要服务的情况，但是却有往返于城区和村里的流动儿童这种特殊现象。常年居住在村里的流动儿童有8人，长期居住的60岁以上的老年人45人，这两类人群是DC村项目服务的重要服务对象，为这两类主要人群尤其是留守老年人提供服务，成为社会工作者介入DC村的主要切入口。从经济上看，DC村不是传统的农业耕作型农村社区，实以乡村旅游经济和农业经济作物种植为主。因地理位置适宜种植反季节茭白这一经济作物，DC村茭白品牌成为TX镇“一村一品”特色，每年可为村民增加收入60.5万元，成为DC村的支柱产业和主要经济来源。同时，DC村2008年引进香港某企业进村合作建设“DC人家”项目大力发展乡村旅游经济，联合村民成立农家乐、民宿专业合作社等经济实体，每年为村集体增收至少10万元。而且，依托民宿和农家乐经营，DC村每户年收入可达到15万元。所以，DC村的经济状况良好，经济保障不是社会工作专业服务的重点。但是，由于地处山区，交通不便，村民的日常生活配套和民生服务设施不健全。从村委会组成和权力关系来看，DC村工作人员13人，其中包括村民委员会和村党支部委员会（简称“两委”）8人（设村委会主任和党支部书记各1人，财务1人，4个自然村各1名组长，村医生1人），2016年底申请成立村老年人协会。主任、书记除负责村“两委”全面工作外，还在当地旅游经济发展上发挥关键作用，“两委”中4名村干部具体职责是民政工作和计划生育工作，自然村小组长负责对接村民和村委会方面的工作。社会工作者在DC村开展社会工作服务项目的主要对接人是书记和主任，如进入各自然村开展工作，自然村组长和其他村委会工作人员也是其主要支持者。①

## （二）DC村农村社会工作服务项目

### 1. 项目的背景和需求

DC村项目为2015～2016年度福建省首批农村社会工作试点项目，

① 以上资料整理来源于DC村社会工作服务项目需求评估报告和末期评估报告。内容有增删。

由福建省民政厅全额财政支持。厦门市 TX 社会工作服务中心（以下简称“TX 机构”）具体负责项目的在地人力组织实施和服务提供，厦门市 TA 区民政局负责项目监测和评估相关工作，TX 镇政府提供工作支持和协助。对 DC 村进行需求评估和中期评估之后，该社会工作试点项目主要聚焦留守老人服务，对流动儿童只进行一般性建档和追踪，并通过服务的切入来促进 DC 村的可持续发展。

DC 村的留守老人需求主要表现在医疗健康服务、精神慰藉、日常生活照料和文娱活动四个方面。（1）医疗健康服务需求：农村医疗卫生服务设施设备不齐全，虽有村卫生所，但唯一的一名“赤脚医生”不具备医疗处方权，医疗卫生服务人员短缺和医疗卫生服务水平低，村民生病后不能及时就医；村民（尤其是老年人）因常年从事农业耕作，身体机能衰退，疾病日益增多；村民健康意识和观念非常薄弱，对自我身体健康的关注度不够，多数老年人患有慢性病；大部分老人处在独居状态，生病缺乏子女照料。（2）精神慰藉需求：留守老人心理上常感孤独空虚、失落或落寞，有较强的倾诉欲望和依赖心理，希望得到子女的尊重，从内心深处非常渴望被社会承认和得到关怀，希望有人来关注自己的情感活动，希望通过与他人的互动和交流，来排解心中的苦闷。（3）日常生活照料需求：DC 村留守老人缺乏子女的日常照料，互助性养老服务设施设备不健全，缺乏菜市场、超市、理发店等日常生活便利服务，再加上村里各个自然村地理位置分散，村小组之间无往来交通工具，交通不便，彼此往来是山路，需步行，导致村民的日常交往相当不便。（4）文娱活动需求：农村老人文化水平低，兴趣爱好少，除了耕种，没有其他娱乐活动，老人如无法耕种后，则基本待在家里，文娱活动很匮乏。

DC 村流动儿童需求主要表现在学业辅导、课余活动、人际交往和村传统文化的认识等四个方面。（1）学业辅导需求：家长因工作繁忙没有时间和精力辅导孩子学习，或者家长受教育水平有限在辅导孩子功课时存在困难。（2）课余活动需求：儿童周末才回家，因家庭经济条件和村里资源以及活动场所限制，儿童期待有更加有质量、更丰富的课余活动。（3）人际交往需求：儿童周末回村后，父母工作烦琐，无暇陪伴，导致孩子常常感到孤单，加上村里儿童玩伴少，人际交往需求突出。（4）对传统文化的认识需求：儿童因学习而带来的流动，对村里历史文化、传统、现状等的认识明显不足。

DC 村的发展需求主要表现在挖掘乡村文化，促进乡村生态旅游，发展 DC 村乡村旅游经济，发动村民加入合作社，增加村民收入，带动村民发家致富，让更多年轻人回 DC 村创业、投资和发展。对于 TX 机构和社会工作者来说，可以立即着手介入乡村文化和历史文化，包括新中国成立前 DC 村剿匪的红色革命文化、DC 村宋代土寨文化（遗址）、DC 村道光年间进士历史、农村传统农耕文化、传统手工艺品制作，以及 DC 村的民俗文化。①

**2. DC 村项目实务过程**

实务理念：社区为本的优势视角。社会工作实务过程不是随性的，需要严谨地遵循理论支持和逻辑设计并付诸实践（童敏，2016）。DC 村项目的实务设计主要运用优势视角理论：引导 DC 村老年人在社区、自组织和个人层面的能力与资源识别，通过社区参与予以赋权和获得不同社区自组织的成员资格，悬置怀疑，增强其面对生活的抗逆力，从而提升其生活状态（李晓凤、漆志超，2010；史铁尔、王松，2012；王思斌，2016；徐永祥，2009；许莉娅，2012）。首先，体现在需求为本和社区为本。需求为本区别于供应为本，以社区需求和项目服务对象的需求为根本依据而设计项目服务与活动，而不是以资助方或者其他利益相关方的诉求为中心（童敏、林丽芬，2015），更不是从社会工作者的角度出发，这样既保证了服务能真正回应和满足服务对象的需求，又在此过程中重点关注社区与服务对象的优势、能力和资源。社区为本，基于社区语境化的实务设计（童敏，2016），一则重点识别、挖掘、调动和整合 DC 村的资源和关系，以此为基础和出发点，强调“内生”性，而不突出“外生”性；二则从服务和活动的着眼点来看，通过社会工作者的介入，让 DC 村老年人和村委会获得赋权。赋权和成员资格：注重 DC 村老年人在服务过程中的增权，具体包括识别、参与、赋权等，重点体现在中观和微观两个层面。中观层面重点表现在老年人对 DC 村资源、关系和服务等的识别和运用，积极参与各类社区自组织、朋辈群体、志愿者队伍、社区老年协会以及 DC 村民宿合作社等，获得参与、决策和发展的成员资格；微观层面主要表现在

① 以上资料整理来源：DC 村社会工作服务项目需求评估报告和方案书。内容有增删。

DC 村老年人对身体健康关注、日常起居安全等知识和技能提升，获得在生活照顾能力和家庭照顾者支持、日常生活风险预防、诉求表达和危急事件处置等方面的改善。在宏观层面主要聚焦老年人相关福利制度和政策的宣导和协助。就 DC 村发展而言，社会工作者运用赋权的理念，虽看起来没有为农村经济发展带来直接的影响或改变，实则社会工作者在与 DC 村委会、其他利益相关方互动过程中，潜在性地输入诸如可持续发展、优势视角等元素，并发挥协调、整合和促进作用（王思斌，2014，2016）。在此基础上，对于 DC 村老年人，肯定每个人的优势，假定他/她们有能力使用和发展自己的潜能，并且可以识别（王思斌，2011）、取得和整合资源、社会关系和机会，赋权、成员资格、悬置怀疑、抗逆力（Guo & Tsui，2010；张和清、杨锡聪、古学斌，2008）等方法被社会工作者运用其中；对于 DC 村，其实是以 DC 村委会几位核心成员的干预和影响，使其充分肯定、整合和利用 DC 村的自然地理资源、社会关系、历史文化等优势，赋予 DC 村可持续发展的机会和能力（Saleebey，2013）。

实务过程：从关系建立到社区层面活动的开展，再到深入服务的循序渐进式逻辑。首先，从需求调查入手，建立专业关系。针对 DC 村和老年人的需求调查是服务的开始，也是社会工作者与服务对象和 DC 村建立良好专业服务关系的开始。基于此，社会工作者结合 DC 村委会初步掌握的数据，然后通过入户调查摸底、实地走访等方法进一步确认需求，并为老年人建立服务档案。其次，通过康乐性社区活动的带动，拓展专业服务内容。在项目服务伊始，社会工作者以康乐活动（如“茭白节”联欢活动、重阳节活动、系列养生健康讲座等）为带动，逐步拓展到教育性、支持性的服务和活动（“农耕乡会”乡村文化活动、民俗传承活动、民俗技艺学习小组等），以及深入开展个案工作。最后，走进每个自然村，走近服务对象，纵深推进专业服务，组建社区自组织和社会组织，发动社区参与，不断促进社区营造。项目实施过程中，为了推进社会工作专业服务，更好地服务老年人和 DC 村，在继续开展各类小组工作和社区活动的同时，社会工作者特别注重社会工作服务的宣传、DC 村内外资源的整合和利用，依托“茭白节”活动、乡村旅游经济宣传、“农耕乡会”、民俗技艺、历史文化传承等活动，营造有历史文化和传承的生态旅游乡村。具体实务逻辑过程见图2。

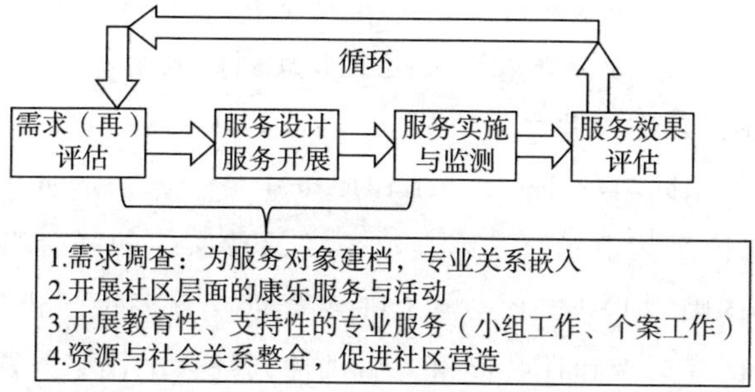


**图2　DC村项目实务逻辑过程**

# 五　研究发现

## （一）嵌入过程

### 1. 嵌入主体

在DC村项目中，我们可以很清晰地将嵌入主体界定为TX机构的农村社会工作项目（包括2名全职社会工作者、1名半职项目负责人、社会工作项目和相关服务）。对于嵌入主体而言，最直接的目标就是能顺利地实现项目落地DC村，按部就班地开展项目的各项服务和活动，回应和满足村民的各类需求，实现项目预定目标，促进DC村乡村旅游经济发展。而更长远的则是农村社会工作发展的诉求：希望通过DC村项目的省级试点和示范效应，影响当地政府部门和DC村委会，能撬动当地政府（主要是TA区和TX镇）在农村社会工作服务领域有更多的购买服务项目，认可农村社会工作的发展，将其经费纳入每年民生开支财政预算，开拓更多项目服务点（村），实现农村社会工作在更大范围的嵌入性发展，影响更大区域和范围；同时，也期待在嵌入性发展过程中，农村社会工作专业队伍得到发展，农村社会工作实务经验得到提升，在中观和微观层面能对传统的行政工作体制和理念、服务对象、在地志愿者等带来改变。所以在此过程中，发展农村社会工作的目标对于各方而言，有比较一致的认同。

在这里，有必要简要介绍一下TX机构的背景：TX机构于2014年在TA区民政局注册，是该区首家社会工作服务类社会组织（以“民办非营利组织”的形式注册）。TX机构源于其同名的TA区TX慈善会（发端于TA区，后业务拓展到厦门全市其创始人系佛家法师，信徒众多），后又在福建省民政厅注册成立同名的TX慈善基金会，并在厦门市多区成立几家同名的TX社会工作服务中心、义工服务中心、TX儿童院，TX机构是其中一家。因多家公益慈善实体的联合组成“TX志业”，TX机构因“TX志业”源于佛教背景，有多年深耕慈善和儿童救助领域的良好口碑和社会形象，后延伸到社会工作服务领域，所以，TA区民政局对福建省民政厅农村社会工作服务项目落地TA区，就承接机构的选择上对TX机构有明显的偏好。

> ……其实，对于我们机构和社工来说，做具体的服务应该是不难的，关键的是，这个项目一年结束后，我们还想继续下去，（福建）省（民政）厅是比较明确试点结束后，后面（第二年）的服务项目应该主要由厦门市或者（TA）区里面来负责（购买）……如果（我们）做得好的话，这个项目不但能继续下去，而且还会有至少一个新的（村）项目交给我们来做。（TX机构副主任兼DC村项目负责人）

**2. 嵌入对象**

DC村，是这个农村社会工作项目最主要的嵌入对象，其他嵌入对象还包括TX镇、TA区民政局、厦门市民政局等政府行政体系，以及由这些嵌入对象组成的传统农村工作系统。福建省民政厅是这个项目的购买方，会负责对项目的实施情况进行监测、督导和评估，但是，由于政府科层制工作惯例，福建省民政厅将具体工作下放到厦门市民政局，再由后者转到TA区民政局。到最后，厦门市民政局在名义上替福建省民政厅监督和指导项目工作，实际上已转到TA区民政局，后者在项目实施过程中扮演具体监测、评估工作的组织和实施角色，并为此成立了“DC村社会工作试点项目智囊支持小组”，将“区、镇、村”三级相关工作人员囊括在内，并建立了项目工作月汇报制度，形成“每月一报”的工作机制，该支持小组成员必须“联动”起来，为项目提供各种支持。可以说，TA区民政局是嵌入对象中最为积极的一环。TX镇由于此前既没有注册的社会工作机构，也没有专业社会工作者，DC村项目确定落地TX镇，才真正在当地打开了社会工作嵌入性发展的话语体系。TX镇政府民政系统的工作人员、DC村干部对在农村社区开展专业社会工作，彼时是有些茫然的，尤其是对于DC村干部而言，虽然做了多年的村干部，也为DC村的发展带来了很大的改变，但对专业社会工作却知之甚少，可项目是福建省民政厅的试点项目，按照上级要求，配合TA区民政局的各项工作安排是其工作基调。就各方诉求而言，DC村有些茫然，初期习惯性地采取“选择性应付行为”来被动“接受”自上而下摊派的任务（杨爱平、余雁鸿，2012），但作为初具端倪的生态旅游乡村和“新农村”，其实在内心上他们是期待项目在实施过程中，能对当地的乡村旅游经济和农业经济发展有所帮助的，至于对留守老年人和流动儿童的服务，还是其次要的诉求。所以，在这个层面上，项目服务对象的需求与DC村（干部）的诉求存在明显的错位，因为后者更看重乡村生产和经济的发展，当这些诉求在社会工作后续嵌入性服务中得到有效回应时，DC村的态度明显转变。TX镇在该项目中，几乎是一个被绕过的嵌入对象，但是其诉求也基本跟DC村的诉求一致，更多关注的是当地生产和经济的发展。在中国各级行政部门中，镇（街）和村（村委会虽是自治组织，但已附上强烈的行政色彩）的工作重心本应该是民生和服务工作，在职责功能和角色上的错位，从该项目中可见一斑，而恰恰是这种错位为专业社会工作嵌入性发展“自然让渡”了生存和发展空间。TA区民政局的诉求是希望能通过福建省民政厅的试点项目，真正创出品牌性的特色农村社会工作试点，同时借助试点效应，拓展更多的农村社会工作项目点，所以追求创新、追求特色是其在发展农村社会工作这个新事物过程中的最大“政治诉求”。厦门市是国家计划单列市，此次福建省民政厅的农村社会工作试点项目虽不是厦门市民政局主导，但总归也在厦门市，所以其诉求基本与TA区民政局的“政治诉求”一致。

……我们村（DC村）在厦门市来说是一个比较偏的村，（福建）省里面的项目能选择落地我们村，我们当然感觉很高兴……虽听说过社会工作，但（我们）不懂什么是社会工作，更不懂如何开展社会工作……虽然村里面的条件和办公活动空间有限，(但) 我们会尽可能地支持和配合 (福建) 省里，以及市、区、镇各级领导对项目的安排。(DC 村委会书记 C 在项目启动仪式上的讲话)

……DC 村的基础很好，这次我们将 DC 村选作 (福建) 省里面首批农村社会工作服务试点村，是有长远考虑的，希望能通过项目试点，创出品牌和特色，形成示范效应。今后，我 (厦门) 市在农村社会工作服务领域的发展，空间很大，机会很多。(厦门市民政局副局长 Z)

**3. 嵌入过程和嵌入空间**

从上面关于嵌入对象的分析来看，TA 区民政局和 DC 村委会在该农村社会工作服务项目嵌入过程中是两个非常重要的利益相关方，前者因业缘关系在项目的政策空间、资源空间上起到至关重要的协调、支持作用，后者是项目落地的直接合作方，在服务的在地实施、资源的对接和协调上发挥实质性的直接支持作用。

嵌入前的铺垫和基调。如前述，因 TA 区民政局对 TX 机构有明显的偏好，在 TX 机构申请福建省民政厅农村社会工作试点项目之前，就积极支持项目的申报工作，获批后，为项目的落地实施积极协调各方关系和资源，如对接 TX 镇相关领导和工作人员，以及通过 TX 镇领导协调 DC 村委会等，这些为 TX 机构在项目的嵌入过程中消除了诸多障碍。因此，“认可”、“背书” 和 “执行” 应该成为嵌入前铺垫和基调的关键词。“认可” 和 “背书” 指以 TA 区民政局为代表的行政部门对 TX 机构资质和服务水准的认可和背书，“执行” 则指在行政体制内，从省到市、区、镇、村各级政府部门行政工作安排和落实的科层制式的执行，虽有几分官僚色彩，形成纵向层级之间的 “互依格局” (史普原，2016：142)，但对此案例而言不失为一种较为高效的层级传递方式。显然，这些为农村社会工作嵌入 “主动让渡” 了制度空间、政策空间和资源空间 (王思斌，2011)，实现了制度性嵌入，构成 “自上而下的内生性嵌入”。

嵌入初接触。有良好的铺垫和基调，TX 机构在嵌入初期，则从业缘关系出发，紧密联系 TA 区民政局和 DC 村委会这两个重要的利益相关方，解决社会工作的“进场”问题和“身份”问题（徐永祥，2009）。初期，TX 机构与 TA 区民政局最有共同话语权，对话最容易，通过这种业缘上的直接链接，在项目刚刚“进场”时，TX 机构就通过 TA 区民政局召集福建省民政厅、厦门市民政局、TA 区民政局、TX 镇政府、DC 村委会、专业督导、TX 机构、厦门市社工协会等多家部门和机构，在 DC 村委会召开项目启动仪式，以及后续的项目月度工作汇报联席会议，实质性地推进社会工作落地实施。当需要各级支持和配合时，通过 TA 区民政局成立“DC 村社会工作试点项目智囊支持小组”，坚持每月的工作汇报联席会，解决项目上遇到的问题和困难；当需要 DC 村办公和活动空间、人口结构资料、村资源和人力支持时，主动与 DC 村委会增进融洽的合作关系，进一步澄清社会工作的角色和功能，TX 机构的社会工作者不是 DC 村干部的对立者，而是其重要助手，还是“免费”的人力资源，项目的顺利实施是为 DC 村“添彩”，促进和支持乡村旅游经济的发展，DC 村委会逐渐从观望心态慢慢转变为信任和支持，逐渐用政府制度化的非正式行为——“共谋”来处理彼此关系（周雪光，2008）。所以，通过业缘关系推进的嵌入为农村社会工作拓展了在 DC 村的关系空间、物理性活动空间和资源空间，而且很显然，这些拓展性空间（Wang，2011；王思斌，2011）是以上述“让渡性”空间为基础拓展而来的，带有强烈的行政性色彩，而且体现了“互惠型”嵌入的特点（朱健刚、陈安娜，2013）。这些构成了 DC 村项目中，社会工作的业缘性嵌入。TX 机构的人员嵌入（社会工作者）的目的在此过程中达成，反之，以 TA 区民政局为代表的嵌入对象则通过 TX 机构的嵌入，逐步达成其“政治诉求”，并实现社会治理和社会控制的行政功能，或类似管兵（2015）所论及的“反向嵌入性”治理，这一点将在后面部分展开讨论。

嵌入深接触。在实现制度性嵌入和人员嵌入之后，社会工作者将通过具体服务的开展来推进理念和方法的嵌入，这是最为关键却是周期长且复杂的过程。其方法也很直接和明确：行动，亦即专业服务。社会工作是一个实践性很强的职业，这里讨论的行动（服务）包含两个层面：一是为项目直接服务对象（主要是留守老年人）提供的各类服务，二是为间接服务对象（如 DC 村委会、TA 民政局等）提供的服务或支持。具体而言，社会工作者在项目合同约定下，制订规范的项目策划方案和执行计划，而且与TA区民政局、DC村委会商议，几易其稿。在开展服务过程中，严格遵循服务设计理念和工作计划，从入户建档、需求评估到大型社区活动的开展、康乐性小组工作执行、个案工作、志愿者发展、社区自组织的培育、资源链接等，都会尽心尽力，尽职尽责，综合运用社会工作专业方法，倾听村民的声音，根据村民的需求提供有针对性的服务，虚心请教并征询TA区民政局和DC村委会的意见或建议，这些与DC村和TA区民政局传统的行政工作方法有明显的不同。而且，项目督导在此过程中也严格要求社会工作者开展服务的规范性和专业性，同时，在与TA区民政局和DC村委会互动过程中阐释社会工作者开展服务的理念和方法的不同。从服务成效来看，这些工作方法在项目周期内有明显地嵌入传统的行政工作体系，认可度高，而且更重要的是在此过程中，发展了社会工作专业理念，如需求为本、公开透明、赋权、优势视角、社区参与等，实现了不同的功能。具体的服务内容、优势视角、实现功能的对应描述，将在后面“服务”部分展开。反过来，TA区民政局、DC村委会也不会对社会工作者的理念和方法悉数接受，在惯有的行政性工作“场域”（Field）和“惯习”（Habitus）（Bourdieu，1977，1984；Bourdieu & Wacquant，1992）影响下，以及固有的权力“优越感”（朱健刚、陈安娜，2013）驱使下，希望立竿见影，见效快，社会工作的完全嵌入并非易事！比如，在某次谈及一次大型社区活动村民参与率低时，社会工作者认为需要更多倾听居民的想法，调整活动的适切性，而DC村委会则很容易想到，“让各自然村小组长通知一下，活动期间在家的村民尤其是老年人，一定要参加”。社会工作不是所有事情都能简单通过行政性、强制性的方式来解决的。因此，在嵌入深接触环节，社会工作者在不断发挥专业主体性，践行专业理念和方法的嵌入，尽管会遇到来自传统行政工作的诸多困难。

> 让我来督导这个项目……一方面，我觉得这是一个很有意义的项目，我们都在做探索性的事情，需要有创新性思维；另一方面，作为社会工作者，我们要严格按照社会工作者职业道德和规范行事，既要从需求出来，尊重需求，也要将我们的工作理念和方法不断传递给我们的合作方，这样才能长远影响他们。（DC村项目督导

Z 在某次督导会上对社会工作者的鼓励和期待）

> 几位年轻的社工小伙，虽然年轻，但很认真、负责，也很谦虚、低调，做事情踏实……从他们身上能明显感觉到与机关单位不一样的工作态度、方法和理念……有些工作和项目进展，希望工作和成效能再加快。（TA 区民政局科长 W）

综上所述，我们可以总结出，在 DC 村项目中，社会工作的嵌入过程体现在三个方面：自上而下的内生性嵌入、业缘性嵌入、专业理念和方法性嵌入。自上而下的内生性嵌入是在政府行政体制内，以自上而下推进社会工作发展为契机，由政府科层制引导的内生性的社会工作资源和空间的“溢出”，主动让渡空间，使得社会工作嵌入性发展获得良好的制度空间、政策空间和资源空间。业缘性嵌入是因业缘关系，专业社会工作（TX 机构和社会工作者）或自下而上向业务主管机关（TA 区民政局）寻求支持，或积极主动寻求业务利益相关方（DC 村委会）的接纳和认可，业务主管机关和业务利益相关方因为利益互惠考虑，从而使得社会工作获得嵌入性发展的关系空间、物理性活动空间和资源空间，解决社会工作嵌入的“进场”和“身份”问题。专业理念和方法性嵌入是专业社会工作（TX 机构和社会工作者）遵循职业规范和伦理道德，通过实际行动在与服务对象（直接和间接）互动过程中，社会工作理念和方法潜移默化嵌入和影响的渐进过程，这是社会工作嵌入性发展中最深层次、最具挑战性的内容。自上而下的内生性嵌入、业缘性嵌入、专业理念和方法性嵌入三者构成 DC 村农村社会工作嵌入过程的实践逻辑，如图 3 所示，毋庸置疑，在 DC 村项目中，自上而下的内生性嵌入为业缘性嵌入、专业理念和方法嵌入奠定了良好的基础，解决了 DC 村农村社会工作的嵌入机制问题。由福建省民政厅主导，自上而下从省、市、区、镇至村委会，主动为社会工作让渡嵌入空间。业缘性嵌入实则是社会工作嵌入性发展的理性策略选择，解决了嵌入路径问题。TX 机构和社会工作者以与其业务往来最为密切的 TA 民政局作为突破口，在自上而下嵌入背景下，互惠互利，并通过 TA 民政局的协调和支持，获得了 DC 村农村社会工作嵌入实践过程中至关重要的关系空间（解决“身份”问题，获得支持关系)、物理性活动空间(获得在DC村的办公和活动空间)和资源空间(获得TA区、TX镇和DC村的人力、物质和社会资源),并在“身份”问题上进一步得到DC村委会的接纳和认可。理念和方法嵌入更像是技术性或服务性的嵌入实操行动,TX机构和社会工作者遵照项目实务设计逻辑,有条理性地推进社会工作各类服务和活动,在此过程中,不断渗透和展现社会工作的专业理念和方法。而且,通过协助和支持DC村委会在乡村旅游经济发展过程的系列活动,如DC村“茭白节”活动、“农耕乡会”等,使社会工作的专业理念和方法得到认可,为后续福建省农村社会工作嵌入性发展往纵深推进奠定了基础。

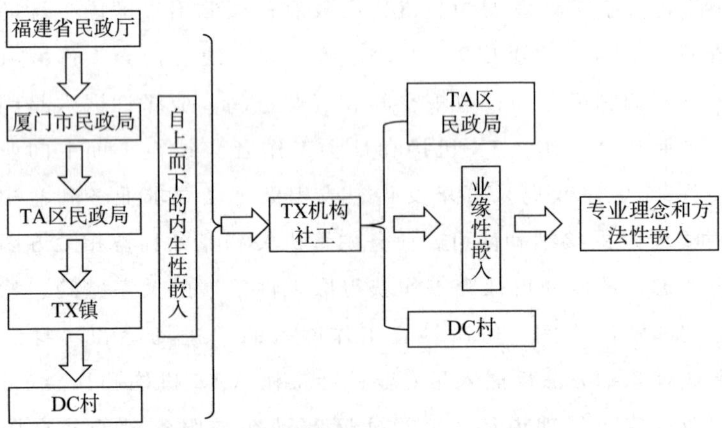


**图3 DC村项目社会工作嵌入过程**

## (二)服务

以嵌入性发展为基础,社会工作专业服务的开展是DC村项目在微观层面的核心内容,如前述的项目设计理念,服务的开展基于社区为本的赋权和优势视角理念。结合嵌入性理论和功能理论的研究视角,下面将以DC村老年人服务为重点,论述社会工作专业服务在优势视角下,如何满足或实现不同的功能和需求。DC村项目服务内容如表1所示。

### 1. 生活娱乐服务

DC村留守老人日常生活包括看电视、歌仔戏和进行农业生产,基于此,结合老人的空余时间、DC村空间场地和老人的特殊技能,社工开展拍手健身操小组活动和“鼓来乐”小组活动，结合DC村的传统民俗节日，开展节假日的慰问关怀活动，来增进邻里间互动往来和给予老人情感上的支持，体现了“老有所养”，丰富了老人的精神文化生活。DC村老人“幸福院”也为老年人提供了各种丰富多彩的生活娱乐活动，诸如泡茶、阅览、运动、棋牌等。对于老年人而言，社会工作者注重引导其对时间资源、空间资源、乡村关系、乡村传统和文化、个人技能、信仰祭拜等的认识和运用。对于DC村来说，诸如“鼓来乐”小组和传统民俗节日活动，正好满足了该村生态旅游乡村整体发展思路下，挖掘和发展多元乡村民俗、传统文化的诉求，同时实现了一定程度的社区或居家养老功能。

**2. 精神慰藉/情感支持服务**

社工入户探访后发现，DC村有50%的独居老人，由于长期独居生活，存在一定的心理失衡、精神空虚，或与子女关系紧张，容易产生悲观情绪。对此，一方面，社工通过开展陪伴服务，与服务对象建立信任关系，定期进行家庭探访，与服务对象聊天，缓解其生活和情感上的孤独，同时，对服务对象进行情绪上的疏导，引导服务对象学会向子女表达自己的情感。另一方面，社工通过举办重阳节、春节、端午节等传统节日活动，鼓励服务对象积极参与社区活动以及诸如健身操这样的娱乐性的小组活动，感受传统节日的温暖和温馨的气氛，与乡邻往来，促进服务对象的身心健康。这些主要是赋权老年人情感表达，对亲情关系、乡村关系的认识和运用等方面的能力，以实现情感支持的功能。

**3. 健康服务**

社工前期通过入户探访为留守老人建立健康档案，对个别患有严重疾病的老人开展个案辅导。然后，通过开展老人养生保健能力提升系列活动，为老人普及健康知识，提升老人的健康意识。接着，社工通过链接爱心医疗单位，开展爱心义诊服务活动，为农村留守老人开展健康诊疗，并推动DC村委会与爱心医疗单位建立医疗合作关系，改善农村的医疗服务状况。通过健康服务，DC村老年人增强了对自身健康的认识，提升了养生保健能力，并能识别和运用各类医疗资源，实现了医疗健康保障功能。

**4. 物质保障服务**

如前述，DC 村的经济状况良好，物质保障不是该项目的服务重点，留守老人不仅有政府养老金补贴，还有禁养生猪生态补偿金，老人物质生活有保障。但面对个别患有重大疾病的老人，社工主要通过链接社会资源包括红十字会、基金会、慈善会、爱心单位或人士的资助，来改善服务对象的生活状况，确保留守老人的生活得到保障。以此来提升和保证老年人的物质保障信息和资源的获取渠道的可靠性，实现物质保障功能。

**5. 社区参与服务**

根据老年人和 DC 村发展需求，社工联合村委会举办“茭白节”“农耕乡会”等活动，促进留守老人的社会参与和社会交往，在活动中，充分发挥留守老人的农耕种植技术，增强老人的价值感。进一步发挥留守老人社区参与的作用，协助老人和村委会成立健身操队伍、老年人协会、DC 村“幸福院”等社区社会组织或自组织，发挥其互助和服务的社会功能，从而引导留守老人参与 DC 村建设，共同促进 DC 村的发展。在此过程中，社会工作者有意识地引导老年人认识和运用 DC 村的自然资源、空间资源、乡村关系、个人技能、朋辈群体以及乡村传统和文化，并促进其社区参与的积极性，带动 DC 村乡村传统和文化的发展。

**表 1 DC 村项目服务内容**

| 服务类型 | 具体服务与活动 | 优势视角 | 实现功能 |
| --- | --- | --- | --- |
| 生活娱乐 | 1. 日常生活：看电视、歌仔戏；村中散步；农业生产<br>2. 小组和社区活动：邻里往来；拍手健身操活动；“鼓来乐”小组活动；传统信仰祭拜日、民俗活动；节假日的慰问和关怀活动<br>3. 院舍活动：农村“幸福院”系列服务（泡茶、阅览、运动、棋牌等） | 时间资源、空间资源<br>乡村关系、个人技能<br>信仰祭拜、乡村传统和文化 | 休闲娱乐<br>情感支持<br>乡村养老<br>乡村传统和文化的发展 |
| 精神慰藉/情感支持 | 1. 陪伴服务：家庭入户探访；聊天服务；情绪疏导<br>2. 节假日的慰问关怀：“金秋敬老，幸福顶村”重阳节活动；“喜迎新春，传承乡村年俗”春节联欢活动；万水千山“粽”是情，端午节活动等 | 情感表达能力<br>亲情关系<br>乡村关系 | 情感支持 |

续表

| 服务类型 | 具体服务与活动 | 优势视角 | 实现功能 |
| --- | --- | --- | --- |
| 健康服务 | 1. 个案管理/个案工作：健康建档；疾病辅导个案<br>2. 健康管理：健康讲堂之老人养生保健能力提升系列活动（健康知识普及、诊疗和资源链接）；季度爱心义诊服务；与市区大型综合医院医疗资源对接 | 养生保健能力提升；<br>医疗资源；<br>健康知识 | 健康保障 |
| 物质保障 | 1. 政策福利：养老金补助；禁养生猪补偿金；重大疾病救助<br>2. 支持资源：红十字会、基金会、慈善会、爱心单位/人士资助、组织义卖活动等 | 补助或救助政策信息；<br>支持资源 | 物质保障 |
| 社区参与 | 1. 社区参与：DC 村茭白节活动；“农耕乡会”活动；民俗文化活动；历史文化口述等<br>2. 社区发展：组建社区社会组织/自组织：健身操队、老年人协会、DC 村“幸福院” | 自然资源、空间资源；<br>乡村关系、个人技能；<br>朋辈群体、乡村传统和文化 | 社区参与；<br>乡村传统和文化的发展；<br>社区营造 |

## （三）整合

在 DC 村项目中，社会工作嵌入性发展是基础，社会工作专业服务是嵌入性发展的核心内容，服务是 DC 村项目在微观层面社会工作专业理念和方法嵌入的媒介。在 DC 村农村社会工作嵌入性发展实践模式中，整合同样以嵌入性发展为铺垫，整合既是一种过程，又是一种取向：其整合过程体现在对 DC 村社区内外部资源、不同利益相关方互动关系、社区关系的重构和整合；其整合取向则体现在突破社会工作专业界限和分割，对 DC 村乡村历史和文化、乡村治理理念的整合，是一种可持续发展的取向。该研究中，整合过程和整合取向的阐释也在一定程度上回应了此前相关的研究发现。王思斌（2016：48）在探讨农村反贫困工作中社会工作的参与作用时提到“制度－能力整合”的反贫困模式，指出：“反贫困的制度（政策）安排和实施政策的行动是整合的，贫困群体的可行能力是整合的，扶贫制度（政策）与反贫困的可行能力也是整合的。按照这种模式，反贫困是参与各方协调的整体行动。社会工作在制度－能力整合的反贫困模式中扮演着重要角色。”其中，他特别强调了参与各方协调的整体行动、政策与行动的整合，这显然为农村社会工作嵌入性发展实践模式在整合过程和整合取向方面提供了借鉴。从而，在本研究中，我们进一步延伸诠释整合的深层含义，意指通过社会工作的整合功能实现DC村的可持续性发展，解决DC村村民需求和DC村发展诉求。在具体社会工作实践上，文军、吴越菲（2015）以云南鲁甸地震灾区社会工作整合服务的实践探索为例，建构了以“社区关系重建”为核心的社会工作整合服务模式，并从“微观－宏观”与“内部－外部”两大纬度建构了社会工作整合服务模式的四大象限：动员－赋权性的社会工作服务、解构－倡导性的社会工作服务、反思－治疗性的社会工作服务以及补缺－支持性的社会工作服务。而且，他们在后续相关研究中，还系统阐述了社会工作整合理论及其应用：突破社会工作的专业分割，强调整合取向的多层次、多面向的系统干预，主张通才取向（文军、吴越菲，2016）。社会工作整合服务模式以及整合理论的提出，确实更加系统地诠释了整合理论的视角，但将整合提到超越社会工作专业服务和角色功能的层面来建构模式和理论，有扩大和过分解读“整合”作为社会工作功能之一的含义之嫌，是一种“整合化”或者“整合性”的意涵扩大。张和清（2016）在对“绿耕乡村重建项目”的实务研究中发现，社区为本的整合社会工作实践模式从社区的生计等公共议题切入，整合社区内外部资源，社会工作与社区居民“同行”（张和清，2002：77），使得社区逐步从衰败走向复兴，该实务研究中社会工作“整合”的功能和视角有很强的参考意义。所以，在本研究中，依然坚持将整合功能与社会工作专业方法的综合运用、社会工作多元性功能作用以及社会工作者本应具备的角色与能力等进行区分，强调其“整合”的功能和作用。与上文中论述的“服务”类似，将“整合”视作嵌入性实践的内容和元素，强调其整合过程（资源和关系整合）和整合取向（文化与理念整合）。

**1. 整合过程**

资源和关系整合。关于资源整合，主要分为DC村本地社区内部资源和社区外部资源两类。内部资源，主要体现了物资、场地和人力资源三个方面。（1）社会工作者通过挖掘和培育DC村本地志愿者，组建了DC村志愿者联络小组，一方面发动和培育DC村志愿者，另一方面联络DC村外部志愿者，志愿者联络小组紧密服务DC村项目，积极跟进各位留守老人的情况，积极参与入户探访、小组活动召集、社区活动组织和实施等。（2）链接到DC村民宿合作社和“DC驿站”农家乐餐厅，同时整合DC村委会办公楼、宗族祠堂、农村“幸福院”等资源，为DC村项目提供了办公和活动场地、物资设备保障，而且这些场地和物资设备后续发展成DC村村民长期活动的场所。（3）在发展乡村旅游经济方面，协助DC村委会链接和整合村民个体家庭民宿加入DC村民宿合作社，统一品牌，统一管理和经营。在外部资源方面，由于DC村地理位置偏僻，交通不便，内部资源有限，外部资源的链接和整合就显得非常重要：（1）社会工作者主要通过链接TA区城区资源，如典塑、名姿FC、妙世方、大同卫生所、老年人中草药协会、推拿按摩馆等免费资源每月定期来DC村，为村民尤其是村中留守老人开展义剪和义诊等服务；（2）社会工作者对接到老年人生活便利商店为留守老人提供放大镜、降压药物等物资；（3）在DC村外部，社会工作者依托TX机构庞大的慈善和救助志愿者资源库，专门为DC村组建和培育了一支爱心志愿者服务队，积极服务于DC村留守老人，该外部志愿者服务队与DC村志愿者联络小组现已形成长期紧密联系；（4）TX机构通过业务关系，链接和整合两所福建省内的大学，基于各自专业实践需要进驻DC村，一个是在DC村挂牌建立社会工作专业实习实践基地，一个是投资改扩建DC村废置村小学，依托DC村优美自然环境，成立美术专业校外写生基地。

关系整合以资源整合为基础，但更注重DC村社区内、外互动关系的梳理和提升。DC村原有的关系结构主要分成两种：一种是以村委会行政式工作为纽带的所谓“自上而下”的层级关系，另一种是以血缘、亲缘关系为纽带的家族关系。前者体现了行政性、层级性，村委会与村民之间构成所谓的传统“官民”关系，隔阂天然形成；后者体现了中国最为传统的家族血缘和亲缘关系网络，这两者显然都不符合DC村项目社会工作服务的设计理念，不利于DC村可持续发展的互动关系的形成。社会工作者在前述资源整合的基础上，建构并发展了DC村（内、外）志愿者互动关系、邻里互助关系、社会工作者（其实在村民看来代表了村委会）与村民“同在”的平等关系、兴趣团队关系、乡村鼓乐亚文化群体等互动关系。而且，基于DC村乡村旅游经济发展的大背景，社会工作者协助村委会发动居民参与农民经济合作社从而形成新型的合作关系，并且与大学建立长远合作共建共赢关系。这些新型互动关系在农村社区，无疑是对行政性层级关系和家族关系的一种有力稀释，村民在DC村互动关系中的角色分量增加，DC村互动关系的主角逐渐转向村民，村民的参与性，增强话语权明显增加，构成典型的农村社区互动关系的再构，符合农村社区营造的基本特征，这与前述DC村项目社会工作服务设计的理念（赋权和增能）相吻合。不过，在主旋律利好的同时，令我们心存忧虑的是，无论DC村互动关系怎样变化，在DC村权力关系和经济资源配置中，始终存在典型的权力导向原则，与村委会权力结构紧密相关，这将是农村社会工作嵌入性发展的一个长期挑战。

**2. 整合取向**

文化与理念整合。作为一种整合取向，其实是基于嵌入性，并与社会工作专业服务内容和整合过程紧密相连，引导DC村可持续发展所依存的文化内涵、乡村治理理念形成，虽然这些在DC村农村社会工作嵌入性实践中还有很大的发展空间。如前面所论及的，社会工作专业服务不只注重单纯的为民服务，还注重考虑结合乡村历史和文化，有意识地挖掘、梳理和总结DC村的抗战英雄红色历史典故、农耕乡会、乡村口述史、闽南歌仔戏、DC村“葵白节”文化、乡村民间鼓乐、闽南乡村传统祭拜结社等具有当地特色的文化，这些原本有些正在被遗忘，有些分散各处，缺乏有效整合。希望借此多元性文化内涵的整合和弘扬，助力DC村乡村旅游经济的发展，从而惠及全体村民。社会工作在DC乡村治理理念的主要整合取向是“同行”、共治、共赢理念，即社会工作（TX机构）作为民间专业力量与传统行政性村委会和民政部门的“同行”（张和清，2002：77；2016）、社区参与性和话语权逐渐增加的村民与村委会的共治、乡村集体经济与村民个体家庭的合作共赢。很显然，DC村的乡村治理共治、共赢理念，虽然社会工作发挥了作用，也起到了一定的成效，但是依然获得强大的传统行政性力量的助力。

### （四）嵌入效应：社会效应和专业自身的发展

社会工作的嵌入效应是指“专业社会工作嵌入社会服务实践所产生的效应，这种效应包括两个方面：对自身发展产生的效应和产生的社会效应”（王思斌，2011：212）。本研究将从以下五个层面展开论述：专业社工的成长和 TX 机构农村社会工作的发展；服务对象的改变社会工作嵌入性发展在农村得到认可；乡村互助自治和乡村发展，构成农村社会工作发展的内生力量；影响农村传统的基层行政系统；嵌入性发展涟漪效应下专业主体性的积极建构，开始出现“政府－社会工作专业合作背景下深度嵌入的发展格局”。

**1. 对自身发展产生的效应：专业社工的成长和 TX 机构农村社会工作的发展**

对于 TX 机构而言，虽然此前在慈善救助、城市社区老年人服务等领域取得不少经验，获得了当地居民和政府部门的认可，但是从未开展过农村社会工作服务项目。通过对 DC 村农村社会工作服务项目的嵌入性发展实践模式的探索，TX 机构开拓了农村社会工作领域的服务，并积累了与此前在城市社区服务中不同的经验模式，DC 村、村民和当地政府部门对其反馈和评价良好，TX 机构也因此很快承接了 TA 区民政局 2016 年在农村社会工作服务的拓展试点项目（TX 镇另外一个村的项目），农村社工力量得到发展。TX 机构农村社会工作者在项目实践过程中，对于在服务过程中与不同利益相关方的关系处理和沟通技巧、农村社区语境下社会工作方法和技巧的运用等均有明显提高，从而积累了一线农村社会工作的实践经验。因在 DC 村项目的突破，以及在 TA 区农村社会工作服务领域各类资源的整合，TX 机构在未来发展规划中，将农村社会工作服务作为重点发展的方向，以进一步深入探索农村社会工作服务实践。因此，在农村社区，社会工作本身得到了自我发展。①

> 说内心话，一开始的时候心里是没底的，不知道该怎样在农村社区中开展社工服务……经过一年多的摸索，也总结了一些经验，有不少的心得和体会。感觉自己有不少收获。感觉以后在农村社工服务领域不会那么畏怯，心里更有数了。（DC 村项目社会工作者 J）
>
> DC 村项目为我们机构带来不少机会，机构也因此获得省厅

① 部分结论总结来源于访谈、项目总结报告等资料。

(福建省民政厅)的高度认可,曾多次在省厅(福建省民政厅)组织的农村社会工作经验交流会和培训中,受邀经验案例经验交流,DC村主任也曾参加过这样的经验交流……未来,农村社会工作应该是我们机构的一个重要发展方向。(TX机构副主任兼DC村项目负责人L)

**2. 产生的社会效应:服务对象的改变,社会工作嵌入性发展在农村得到认可**

服务对象个人及家庭层面的改变是显而易见的:对于留守老人而言,社会工作者频繁入户探望,组织开展健康讲堂、康乐小组工作、大型节假日活动、乡村文化和历史传承活动等,使得农村老人感受到来社会工作者的问候和关心,明显改变和增强了健康意识和观念,提升了服务对象的养生保健方法和技巧;老年人参与社区活动和社区事务的积极性提高,社会交往意愿更加强烈,不再整天待在家里,愿意走出家门来到社区公共活动空间与他人交往和参与社区活动;社会工作者在入户家庭探访时,能明显观察到老年人笑容满面,热情好客,很乐意与社会工作者倾诉与拉家常,老年人有了信任的精神慰藉和倾诉对象,幸福感有所提升。通过个案工作方法,社会工作者合理解决了几例老年人及青少年困扰的难题,有明显的服务成效(见表2)。子女从老年人口中得知有社会工作者频繁入户探望,深感欣慰并明显提升了与老年人打电话、回家探访团聚的频率。①

头重头昏的时候,(会按照讲座时医生说的做法)用电吹风吹头顶的百会穴,头部真的变得放松和轻松。

在家没事的时候,就敲打小腿的足三里和按摩小腿内侧的肌肉,腿真的感觉不会酸痛。

你们对老人太关心,不仅给我们照金婚照,还给老人看病、剪头发,真的是非常感谢,现在政府对老人真好。

什么时候再举办活动啊,举办活动要叫我哦。(以上均为DC村老年人口述节选)

---

① 部分结论总结来源于访谈、小组工作记录、社区活动记录、项目总结报告等资料。

表 2　个案工作服务成效（节选）

| 编号 | 案主问题 | 服务内容/策略 | 服务改变 |
| --- | --- | --- | --- |
| DCZZ — 003 | 关于土地使用权的纠纷问题 | 1. 向双方解释和说明，增强双方的法律意识；要想具有该土地的使用权，就必须提供拥有该土地使用权的法律依据。2. 和平沟通 | 案主意识到要通过法律途径解决，这样的办法是最公正、公开的；避免了无端争执带来的伤害 |
| DCZZ — 004 | 1. 儿子患脑瘤导致家庭陷困境；儿子、媳妇因购房离婚而弄假成真，家庭破裂；失去孙子监护权；2. 因为家庭变故导致情绪暴躁，影响家庭和谐 | 1. 探望，倾听，陪伴服务，引导服务对象学会舒缓情绪；2. 引导案主更多关注当下生产、生活；3. 引导案主申请社会慈善组织的救助；4. 协调解决孙子的监护和探视权问题 | 1. 案主已经接受家庭变故，情绪逐渐平稳；2. 案主及家人学会用微信网络平台销售蜂蜜，家庭收入有所增加；3. 争取到每周接孙子回DC村探望的权利 |
| DCZZ — 005 | 1. 患有重大疾病导致家庭经济压力大；2. 疾病导致内心不安，及情感上的悲伤 | 1. 引导案主主动申请社会慈善组织的救助；2. 运用临终关怀和哀伤辅导来帮助服务对象及其家人舒缓情绪，积极面对生活 | 1. 服务对象的家人学会主动申请社会救助，减轻家庭经济负担；2. 服务对象通过回忆自己的一生，来关注自己的内在，澄清此生未了之事 |
| DCQSN - 001 | 1. 案主性格上比较内向和孤僻，说话声音比较小，不自信，人际交友圈小；2. 需要有人探望和陪伴 | 1. 邀请案主参与社区活动、小组系列活动；2. 不定期家庭探访 | 1. 案主在人际交往方面有所改变，社会参与度提高，多次参与社工、社区举办的活动；2. 自信和交往圈有一定改善 |

资料来源：DC 村项目总结报告。

注："DCZZ - 003" 指 DC 村项目长者个案 003 号，以此类推；"DCQSN - 001" 指 DC 村项目青少年个案 001 号。

### 3. 社会效应和自身发展效应共存：乡村互助自治和乡村发展，构成农村社会工作发展的内生力量

DC 村本是一个传统的基于血缘和亲缘关系构成的熟人农村社区，因近些年城市化进程的冲击，年轻人陆续在城区购房定居生活，乡情亲情有日趋淡化的趋势。社会工作者通过开展健身操活动、康乐性小组工作和社区活动、乡村传统节日民俗活动等，加强了邻里之间的互动往来，让留守老年人之间重新建立联系，并在此期间建立邻里互助小团体、DC 村志愿者队伍、健身操兴趣小组、民俗锣鼓小组、农耕乡会、DC 村老人协会等社区自组织或草根组织，逐步构建邻里与朋辈群

体之间的互助支持网络，促进邻里与朋辈群体之间的情感支持和精神文化交流，改善了留守老人特别是独居老人孤独寂寞的心境和状态。在社会工作者的推动下，挖掘了DC村的历史文化和农耕文化，举办"清明节烈士祭扫活动"和"农耕乡会PK活动"，既传承了DC村的历史和传统文化，又补充和促进了乡村旅游文化内涵建设；社会工作者整合DC村内外部资源，链接社会资源，招募组建了一支由医院、养生馆、推拿按摩馆、理发店等爱心单位组成的义诊、义剪志愿服务队，补充由于DC村偏僻、交通不便而导致的服务不足；协调对接大学社会工作、美术等专业院系资源，使其来DC村设立实践基地和校外写生基地，吸引更多外界资源对DC村的关注，带动乡村旅游经济发展。DC村民宿合作社的成立，逐步推进乡村民主治理和社区发展，正如郭伟和（2007：21）所论及的，"多元民间社区组织是推动社区发展和乡村治理交互促进的关键连接点"。在DC村，这些民间社区组织在体制外发育和体制内演进的合力推进下，契合性关系初具端倪，共同"促使草根社会与村庄政治的弥合"（陶传进，2007：133），这些实则构成了乡村发展的内生力量，与农村社会工作发展共存。

> 如果有哪位老人没来跳健身操，我就会到他家看看，了解一下情况。
>
> 我俩都三十多年没见了，以前生产队的时候经常到他们村里去种田，一晃那么多年过去了。现在终于又有机会再见……
>
> 这种传统技艺（民俗锣鼓）要保留和传承下去，现在的年轻人都不会了。
>
> （DC村）"幸福院"现在由老人协会来负责，我们（老年人）自己说了算。（以上均为DC村老年人口述）

> 我（退休前）是医院护士，原本就是TX机构的志愿者，恰好也是DC村村民，几年前退休后随老公一起回DC村创业，建民宿。我会带领社工一起走村串组，社工小伙子是真心在为DC村的老年人服务，老年人为此很感动，觉得他们很亲切，有时感觉（他们）比自己的子女还要关心我们。（DC村项目志愿者L1老年人）

现在村里的老年人已形成习惯了，自发性地聚在一起，跳跳健身操，邻里之间相互支持，老人协会也发挥了重要的作用。（DC 村委会委员 M）

**4. 对自身发展产生的效应：影响农村传统的基层行政系统**

在前面嵌入过程中论述到，DC 村委会在对待 TX 机构和社会工作者的态度上，从项目启动时对社会工作基本无了解，被动接受从福建省民政厅下派的项目任务，到项目结束时主动向 TA 区民政局、福建省民政厅申请继续 TX 机构在 DC 村的后续深入服务，从根本上认识到了社会工作是对其行政性工作的必要补充，在 DC 村乡村旅游经济发展中发挥了应有的作用。DC 村委会对待社会工作的态度和合作关系的转变，是社会工作嵌入性发展影响传统农村基层行政系统，开始扎根农村社区的直接表现。嵌入后，社会工作作为嵌入主体与传统农村基层行政系统作为嵌入对象之间的关系，开始迈向专业合作的深入嵌入。

为了保护烈士英雄墓，政府要在 DC 村建一个红色教育基地。我们还要推动农耕乡会的发展和当地历史文化的提炼，希望以此能增添 DC 村的历史文化底蕴。社工在此过程中会发挥重要作用。（DC 村委会主任 C）

说实话，刚开始的时候，我们都以为 TX 机构和社工跟以前所有政府下派的事情一样，他们过来几次就了事了。但是，经过一年来的接触，我们发现，TX 机构和社工跟政府部门工作人员不一样，他们不是在走过场，而是在真正地扎根农村社区，服务 DC 村的民生工作，这恰好是我们村委会比较缺失的地方。（DC 村委会委员 M）

**5. 对自身发展产生的效应：农村社会工作嵌入性发展涟漪效应下专业主体性的积极建构，开始出现“政府－社会工作专业合作背景下深度嵌入的发展格局”（王思斌，2011：220）**

DC 村项目作为福建省民政厅农村社会工作的试点项目之一，获得福建省民政厅的认可与高度评价后，作为示范项目在厦门市、福建省、全国等层面展开过经验分享，2017 年后获得后续资助继续开展深入服务。在 TA 区民政局层面，其曾出台多个红头文件肯定 DC 村农村社会工作的实践模式，并成立“DC 村社会工作试点项目智囊支持小组”，推动农村社会工作发展。以此为基础，在 2017 年后 TA 区农村社会工作服务项目开始铺开，TX 机构的农村社会工作服务项目也因此拓展到三个农村社区，农村社会工作专业队伍和规模进一步扩大，农村社会工作经验得到不断提升，社会工作者的专业能力也明显增强，开始努力地建构社会工作的主体性，展现专业性。很显然，DC 村农村社会工作嵌入性发展的实践模式，虽然在短期内难以从体制和政策上改变福建省和厦门市社会工作在城市和农村社区发展不平衡的格局，但是，在嵌入格局下的弱势地位并没有掩盖其专业主体性，作为省级农村社会工作试点项目，已经在 TA 区这个以农村社区为主的行政区域范围产生了良好的涟漪效应，而且这种涟漪效应开始影响到福建省其他农村社区。农村社会工作的嵌入性发展，虽然在开始之初被附上了明显的行政性色彩，政府的主导性强，但是已经让 TA 区民政局、TX 镇和 DC 村委会在农村社区服务理念上产生了态度和认识上的改变，对社会工作者的看法发生了转变，更加接纳和认同社会工作，对社会工作具体工作方法更为理解和接受，也相应采取了一系列推进农村社会工作发展的举措，社会工作的主体性进一步体现，开始呈现“政府—社会工作专业合作背景下深度嵌入的发展格局”（王思斌，2011：220）。

## 六 讨论和结论

### （一）讨论

关于社会工作嵌入性发展的主体性，以往研究都很明确地指向专业社会工作，而且论述了社会工作在嵌入格局上，相较于传统体制、政府部门或者既有行业的弱势地位（韩晓燕、罗臻，2013；王思斌，2011；谢建社，2009；徐永祥，2009；朱健刚、陈安娜，2013）。也就是说，传统体制、政府部门或者既有行业是社会工作的嵌入对象，社会工作是从一个相对弱势地位向强势地位嵌入的过程，带有明显的主体弱化和专业弱化特征，社会工作借此解决在嵌入性发展过程中的身份和入场问题（徐永祥，2009），为后续专业服务拓展争取嵌入空间。在DC村嵌入性实践研究中，这种过程现象虽然得到了进一步的验证，但又有更加积极和主动的解读：虽然有从省到市、区、镇、村这样自上而下的内生性嵌入，TX机构和社会工作者在项目开始推进和落地的过程中，在与TA民政局、TX镇和DC村的各种权力体系交往中依然遇到各种挑战，情形虽然类似于朱健刚、陈安娜（2013：43）在专业社会工作与街区权力关系事件研究中所描述的："表面光鲜的社会工作在街区权力体系中逐渐式微。"但不同的是，"专业式微、异化等现象，仅反映了一种局部的阶段性结构困境"（赵环、尹阿雳，2015：115），朱健刚、陈安娜（2013）只是在用一个事件来提出反例，指出专业社会工作与街区权力关系的不对等，会面临"式微的专业权力"现象，但不是对社会工作嵌入性发展过程的探究。对DC村的研究发现，社会工作只是在项目入场和落地的时候，面临很大阻力，专业式微是一种阶段性的现象，实则反应的是社会工作者在嵌入过程中，根据实际的权力悬殊和资源差异，审时度势而采取的积极的"嵌入性发展行动策略"，或者是暂时性妥协式嵌入性发展行动策略，而目的在于项目进展到中期，社会工作的专业和整合能力在DC村收到良好的成效后，社会工作的专业主体性和自主性能够逐步回归，这为后续社会工作在更大范围的深入性嵌入或核心化嵌入（王思斌，2011）争取了良好的空间。细思其不同，DC村属于农村社区，具体语境不同，农村社区服务几乎一片空白，连基本的生活服务和设施都缺乏，这与朱健刚、陈安娜（2013）在其研究的城市社区相对更为完善的功能和服务配套形成巨大反差，因此，TX机构和社会工作专业服务在DC村被村民强烈期盼，实则是在填补DC村社区服务方面的空白，是在根据农村社区实际需求积极主动地"做加法"，比较吻合赵环、尹阿雳（2015）在城市社区背景下论述的"增量嵌入"会促进常态化的有效嵌入，以及姚华（2013：40）在NGO与政府合作中的自主性研究中提出的在"强国家弱社会"的背景下，"服务'做加法'是NGO同政府妥协的一种有智慧、有成效、可复制的策略"。显然，这种通过提供专业服务而体现出来的是社会工作者积极主动地寻找嵌入空间、理智地采取"嵌入性发展行动策略"，或者是暂时性妥协式嵌入性发展行动策略。

从表面上看，在 DC 村的个案研究中，伴随社会工作最初弱主体性的发展，会出现与其他以往研究中论及的一样的担心其主体性和专业性的问题。不过，在该个案研究中，随着专业服务和整合功能的推进，以及后续社会工作专业理念和方法的嵌入，我们得出新的不同发现，即在嵌入过程中，社会工作主体弱化和专业弱化除了被看作是在强势嵌入对象面前的一种被动过程，还多了一种主动层面的解读：在嵌入性发展实践中，面对强势的嵌入对象，嵌入主体主动让渡一部分主体性和专业性，嵌入对象主动让渡一部分嵌入空间，形成彼此进退的状态，达成互惠性嵌入（朱健刚、陈安娜，2013）。在此种语境下，嵌入主体的积极实则是一种主动的行动策略（熊跃根，2006）。这也符合布迪厄关于"场域"（Field）和"惯习"（Habitus）的论述（Bourdieu，1977，1984；Bourdieu & Wacquant，1992），社会工作在嵌入性发展的"场域"下，具有主体自由和习得能力，会根据日常"实践"（Practice）逐渐形成符合主体特性的行为。由此，延伸出在社会工作嵌入性发展过程中，专业自主性和社会工作者的能力建设话题。结合 DC 村的个案研究，一线社会工作者的实践经验非常有限，农村社会工作的经验和能力亟待进一步提升，既包括与省、市、区、镇等政府部门以及村委会的合作能力，也包括自身解决社会问题、参与乡村建设和服务村民的能力，如会面临由于对乡村"文化识盲"和"专业陷阱"而导致的社会工作干预和策略的局限（古学斌、张和清、杨锡聪，2007：172），解决这些可能有利于社会工作嵌入性生存和发展。

回应"反向嵌入"和"双向嵌入"话题（管兵，2015；尹阿雳、赵环、徐选国，2016），实则都是在强调国家或政府行政力量对社会的嵌入，传统的国家与社会关系在强化，很显然，其研究对象是国家与社会的关系，而"社会工作嵌入性发展"则强调的是作为嵌入主体的社会工作的专业发展过程，两者不属于同一个具体的研究对象。不过，这些研究也为社会工作嵌入性发展过程提出了警醒：权责界限不清，管理权力不断延伸（Wang，2011；王思斌，2011），政府监督过度导致社会工作专业建制化等问题（朱健刚、陈安娜，2013：55）。在 DC 村的个案研究中，也有类似现象：TX 机构和社会工作者在项目实施的最初，会强烈感受到来自从福建省民政厅、TA 民政局和 DC 村的行政压力，行政性干预会直接影响到项目的实施方式和内容，甚至具体到某一场社区活动的开展。TX 机构的社会工作者甚至都在怀疑：社会工作沦为了政府的一个下属部门，或者是一种行政性服务的工具。只不过，随着专业理念和方法嵌入的深入发展，当话语体系和视角变换，社会工作成为嵌入主体，传统的国家与社会的关系中的嵌入对象和嵌入主体发生了互换。基于此，学者提出要突破嵌入界限或“去边界化”（黄晓星、杨杰，2015），迈向嵌入主体和嵌入对象的融合、共享、共治被认为是最终取向（黄家亮，2015；王思斌、阮曾媛琪，2009；张和清，2002），希望借此，社会工作真正达成互惠性嵌入的理想状态：“既保留了专业性，又在整个街道通过有效的服务悄悄地改变治理方式，推动社会变革”（朱健刚、陈安娜，2013：60）。这一过程，实际上也更加期待社会工作在嵌入性发展过程中更加发挥主体性作用。

让我们再回到波兰尼和格兰诺维特关于嵌入性研究的源头：市场和经济活动嵌入社会关系或社会结构。波兰尼所论述的市场嵌入社会，被其追随者认为是市场的“实体性嵌入”，市场是作为社会的有机构件嵌入其中，虽然市场是经济的，但它却是社会的经济子系统的重要组成构件。波兰尼还运用“脱嵌”（Disembeddedness）这一“技巧性措辞和论证策略”来技术性地分析市场与社会的关系，不过他却坚持认为完全脱嵌和自我调节的市场经济是一种乌托邦想象，只不过是为了“论证嵌入的普适性逻辑而树立的一个虚假的靶子”（Block，2003；Polanyi，2001；符平，2009：146）。格兰诺维特提出市场中的经济行动必定嵌入于社会结构中，更多的是“关系网络嵌入”和“政治与文化嵌入”，实际上是一种“形式嵌入”，市场虽然受到社会的影响，但却不是社会的有机组成部分，市场中总存在那么一个不受社会影响、社会因素无法进入的“硬核”部分（Granovetter，1985；符平，2009：155）。所以，波兰尼和格兰诺维特在嵌入性的论述上，实则存在明显的分歧。在中国语境下，“嵌入性”被引入社会工作的发展，学者们指出社会工作是作为整个社会的一个重要有机组成构件，处于弱势地位，嵌入强大的体制和政府行政体系中，与市场嵌入社会有明显的差异，我们不能简单地套用波兰尼的“实体嵌入”或格兰诺维特的“关系网络嵌入”和“政治与文化嵌入”，我们在 DC 村个案研究能很好地给予诠释：社会工作在嵌入过程中虽然面临明显的主体弱化和专业弱化，而且会长期受到体制和政府行政体系的影响，但实质上是一个迂回的行动策略，意在寻求更好的嵌入空间，追求理念和文化的深入嵌入，达到嵌入主体与嵌入对象的融合、共享和共治，强调了两者实质性的合作和“共谋”定位（周雪光，2008）。社会工作与政府行政体系同属社会的有机构件，社会工作更加强调专业、公民社会取向，政府行政体系则是行政官僚和科层取向，二者的长远发展偏向独立性和合作性。所以，本研究中的社会工作嵌入，更加偏重格兰诺维特提及的“关系网络嵌入”和“政治与文化嵌入”，意即社会层面嵌入在更高层次的制度框架、文化以及一系列的规则和情景中（Krippner et al.，2004），而不是局限在政府行政体系中，虽是波兰尼所述的“实体嵌入”，但目标却应是在超越政府行政体制的整个社会层面的实体嵌入，如果让社会工作简单地成为政府的一个组成部分，其主体性和专业性将会消失殆尽，所以，“理念与责任、专业化道路是必须坚守的底线，在自主性成长的内部条件中，它们比经济基础更为重要”（姚华，2013：41）。“脱嵌”在现时中国社会工作嵌入性发展语境下，确实是一个需要投入更多研究的话题。

嵌入是一个过程，是一种发展，不是最终目的。王思斌（2011）所说的“发展”，不仅指在嵌入过程中通过社会工作专业服务使社区和服务对象得到发展，更加强调的是专业社会工作作为主体（虽然是弱主体）在嵌入过程中自身也得到发展。在 DC 村的个案研究中，如前文嵌入效应中所论述到的，社会工作专业服务使得 DC 村的老少弱势群体需求得到满足，DC 村的经济和社会综合性发展呈现良好的态势，这些是社会工作带来的社会效应。更为重要的是，在 DC 村农村社会工作嵌入性发展过程中，TX 机构的专业社会工作队伍不断扩大，专业能力和经验得到进一步提升和积累，农村社会工作服务项目和空间得到显著拓展，专业社会工作明显影响了 DC 村、TX 镇、TA 区民政局等行政性社会工作对专业社会工作的态度和看法。社会工作者在此过程中通过不断努力，积极建构社会工作的专业主体性和自主性，专业性进一步发展；在 TA 区乃至福建省，农村社会工作试点项目的嵌入性发展涟漪效应正在逐步带来“政府 - 专业社会工作合作背景下深度嵌入的格局”（王思斌，2011：220）。

### （二）结论

通过对DC村农村社会工作服务项目的个案研究，我们得出这样的结论：嵌入性发展是DC村农村社会工作实践模式的基本路径，自上而下的内生性嵌入、业缘性嵌入、专业理念和方法性嵌入是其实践过程中的三种表现形式。自上而下的内生性嵌入，是政府部门主动让渡嵌入空间，社会工作获得嵌入和发展的制度空间、政策空间和资源空间；业缘性嵌入，是社会工作利用业缘互惠关系，通过专业服务和资源整合能力，获得嵌入的关系空间、物理性活动空间和资源空间，并积极发挥专业主体性，解决其身份和进场问题，专业自身得到发展的一种行动策略选择；专业理念和方法性嵌入，是社会工作凭借专业服务，在运用专业理念和方法潜移默化影响当地政府部门和DC村委会的渐进过程，主体性和专业性得到进一步建构。DC村农村社会工作嵌入性发展的实践过程，嵌入、服务与专业发展交叉相伴，这一过程既是专业社会工作嵌入到强势的政府行政体制，寻求发展空间和进场身份的过程，其间交叉伴随着专业服务提供和资源整合，又是社会工作自身发展的过程，社会工作的主体性和专业性得到不断建构。由此，我们总结出DC村农村社会工作嵌入性发展的“嵌入、服务与发展”功能模型。

### （三）研究启示、局限性和后续研究

该研究对于社会工作在农村社区的嵌入性发展实践模式进行了深入的实证性研究，尤其是在项目和服务层面展开了详细论述，较此前在制度和政策层面的嵌入性研究更进了一步，并得出基于DC村的农村社会工作嵌入性发展功能模型——“嵌入、服务、发展”。这对于在中国农村社区发展社会工作的语境而言，增添了一份关于嵌入性发展的实证研究。在本研究中，研究结论也部分验证了以往研究中有关社会工作嵌入性发展的结论和主张，也总结和提出了一些新的研究发现，比如自上而下的内生性嵌入、业缘性嵌入、专业理念和方法性嵌入，将服务与发展融合进嵌入性发展功能模型中，这些对嵌入性理论和中国社会工作嵌入性发展语境而言是一份新的贡献和实证数据。本个案研究，深入解读了农村社会工作嵌入性发展的实践过程，以及基

于嵌入的服务、专业发展，将会为对专业社会工作机构和社会工作者提供有益的实践参考。

该研究也存在一定的局限性，如以一个农村社区进行的个案研究，其科学性和代表性还有待后续研究进一步验证；DC 村项目发展时间相对较短，后续发展变数大，更为翔实的实证研究数据还有待进一步深入跟进和佐证；关于农村社会工作嵌入性实践模式的实证研究，定量研究的数据应用较少。

对于后续相关研究，建议基于本研究，对不同类型的农村社区（比如典型的贫困农村社区）的社会工作嵌入性发展实践模式展开实证研究，并探索其差异性；在农村社区和城市社区两种不同的语境下，社会工作嵌入性发展的对比性研究也将值得期待；以本质性研究为基础，后续进一步的定量研究将是必要补充；更为重要的是，在嵌入性发展在中国已成共识性话语的背景下，社会工作已然通过嵌入拓展了广阔的发展空间，社会工作“脱嵌”话题的研究则备受期待。

## 参考文献

符平（2009）：“‘嵌入性’：两种取向及其分歧”，《社会学研究》，第 5 期，第 141～164 页。

葛道顺（2012）：“社会工作制度建构：内涵、设置与嵌入”，《学习与实践》，第 10 期，第 81～89 页。

古学斌、张和清、杨锡聪（2007）：“专业限制与文化识盲：农村社会工作实践中的文化问题”，《社会学研究》，第 6 期，第 161～179 页。

管兵（2015）：“竞争性与反向嵌入性：政府购买服务与社会组织发展”，《公共管理学报》，第 3 期，第 83～92 页。

郭伟和（2007）：“体制内演进与体制外发育的冲突——中国农村社会工作的制度性条件反思”，《北京科技大学学报》（社会科学版），第 4 期，第 15～21 页。

韩晓燕、罗臻（2013）：“社会工作对妇女工作的嵌入与突破——来自‘媛动力’家庭增能计划的经验”，《中国社会工作》，第 1 期，第 50～51 页。

黄家亮（2015）：“当前中国农村社会变迁与基层治理转型新趋势——基于若干地方经验的一个论纲”，《社会建设》，第 6 期。

黄晓星、杨杰（2015）：“社会服务组织的边界生产——基于 Z 市家庭综合服务中心的研究”，《社会学研究》，第 6 期，第 99～121 页。

李斌（2012）：“社会工作人才队伍‘嵌入性’建设——以湖南省为例”，《广东工业大学学报：社会科学版》，第 5 期，第 24～29 页。

李晓凤、漆志超（2010）：“嵌入性发展格局下中国社会工作专业化职业化的探索——中国社会工作教育协会 2010 年年会述评”，《社会工作》，第 19 期，第 12 ~ 19 页。
刘毅（2002）：“个案研究法及其在心理学中的发展”，《上海教育科研》，第 7 期，第 41 ~ 43 页。
沈毅（2013）：“迈向‘场域’脉络下的本土‘关系’理论探析”，《社会学研究》，第 4 期，第 203 ~ 228 页。
史普原（2016）：“政府组织间的权责配置——兼论‘项目制’”，《社会学研究》，第 2 期，第 123 ~ 148 页。
史铁尔、王松（2012）：“嵌入式灾变社会工作的发展”，《中国社会工作》，第 16 期，第 21 ~ 23 页。
陶传进（2007）：“草根志愿组织与村民自治困境的破解：从村庄社会的双层结构中看问题”，《社会学研究》，第 5 期，第 133 ~ 147 页。
童敏（2014）：“功能理论的历史演变、基本逻辑框架以及对社会工作的影响”，《中国社会工作研究》，第 1 辑，社会科学文献出版社，第 1 ~ 24 页。
童敏（2016）：“项目服务的专业逻辑：社会工作专业化的本土路径”，《社会工作》，第 3 期，第 25 ~ 32 页。
童敏、林丽芬（2015）：“参与式实务研究的经验与反思：一项城市社区社会工作的研究”，《浙江工商大学学报》，第 4 期，第 104 ~ 109 页。
王富伟（2012）：“个案研究的意义和限度——基于知识的增长”，《社会学研究》，第 5 期，第 161 ~ 183 页。
王宁（2002）：“代表性还是典型性？个案的属性与个案研究方法的逻辑基础”，《社会学研究》，第 5 期，第 123 ~ 125 页。
王思斌（2011）：“中国社会工作的嵌入性发展”，《社会科学战线》，第 2 期，第 206 ~ 222 页。
王思斌（2013）：“高校教师领办社会工作服务机构的跨域实践”，《江苏社会科学》，第 5 期，第 114 ~ 119 页。
王思斌（2014）：“社会工作参与社会治理创新研究”，《社会建设》，第 1 期，第 8 ~ 15 页。
王思斌（2015）：“社会工作机构在社会治理创新中的网络型服务治理”，《学海》，第 3 期，第 47 ~ 52 页。
王思斌（2016）：“农村反贫困的制度 - 能力整合模式刍议——兼论社会工作的参与作用”，《江苏社会科学》，第 3 期，第 48 ~ 54 页。
王思斌、阮曾媛琪（2009）：“和谐社会建设背景下中国社会工作的发展”，《中国社会科学》，第 5 期，第 128 ~ 140 页。
文军、吴越菲（2015）：“超越分歧：社会工作整合理论及其应用”，《社会科学》，第 3 期，第 75 ~ 83 页。
文军、吴越菲（2015）：“灾害社会工作的实践及反思——以云南鲁甸地震灾区社工整合服务为例”，《中国社会科学》，第 9 期，第 165 ~ 181 页。
谢建社（2009）：“社会工作嵌入妇女工作之思考”，《甘肃社会科学》，第 4 期，第 17 ~ 20 页。
熊跃根（2006）：“中国社会工作本土化的实践逻辑与制度嵌入研究”，王思斌编《社会工作专业化及本土化实践：中国社会工作教育协会 2003 ~ 2004 论文集》，社会科学文献出版社。
徐永祥（2009）：“建构式社会工作与灾后社会重建：核心理念与服务模式——基于上海社工服务团赴川援助的实践经验分析”，《华东理工大学学报》（社会科学版），第 1 期，第 1 ~ 3 页。

许莉娅（2012）："专业社会工作在学校现有学生工作体制内的嵌入"，《学海》，第1期，第94~102页。

杨爱平、余雁鸿（2012）："选择性应付：社区居委会行动逻辑的组织分析——以G市L社区为例"，《社会学研究》，第4期，第105~126页。

姚华（2013）："NGO与政府合作中的自主性何以可能？——以上海YMCA为个案"，《社会学研究》，第1期，第21~42页。

姚进忠、邓玮（2012）："学校社会工作介入高校学生工作的新取向——基于嵌入性整合的分析"，《集美大学学报》（哲学社会科学版），第3期，第107~113页。

尹阿雳、赵环、徐选国（2016）："双向嵌入：理解中国社会工作发展路径的新视角"，《社会工作》，第3期，第47~55页。

张大维、郑永君（2015）："软性嵌入：学校社会工作介入德育教育的行动策略——基于武汉两所学校的社会工作介入实验"，《中州学刊》，第7期，第84~88页。

张帆（2011）："论建构性解释"，博士学位论文，中国政法大学。

张和清（2002）："乡村政治与当代中国农村社会工作的发展：以西南边疆少数民族村落绿寨研究为例"，硕士学位论文，香港理工大学。

张和清（2016）："中国社区社会工作的核心议题与实务模式探索——社区为本的整合社会工作实践"，《东南学术》，第6期，第58~67页。

张和清、杨锡聪、古学斌（2008）："优势视角下的农村社会工作：以能力建设和资产建立为核心的农村社会工作实践模式"，《社会学研究》，第6期，第174~193页。

赵环、尹阿雳（2015）："增量嵌入：专业社会工作之于社区服务的一种解读——以深圳市Y社区服务中心为例"，《中国社会工作研究》，第1辑，社会科学文献出版社，第115~136页。

赵琼（2016）："专业社会工作嵌入性发展的阶段性再探索"，《社会工作与管理》，第6期，第5~12页。

郑玥（2012）："医务社会工作嵌入初期的'绞溢'现象研究"，硕士学位论文，中国青年政治学院。

周雪光（2008）："基层政府间的'共谋现象'——一个政府行为的制度逻辑"，《社会学研究》，第6期，第1~21页。

朱健刚、陈安娜（2013）："嵌入中的专业社会工作与街区权力关系——对一个政府购买服务项目的个案分析"，《社会学研究》，第1期，第43~64页。

Block, F. (2003). Karl Polanyi and the Writing of The Great Transformation. *Renewal and Critique in Social Theory*, 32 (3): 275 -306. doi: 10.1023/A: 1024420102334

Bourdieu, P. (1977). *Outline of a Theory of Practice.* Cambridge, New York: Cambridge University Press.

Bourdieu, P. (1984). *Distinction: a Social Critique of the Judgement of Taste.* Cambridge, MA: Harvard University Press.

Bourdieu, P., & Wacquant, L. J. D. (1992). *An Invitation to Reflexive Sociology.* Chicago: University of Chicago Press.

Crapanzano, V. (2007). At the Heart of the Discipline: Critical Reflections on Fieldwork. In A. C. G. M. Robben & J. A. Sluka (eds.), *Ethnographic Fieldwork: an Anthropological Reader* (pp. 546 -562). Malden, MA: Blackwell Pub.

Danchev, D., & Ross, A. (2014). Research Ethics for Counsellors, Nurses and Social

Workers. Los Angeles: SAGE.

Dworkin, R. M. (1998). *Law's Empire*. Oxford: Hart Pub.

Granovetter, M. (1985). Economic Action and Social Structure: The Problem of Embeddedness. *American Journal of Sociology*, 91 (3): 481 -510. doi: 10.1086/228311

Guan, B. (2015). Competition and Counter-embeddedness: Government Procurement for Public Services and the Development of Social Organizations. *Journal of Public Management*, 12 (03): 83 -92 (In Chinese).

Guo, W., & Tsui, M. S. (2010): From Resilience to Resistance: a Reconstruction of the Strengths Perspective in Social Work Practice. *International Social Work*, 53 (2): 233 -245. doi: 10.1177/0020872809355391

Haralambos, M. (2013). *Haralambos & Holborn Sociology: Themes and Perspectives* (8th ed.). London: Collins.

Johns, R. (2016). *Ethics and Law for Social Workers*. London: SAGE Publications Ltd.

Krippner, G., Granovetter, M., Block, F., Biggart, N., Beamish, T., Hsing, Y., ... Riain, S. (2004). Polanyi Symposium: a Conversation on Embeddedness. *Socio-Economic Review*, 2 (1): 109 -135.

Malinowski, B. (2007). Method and Scope of Anthropological Fieldwork. In A. C. G. M. Robben & J. A. Sluka (eds.), *Ethnographic Fieldwork: an Anthropological reader* (pp. 69 -81). Malden, MA: Blackwell Pub.

O'Neill, O. (1996). *Towards Justice and Virtue: a Constructive Account of Practical Reasoning*. Cambridge, New York: Cambridge University Press.

Polanyi, K. (2001). *The Great Transformation: the Political and Economic Origins of Our Time* (2nd Beacon Paperback ed.). Boston, Mass: Beacon Press.

Reamer, F. G. (2013). Social Work Values and Ethics. In (4th ed.). New York: Columbia University Press.

Richardson, L., & Pierre, E. A. S. (2005). Writing a Method of Inquiry. In N. K. Denzin & Y. S. Lincoln (Eds.), *The Sage Handbook of Qualitative Research* (3rd ed., pp. 959 -978). Thousand Oaks, Calif: Sage Publications.

Robben, A. C. G. M., & Sluka, J. A. (2007). *Ethnographic Fieldwork: an AnthropoLogical Reader*. Malden, MA: Blackwell Pub.

Rubin, A., & Babbie, E. R. (2016). *Essential Research Methods for Social Work* (4th ed.). Boston, MA: Cengage Learning.

Saleebey, D. (2013). *The Strengths Perspective in Social Work Practice* (6th ed.). Upper Saddle River, N. J: Pearson Education.

Wang, S. (2011). The Embedding Development of Social Work in China. *Social Science Front*, (2): 206 -222 (In Chinese).

Wang, S., & Yuen-Tsang, A. W. K. (2009). The Development of Social Work in China in the Context of Building a Harmonious Society. *Social Sciences in China*, (5): 128 -140 (In Chinese).

Xiong, Y. (2006). The Study on the Practice Logic and System Embedding of China Social Work Indigenization. In S. Wang (ed.), *Professionalization and Indigenized Practice of Social Work: Proceedings of China Association for Social Work Education* (2003 -2004) (pp. 195 -208). Beijing: China Social Sciences Press.

Yin, A., Zhao, H., & Xu, X. (2016). Bidirectional Embedding: A New Perspective of Chinese Social Work Development Path. *Journal of Social Work*, (03): 47 -55

(In Chinese).

Yin, R. K. (2014). *Case Study Research: Design and Methods* (5th ed.). Thousand Oaks, CA: SAGE.

Zhao, R., Wu, Z., & Tao, C. (2016). Understanding Service Contracting and Its Impact on NGO Development in China. *Official Journal of the International Society for Third-Sector Research*, 27 (5): 2229-2251. doi: 10.1007/s11266-016-9714-3

Zhu, J., & Chen, A. (2013). The Embeddedness of Professional Social Work into the Power Relations of Urban Community: A Case Study of Government Service Purchase. *Sociological Studies*, (01): 43-64 (In Chinese).

中国社会工作研究　第十八辑
第 177 ~ 205 页


# 区域不平衡发展、生态－变革理论与中国社会工作专业硕士提升策略研究

## ——基于全部 MSW 项目学生调查的 GIS 分析*

王晔安　张　欢　刘　雪**

**摘　要**　本研究结合生态系统理论和变革理论等，提出"生态－变革"理论，并利用全国全部 MSW 项目 2017 年毕业学生的问卷调查数据，结合地理信息系统分析方法，探讨中国 MSW 教育的整体培养效果及区域发展不平衡问题。研究发现，从 MSW 教育整体培养效果来看，社会工作教育的区域发展不平衡，存在一条"MSW－胡焕庸线"，在线的东南方向，发展较好，而线的西北方向，发展尚不足。从整体看，MSW 学生投入比培养环境对培养效果有更大影响，其中对学生的专业认同的影响又尤为如此。从不同区域看，经济、社会及高等教育发展水平不同，MSW 项目也有不同的提高培养效果的策略。对于综合发展程度较高的地区，促进学生投

* 本文得到国家社会科学基金一般项目（18BSH154）、教育部人文社会科学研究青年基金项目（17YJC840039）的资助。

** 王晔安，北京师范大学社会发展与公共政策学院副教授、博士；张欢，北京师范大学社会发展与公共政策学院教授、博士；刘雪，北京师范大学社会发展与公共政策学院研究助理、硕士。

入对专业能力的提高更有效，促进学生实习投入和改善项目实习条件，对专业认同的提高更有效。对于综合发展程度较低的地区，提升项目课程质量对专业能力提供更有效，促进学生课程投入和改进项目课程质量对专业认同提供更有效。

**关键词** 社会工作专业硕士 生态－变革理论 GIS 空间分析 社会工作教育

## 一 引言

区域发展不平衡是中国长期以来的基本国情。党的十九大报告对新时代中国特色社会主义所面临困难和挑战的一个基本判断是“发展不平衡不充分的一些突出问题尚未解决”。这种不平衡同时反映在供需两侧、区域间发展的差距上，既有落后地区供给能力的不足，也有其需求水平较低的影响，而较发达地区除了供给能力在存量和增速两方面均具有优势，亦具有更大的需求规模和更高的需求层次。因此，不平衡不是一种线性因果关系的产物，而是区域内从微观到宏观的一系列环境系统相互影响所呈现的特征。这提示我们，第一，必须跳出线性因果思维，从生态视角理解和解决区域发展不平衡的问题；第二，差异化的发展策略是不平衡现状下的必要选择。

在社会发展领域，“坚持在发展中保障和改善民生”是新时代中国特色社会主义思想的基本方略之一。当前的一些社会新动态更突出了这一方略的重要性。例如中美贸易战的持续，意味着加速国内社会服务发展变得更为必要和紧迫。再如人工智能的快速进步，促使“可以、应该而且必须创造关爱型工作”①。社会工作因其专业助人的特征，在保障和改善民生中扮演专业服务递送的角色而显得格外重要。这种重要性主要体现在：（1）社会工作基于利他主义的价值观，能从服务对象需要出发开展服务，从而在服务过程中推动社会建设；（2）社会工作强调同理心，“用生命影响生命”，服务中自然地促进社会的和谐；

① 《AI 如何拯救人性》，http://www.sohu.com/a/247392325_464025，最后访问日期：2018年9月11日。

(3) 社会工作具有一整套科学助人方法，根据实际情况和问题，科学地开展服务，更高效地改善民生；(4) 社会工作自身是整合的，通过资源链接实现多重含义服务活动的整合，更有效解决社会问题等（王思斌，2014，2015）。而从生态视角来看，社会工作既是社会发展的推动因素，又是社会发展的产物。因此建设一支宏大的社会工作专业人才队伍对这一方略具有至关重要的基础性作用。

社会工作教育担负着建设社会工作专业人才队伍的重大责任（王思斌、阮曾媛琪，2009），不同区域间经济社会发展水平的不平衡而导致社会工作教育在不同地区间发展的不平衡（Leung，2013；王思斌、阮曾媛琪、史柏年，2014）。社会工作硕士专业学位（MSW）教育是社会工作教育的核心组成部分①，自 2009 年建立以来，在快速发展的过程中，既受到区域发展不平衡的影响，又呈现不平衡的发展态势。因此，深入理解和分析 MSW 教育的区域不平衡问题，对于完善 MSW、推动中国社会工作教育的发展，乃至专业社会工作的发展，均具有重要的理论和实践价值。

本研究格外强调以下两点。第一，采用地理信息系统（GIS）的方法分析区域不平衡。传统的区域不平衡研究，更多地直接从区域差异本身入手，而忽略了地理或空间分布特征，影响了更深入的理解。就笔者研究所知，已有中国社会工作研究缺乏对区域因素的理解，乃至中国社会科学领域也较少采用 GIS 方法进行区域因素分析的研究。本研究弥补了这方面的不足。第二，从 MSW 培养产品——学生的视角，来分析 MSW 项目的培养效果。目前，相关教育管理部门开展的一些针对 MSW 的评估工作，工作侧重点主要在于单个 MSW 项目的培养体系的完备性，主要基于培养单位的视角（王思斌、阮曾媛琪、史柏年，2014；Liu et al.，2013），但缺乏从学生视角对 MSW 培养状况的评估和研究。本研究在一定程度上丰富了这方面的研究。

## 二 理论基础

本研究针对中国 MSW 教育整体培养效果和区域差异展开研究，

① 中央组织部、中央政法委、民政部等 18 个部门和组织联合发布的《关于加强社会工作专业人才队伍建设的意见》以及《社会工作专业人才队伍建设中长期规划（2011—2020 年）》，均强调“完善社会工作硕士专业学位教育制度”。

涉及社会工作、教育学和评估等多个学科。为此，本研究综合多个理论，建立一个综合性理论分析框架。首先，引入生态视角，通过生态系统理论将 MSW 从项目的层面上剥离出来，纳入更广阔的宏观环境系统中。其次，强调变革的视角，以变革理论为分析的基础，将 MSW 项目理解为从学生到社会工作者的改变，转变以往偏重于 MSW 项目内容的思路，直指本心。此外，针对 MSW 教育，立足学生视角，基于目前主流的学生发展理论——学生投入理论，明确学生投入为理解教育过程的中心，而非其他，并采用学生投入理论中的 I-E-O 模型，作为 MSW 教育的供给和对需求双方进行分析。这一综合性理论分析框架的核心是用系统性思维取代线性因果思维，统合宏观社会发展与微观个体改变，以更深入地理解服务和干预如何推动社会进步，因此称为“生态 - 变革”理论。

### （一）生态系统理论

生态系统理论（Ecological Systems Theory）又称为生态视角（Ecological Perspective），是最早由发展心理学家布朗芬布伦纳提出的一套人类个体发展的社会圈模型，强调发展个体嵌套于一系列相互影响的环境系统中，并且这些系统与个体相互作用影响个体发展（Bronfenbrenner，1979）。生态系统理论提供了一个全面组织框架，可以把人们生活中各类不同的要素以及它们相互之间的联系置于其中，因此成为社会科学领域，特别是应用性社会科学领域，如社会工作，非常有用的一个基础理论（Rothery，2001）。布朗芬布伦纳的模型包括五个系统：微观系统（Microsystem）、中间系统（Mesosystem）、外部系统（Exosystem）、宏观系统（Macrosystem）以及历时系统（Chronosystem Santrock，2007）。

本研究对全国 MSW 项目整体培养效果进行分析，主要注重微观系统和宏观系统对 MSW 的共同作用。

### （二）变革理论

变革理论（Theory of Change）是一套已经被广泛应用于公益慈善、非营利和政府等部门或机构推动社会变革的项目规划、设计和评估的方法。在社会工作领域，变革理论也获得了普遍的重视和应用

（Grinnell et al. ，2016）。

变革理论的思想较早见于环境和组织心理学，以及社会学和政治科学中，既要评价某个项目是否有效，又要解释项目是如何产生效果的（Stachowiak，2010）。在20世纪90年代，变革理论在基于理论的评估（Theory-based Evaluation）基础上，在社区倡导的评估实践中成形（Weiss，1995）。之后，变革理论得到持续地研究和传播，还扩展到国际发展、公共卫生以及教育等更多领域，并成为一种易于使用的工具，如 Theory of Change Online①。

变革理论相比其他被广泛使用的评估工具，如逻辑模型（Logic Model）和逻辑框架（Logical Framework），强调首先要明确什么是项目目标或期望的影响，然后在结果路径上进行逆向工作，而不是进行常规性"因为－所以"的推理。换言之，变革理论关注项目的"成效链"或"因果链"，因此具有"多线性"特征，而非逻辑模型等强调的只具有"线性"过程的"目标链"。变革理论的核心是理解项目对对象的改变情况。

因为本研究不是针对具体某个 MSW 项目的评估，而是强调从 MSW 教育的根本目标——培养社会工作专业人才出发，所以首先要理解 MSW 教育需要促使 MSW 学生发生怎样的改变，才能成为合格的社会工作专业人才，其次再分析 MSW 教育如何促使 MSW 学生的这些改变得以发生。

### （三）学生投入理论

对于高等教育而言，学生投入（Student Engagement/Involvement）理论是目前最具影响力的学生发展理论，并开始被广泛用于理解和评价教育质量（徐波，2013a）。例如，美国高等教育领域在20世纪末面对标准化测试和真实性评估等已有质量评价模式存在的争议和不足，应用学生投入理论开发自2000年正式开始每年都开展的 NSSE 活动（National Survey of Student Engagement，全美大学生投入调查），取得了良好的成效（王兴宇、李卫东，2015）。之后，澳大利亚、新西兰、南非和西班牙等许多国家受到 NSSE 影响，也开展了类似的调查，我

---

① 参见 http://www.theoryofchange.org/toco-software/。

国目前也有清华大学、南京大学、西安交大和北京师范大学等开展了基于学生投入理论的高等教育调查（徐波，2013b）。

学生投入理论是一个逐步丰富的理论体系。心理学家很早就提出学生投入的时间对教育效果的积极影响。艾斯汀（Astin）在 20 世纪 80 年代提出具有现代意义的学生投入理论，将学生投入扩展为包括体力和心力，也包括数量和质量，核心观点是学生的学业表现与学生投入直接相关，进而教育政策或实践的效果也与学生投入直接相关（Astin，1985）。艾斯汀的学生投入理论还被归纳为投入 - 环境 - 产出（Input-Environment-Outcomes，I-E-O）模型，即学生投入和学校内外环境决定学生的教育结果（Astin，1993）。库（Kuh）完善了学生投入（Student Engagement）理论的概念，认为学生投入包括学生投入学业活动的时间和精力，以及学校促成学生参加这些活动的相关努力（Kuh，2009）。I-E-O 模型和学生投入概念构成了 NSSE 的理论基础。总之，对于高等教育，学生投入是解释学生学习和发展的主要研究变量，也是评价教育质量和有效性的重要概念（Axelson & Flick，2011）。

本研究是以学生为视角，因此从学生投入概念入手，使用 I-E-O 模型来解释 MSW 教育的效果。

### （四）“生态 - 变革”理论分析框架

本研究强调从生态的视角来理解和实现微观个体改变的系统性特征。

从本研究的对象，MSW 教育来说，其根本目标是培养专业社会工作者。从变革理论来看，将一名本科刚毕业的学生培养为专业社会工作者，需要实现两方面的改变。一是获得在未来社会工作专业实践中解决实际问题的能力，即社会工作专业能力。这一点已经广泛受到社会工作教育者的认可。二是社会工作专业认同。显然，如果缺乏社会工作专业认同，学生毕业后即便有较高的社会工作专业能力，但如果不从事与社会工作相关的工作，也无法成为专业社会工作者。因此，对中国当前社会工作教育，特别是对 MSW 教育来说，培养学生的社会工作专业认同至关重要。

基于学生投入理论和 I-E-O 模型，为了实现 MSW 学生的社会工作专业能力和专业认同的改变，核心是学生投入和项目所提供的学习条件。因为 MSW 项目包括课程学习和实践学习两部分，所以投入又可分为学生课程投入、学生实习投入、项目课程质量和项目实习条件四个因素。

根据生态系统理论，无论是 MSW 学生的改变，还是学生投入和项目学习条件，均处于一层层的社会圈中（见图 1）。最里层是微观系统，是 MSW 学生个体面对的学习和生活环境，这个环境直接影响着个体的学习投入。第二层是中间系统，最主要是 MSW 学生和 MSW 项目间的相互关联。第三层是外部系统，是与 MSW 项目相关联的因素，包括项目所在高校、合作的实习机构等。它们制约着 MSW 项目，而对 MSW 学生的发展造成影响。最外层是宏观系统，主要是 MSW 教育所处的更广阔的社会环境，最主要包括经济发展水平、社会发展水平和高等教育发展水平等。本研究所关注的地理空间因素，主要作用于宏观系统。

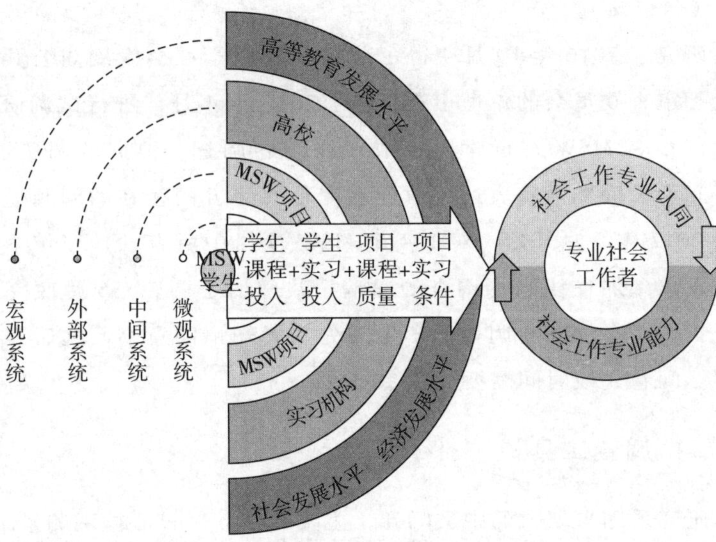


图 1 “生态 - 变革”理论分析框架

## 三 研究方法

### （一）调查对象和调查过程

本研究的调查对象是预计 2017 年毕业的中国所有 MSW 学生，采用在线问卷调查（通过问卷星）的方式，于2017年5~6月完成。此时，这些MSW学生已经完成实践学习环节。

2017年，中国共有101所高校共104个MSW项目有毕业学生（包括全职和兼职）。通过对这些项目的前期调查，问卷调查前预计共有2753名MSW学生在2017年毕业。最终，共1201名学生有效完成问卷调查，有效回复率为43.6%。其中，男性293人（24.4%），女性908人（75.6%），这与MSW学生女性比例偏高一致；本科专业也是社会工作795人（66.2%），其他专业406人（33.8%）；来自城市居住家庭560人（46.6%），来自农村居住家庭641人（53.4%）；平均年龄24.8岁（SD = 2.56）。被调查学生中，实践学习中和有实习机构督导的766人（63.8%）、有学校教师督导的763人（63.5%）、有学校专门外聘督导的74人（6.2%）、完全没有督导的129人（10.7%）；其中，同时有实习机构督导和学校教师或学校外聘督导的498人（41.5%）。

本研究于2016年10月获得了北京师范大学社会发展与公共政策学院伦理审查委员会的伦理审查批准。2017年4月，进行试调研，邀请了北京多名MSW在读学生完成在线问卷调查。根据试调研反馈，调整了问卷长度和语言表述，对问卷完整性等方面存在的问题进行修正。从2017年5月开始，对104个MSW项目中所有预计当年毕业的学生，发出参加在线问卷调查的邀请。共邀请了两轮，6月底完成全部调查工作。参加问卷调查的学生需先签署知情同意书，之后开始填写问卷。问卷完成时间需要15~20分钟。

## （二）调查工具

本研究采用自填式的中文问卷，主要包括6个核心微观测量工具。

**1. 学生课程投入**

学生课程投入采用MSW学生在课程学习中的16个行为投入题项来测量（Reeve & Tseng，2011；Reeve，2012），如“课堂提问、对课堂讨论做出贡献”、“课前未进行完整的阅读或完成所分配的任务”和“通过邮件和老师进行交流”等，采用李克特四点计分方法（1 = 没有、2 = 偶尔、3 = 有时、4 = 经常），得分越高，表明学生课程投入越高。

**2. 学生实习投入**

学生实习投入采用 MSW 学生在实践学习中的 17 个行为投入题项来测量（Lee & Fortune，2013），如“观察专业的介入过程”、“参与不同类别的实习工作”和“把社会工作原则与实习工作相联系”等，采用李克特五点计分方法（1 = 没有、2 = 偶尔、3 = 有时、4 = 经常、5 = 总是），得分越高，表明学生实习投入越高。

**3. 项目课程质量**

项目课程质量采用 MSW 学生汇报学校在教学内容中的 5 个方面的发生频率（Reeve & Tseng，2011；Reeve，2012），如“分析观点、案例或理论的基本要素”和“将理论或概念应用于实际问题或新的情境”等，采用李克特四点计分方法（1 = 很少、2 = 有时、3 = 比较频繁、4 = 非常频繁），得分越高，表明学生评价项目课程质量越高。

**4. 项目实习条件**

项目实习条件采用 MSW 学生对项目如何组织安排专业实习中的 9 个方面的满意程度（Lee & Fortune，2013），如“我经常被要求在实习中学习那些对我有价值的内容”和“我现在的实习对我成为称职的社会工作者是重要”等，采用李克特七点计分方法（1 = 非常不同意，7 = 非常同意），得分越高，表明学生对项目实习条件越满意。

**5. 社工专业能力**

MSW 学生的社会工作专业能力测量，使用笔者已经开发和验证的感知社会工作能力量表，包括专业价值和伦理、专业知识发展、专业能力发展、团队合作能力、社区工作技能、关系构建能力、个案管理技能、支持技能以及治疗和洞察技能等九个维度共 48 个能力测量题项，采用李克特五点计分方法（1 = 非常不自信，5 = 非常自信），得分越高，表明 MSW 学生的专业能力越高。

**6. 社工专业认同**

专业认同的测量量表来源于香港 2013 年“社会工作者对工作满意程度、未来发展及专业认同感意见调查报告”，并已应用于国内研究证明效果良好（Jiang et al.，2017）。量表共包括专业精神和公众形象两个维度 10 个题项，采用李克特五点计分方法（1 = 非常不同意，5 = 非常同意），得分越高，被访者的专业认同越强烈（社工日［香港］2013 筹备委员会秘书处，2013）。

### （三）宏观指标

根据理论设定分析框架，对于宏观环境，考虑经济发展水平、社会发展水平和高等教育发展水平等三个维度。首先，选择省（区、市）作为区域分布分析的主要尺度，MSW 项目以所在城市（城区）为辅助尺度。省（区、市）中又排除了没有 MSW 项目的西藏、宁夏和海南等三个省（区）。其次，本研究选择人均地区生产总值作为衡量经济发展水平的指标。这一指标是相关研究中最为常用的衡量经济发展水平的指标。选择社会服务综合指数作为衡量社会发展水平的指标。这一指标是《中国民政统计年鉴》将多个社会服务统计指标进行综合处理后得到的一个指数，这个指数能够很好地比较各省（区、市）社会服务发展水平的差异，所以虽然这个指数无法衡量社会发展的绝对水平，但是非常适合本研究的区域差异分析。选择每万人本科生毕业人数作为衡量高等教育发展水平指标。这一指标不仅有效描述了控制人口规模后各省（区、市）高等教育的整体发展水平，也是发展 MSW 教育的基础，而且本科生毕业人数也是 MSW 的生源基数。

因为本研究调查数据是 2017 年 MSW 毕业生的情况，而绝大多数 MSW 项目是两年制，所以本研究宏观指标均选取 2015 年的数据。人均地区生产总值和每万人本科生毕业人数均来自《2016 中国统计年鉴》。社会服务综合指数数据来自《中国民政统计年鉴 2016》。排除没有 MSW 项目的省（区、市）后，人均地区生产总值中，天津、北京和上海明显高于其他省（区、市），江苏、浙江、内蒙古、福建、广东和辽宁等也很高，最低的是贵州、云南和甘肃等省；从每万人本科生毕业人数看，北京、天津和陕西最多，吉林、辽宁、湖北和上海等居于其后，最少的是贵州、广西、新疆和青海四省（区）；从社会服务综合指数看，北京、江苏、上海和浙江明显高于其他省（区、市），广东、天津、湖北和重庆紧随其后，而青海最低，江西、河南、新疆和山西也较低。

### （四）地理信息系统分析方法

地理信息系统（Geographic Information System，GIS）是一种特别强调空间分析的通用技术，通过利用空间分析模型和计算机技术来分析和处理海量地理数据（陈述彭等，1999），以发现数据的空间分布规律。

**1. 分组模型及空间可视化**

本研究应用詹克斯自然断点法（Jenks Natural Breaks）进行信息分组及空间可视化处理，相较于其他方法（如等比例法、标准偏差法、人为干预法、整数分组法等），詹克斯自然断点法更适合进行差异性的研究，其原理是将信息进行最相似分组，以同时实现组内差异最小及组间差异最大（周成虎、裴韬，2011；Slocum et al.，2008）。

**2. 空间经验贝叶斯平滑模型**

考虑到样本性质，为确保研究的鲁棒性及可信度，本研究应用空间经验贝叶斯平滑模型对分地区的小样本值进行空间平滑（Goovaerts，2006）。空间经验贝叶斯平滑模型的原理是“借力”于周边环境对研究区域的影响，对由于样本量较少所带来的不稳固估计进行弥补（Marshall，1991）。该方法需预先设置空间关系矩阵，对不同位置的研究目标分别建立空间关系模型，该矩阵定义任意两个位置的相关性强弱。本研究采用核估计原理建立空间矩阵，基于模型最优原理确定搜索半径及相邻城市的数量。经过最优化探索，本研究采用1139公里作为最优半径，4个城市作为最优相邻城市数量，从而借力于地区综合样本对小尺度样本的不稳定性估计进行弥补及可视化平滑。

**3. 探索性空间分析莫兰指数**

莫兰指数（Moran’s I）可以量化分析某一现象的空间自相关程度，这一指数在地理学中应用广泛（Moran，1950）。在社会学中，该指数适合于检验地理学第一定律（任何东西与其他的东西之间都是相关的，但近处的东西比远处的东西相关性更强）（Tobler，1970）在某一社会现象上是否适用。莫兰指数可以度量某位置上的数据与其他位置上的数据间的相互依赖程度（Guo et al.，2018）。全局指数用于在全局范围分析整体分布趋势，即回答研究问题：某一社会现象在地理上是否存在一定的空间聚集性。如果该现象存在一定的空间聚集性，则进一步应用局部单变量指数（Anselin，1995）探寻出具体的聚集地点。局部双变量指数用于探寻出两个变量具有显著相关性的地区，例如本研究的投入与产出关系。

**4. 地理加权模型**

与莫兰局部双变量指数的原理类似，地理加权模型是基于空间关系矩阵，在每个小尺度范围内对某一社会现象进行空间建模，从而探寻出某一社会现象的影响因素的空间异质性（Tu & Xia，2008；Guo et al.，2018）。与莫兰局部双变量指数不同的是，地理加权模型可以控制其他相关因素，这两者的关系类似于传统模型中的相关模型与回归模型之间的关系。本研究对莫兰局部双变量指数及地理加权模型均进行探索，以确保分析结果的稳固性。

**5. 层次模型**

层次模型适用于对生态系统理论进行实证检验（Hox et al.，2005），本研究中的层次包含个人、学校、省（区、市），层次模型中的各个层次是嵌套式的，与只包含固定效应的传统模型相比，层次模型通过添加随机效应使得变量系数在不同的环境下根据其影响原理的异质性进行改变，从而可以探索不同尺度影响因素的交互影响。当然，固定效应与随机效应只是层次模型的其中一个方面，本研究主要应用层次模型的交叉影响特性，探索不同宏观大尺度下，投入与产出的关系异质性，从而寻找出在不同大环境下，社工教育的有效投入模式。

**6. 空间方法与一般方法的比较**

空间方法根据其实现的功能程度可分为不同的层次：最简单的空间信息可视化（分组模型及平滑模型）、一般程度的空间信息探索性分析（莫兰指数）、较为复杂的空间关系建模（加权模型和层次模型）。空间信息可视化比起传统的表格法更为直观，更能较为全局性地展示空间分布的规律，“一张图胜过千言万语”；比起传统的相关模型，空间信息探索分析不仅可以探寻出一个社会现象在空间上的自相关程度，也能更有针对性地探寻出那些需要特殊关注的地区；空间关系建模可以解决隐藏在全局模型中的关系异质性问题，从而探寻出某一社会现象在不同地区的不同影响因素，而传统模型更适用于全局性的关系探索，较难详细而真实地模拟不同层次因素的交互影响，

## 四 结果

### （一）描述性统计分析

表 1 列出了本研究中涉及变量的测量特征。所有变量偏度和峰度系数基本在区间（-1，1）内，这表明这些变量基本符合正态分布。研究采用 Cronbach's α 系数来检验每个变量的内部可靠性，所有变量 α

系数均大于0.8，说明所使用的测量题项具有很好的内部一致性信度。根据变量的测量特征，研究所使用的变量均适宜开展GIS分析。

**表1 变量的测量特征（N＝1201）**

| 变量 | 最小值 | 最大值 | 均值 | 标准差 | 题项 | α系数 | 偏度 | 峰度 |
|---|---|---|---|---|---|---|---|---|
| 学生课程投入 | 1.07 | 4.00 | 2.691 | 0.477 | 16 | 0.896 | 0.095 | 0.621 |
| 学生实习投入 | 1.06 | 5.00 | 3.499 | 0.678 | 17 | 0.940 | －0.353 | 0.317 |
| 项目课程质量 | 1.00 | 4.00 | 2.604 | 0.585 | 5 | 0.852 | 0.141 | －0.003 |
| 项目实习条件 | 1.00 | 7.00 | 5.112 | 1.073 | 9 | 0.926 | －0.900 | 1.033 |
| 社工专业能力 | 1.96 | 5.00 | 3.652 | 0.446 | 48 | 0.973 | －0.081 | 0.745 |
| 社工专业认同 | 1.00 | 5.00 | 3.481 | 0.610 | 10 | 0.860 | －0.094 | 0.495 |

对各个变量的均值进行标准化后可发现，MSW学生对自己实习投入评价高于对课程投入评价，这符合对专业硕士学生的一般预期；对项目实习条件的评价要高于对项目课程质量评价，这不符合一般认为的MSW项目实习条件难以保障，而课程相对更容易建设的观点，反映出从MSW学生视角，更注重评价MSW项目方在培养过程中的“努力程度”，而不仅是绝对的项目条件，也反映出一些MSW项目课程并没有体现出有别于本科生社工课程的专业性，难以令来自社工专业本科的学生认可；对自己的社工专业能力评价高于社工专业认同评价，这也符合业内一般预期。另外，总体上看，学生对自己的投入和在MSW项目的培养环境的评价是相当的，这表明从学生视角来评价MSW项目不仅更聚焦于项目的“顾客”和根本目标，还具有一定客观性。

### （二）MSW样本空间分布

研究范围是除港澳台之外的31个省（区、市），其中西藏、宁夏和海南目前还没有MSW项目。如表2所示，利用探索性空间分析莫兰指数对2017年MSW毕业人数的空间分布进行分析得出Moran'I ＝ －0.05（$p>0.1$），证明MSW项目在全国范围内呈现离散的分布趋势，即MSW学生人数在地区上无明显的聚集性，说明各地区MSW学生培养数量在空间上较为均衡，除了北京、上海、江苏和湖北这四个省（市）培养的MSW学生数量较多之外，其他省（区、市）培养的MSW人数较为均衡。

**表 2 2017 年 MSW 毕业学生数量及研究样本量的区域分布**

单位：人，%

| 省（区、市） | 2017 毕业 MSW 人数 | 被调查 MSW 人数 | 样本占总体百分比 | 省（区、市） | 2017 毕业 MSW 人数 | 被调查 MSW 人数 | 样本占总体百分比 |
|---|---|---|---|---|---|---|---|
| 北京 | 433 | 173 | 40.0 | 山东 | 30 | 26 | 86.7 |
| 天津 | 35 | 21 | 60.0 | 河南 | 61 | 40 | 65.6 |
| 河北 | 15 | 9 | 60.0 | 湖北 | 312 | 129 | 41.3 |
| 山西 | 33 | 26 | 78.8 | 湖南 | 64 | 37 | 57.8 |
| 内蒙古 | 70 | 20 | 28.6 | 广东 | 100 | 73 | 73.0 |
| 辽宁 | 96 | 45 | 46.9 | 广西 | 29 | 17 | 58.6 |
| 吉林 | 135 | 78 | 57.8 | 重庆 | 69 | 23 | 33.3 |
| 黑龙江 | 44 | 20 | 45.5 | 四川 | 72 | 44 | 61.1 |
| 上海 | 196 | 104 | 53.1 | 贵州 | 35 | 14 | 40.0 |
| 江苏 | 295 | 135 | 45.8 | 云南 | 59 | 27 | 45.8 |
| 浙江 | 51 | 12 | 23.5 | 陕西 | 107 | 53 | 49.5 |
| 安徽 | 101 | 23 | 22.8 | 甘肃 | 79 | 33 | 41.8 |
| 福建 | 59 | 28 | 47.5 | 青海 | 11 | 7 | 63.6 |
| 江西 | 115 | 37 | 32.2 | 新疆 | 47 | 23 | 48.9 |

## （三）全国整体分析

基于层次模型的全国全局回归结果（见表 3）显示：MSW 学生专业能力与学生课程投入、学生实习投入、项目课程质量和项目实习条件等四个因素均呈显著正相关，即学生投入越多，项目环境越好，MSW 学生的专业能力越强。相比而言，学生专业认同主要与学生课程投入、学生实习投入、项目课程质量显著正相关，与项目实习条件之间在全国整体范围上未发现显著相关性。

**表 3 MSW 学生专业能力/专业认同与四种投入因素的相关分析**

| | 专业能力 | | | 专业认同 | | |
|---|---|---|---|---|---|---|
| | 系数 | $p$ | [95% 置信区间] | 系数 | $p$ | [95% 置信区间] |
| 学生课程投入 | 0.008*** | 0.000 | [0.004, 0.011] | 0.006*** | 0.000 | [0.003, 0.009] |
| 学生实习投入 | 0.020*** | 0.000 | [0.017, 0.023] | 0.012*** | 0.000 | [0.009, 0.015] |
| 项目课程质量 | 0.005** | 0.003 | [0.002, 0.009] | 0.003^ | 0.060 | [-0.000, 0.006] |
| 项目实习条件 | 0.003* | 0.017 | [0.001, 0.006] | 0.001 | 0.420 | [-0.001, 0.003] |

*** 表示 $p<0.001$；** 表示 $p<0.01$；* 表示 $p<0.05$；^ 表示 $p<0.1$。

将 MSW 学生课程投入、学生实习投入、项目课程质量和项目实习条件等四种投入指标进行自然分组，同一分组的指标值最相似，而不同组的差异最大。以低组为参考组，检测中、高组投入对 MSW 专业认同/专业能力的影响与低组的差异的显著性。结果表明（见表4），首先，学生投入对专业能力和专业认同的影响仍然是正向显著的。其次，项目环境对专业能力和专业认同的影响有一定的变化，总体而言，就是高组别才更显著相关。如项目课程质量虽然与专业能力上均呈显著正相关，但高组别显著度更高。项目实习条件与专业能力在总体上呈显著正相关趋势，但在分组别分析中发现该显著相关性主要存在于高组别中，即项目实习条件的一般投入对于专业能力的提升无显著影响，若预期对专业能力有显著提升需要项目实习条件达到较高水平。项目课程质量与专业认同的相关性也呈类似的特征，虽然在总体上呈显著正相关趋势，分组别研究中发现该显著相关性主要由高组别贡献，即项目课程质量的一般程度的提高并不能显著提升学生的专业认同，需要高水平的课程质量提高才会对提升学生的专业认同有显著帮助。这一发现在三组别与五组别中具有一致性，表明分析结果具有稳固性。项目实习条件则与专业认同无显著相关性。

**表 4　MSW 专业认同/专业能力与四种投入因素（分组别）的相关分析**

| | | 专业能力 | | | 专业认同 | | |
|---|---|---|---|---|---|---|---|
| | | Coef. | $p$ | [95% 置信区间] | Coef. | $p$ | [95% 置信区间] |
| 学生课程投入 | 中组（低组为参考） | $0.071^{*}$ | 0.012 | [0.016, 0.127] | $0.082^{**}$ | 0.002 | [0.031, 0.133] |
| | 高组（低组为参考） | $0.161^{***}$ | 0.000 | [0.093, 0.230] | $0.155^{***}$ | 0.000 | [0.092, 0.218] |
| 学生实习投入 | 中组（低组为参考） | $0.169^{***}$ | 0.000 | [0.114, 0.224] | $0.083^{**}$ | 0.001 | [0.033, 0.134] |
| | 高组（低组为参考） | $0.383^{***}$ | 0.000 | [0.320, 0.447] | $0.213^{***}$ | 0.000 | [0.155, 0.271] |
| 项目课程质量 | 中组（低组为参考） | $0.065^{*}$ | 0.026 | [0.008, 0.122] | 0.028 | 0.301 | [−0.025, 0.080] |
| | 高组（低组为参考） | $0.132^{***}$ | 0.000 | [0.062, 0.203] | $0.073^{*}$ | 0.028 | [0.008, 0.137] |
| 项目实习条件 | 中组（低组为参考） | 0.037 | 0.163 | [−0.015, 0.090] | 0.033 | 0.186 | [−0.016, 0.081] |
| | 高组（低组为参考） | $0.072^{*}$ | 0.011 | [0.016, 0.128] | 0.018 | 0.489 | [−0.033, 0.069] |

$^{***}$表示 $p<0.001$；$^{**}$表示 $p<0.01$；$^{*}$表示 $p<0.05$。

## （四）区域差异分析

### 1. MSW 学生专业能力与专业认同的空间分布

利用莫兰指数分别对 MSW 学生专业能力与专业认同进行空间分布探索分析，结果发现两者的莫兰指数均大于零且显著（$p < 0.05$），证明这两个产出指标在空间上均具有显著的聚集性。基于空间经验贝叶斯平滑模型的最优化探索结果，本研究采用 1139 公里作为最优搜索半径，4 个城市作为最优相邻城市数量。MSW 项目所在的城市的空间权重矩阵（见图 2）。该矩阵定义了不同城市的相邻关系，两两之间有线条定义为相邻，无线条定义为不相邻，以距离的远近定义相互影响的权重，基于权重借力于周边样本，从而保证小样本统计分析的稳固性。

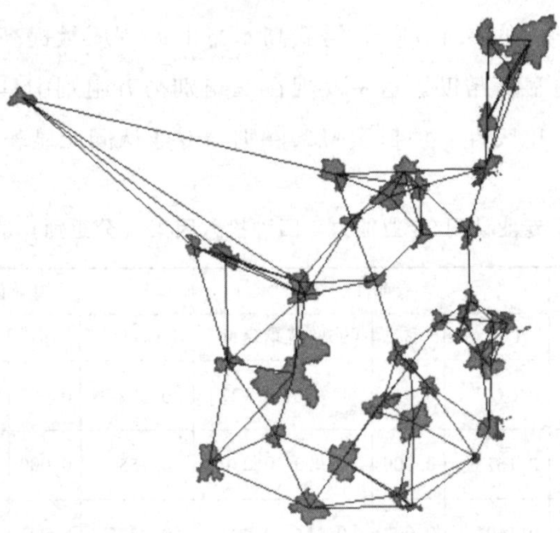

**图 2 基于空间经验贝叶斯平滑模型的 MSW 项目所在城市的空间位置矩阵**

空间经验贝叶斯平滑模型的结果（见表 5）显示，MSW 学生的专业能力与专业认同的空间分布趋势基本一致，从东部沿海往中部再到西部呈现倾斜性递减趋势。这个空间分布趋势与我国地理学家胡焕庸划分的“黑河－腾冲一线”（从黑龙江黑河到云南腾冲，大致为倾斜 45 度的直线）十分相似。“胡焕庸线”通常被认为是我国经济、社会、文化发展的分界线，这条定律在气候、人口、经济、社会、教育等领域中均被证实为是划分我国各领域发展的分界线，俗称“破不掉的胡焕庸线”。本研究发现社会工作专业硕士教育也遵循胡焕庸线定律，即在宏观条件越好的地方，产出也相应越高。以本研究发现的“MSW－胡焕庸线”为分割线，可以发现高水平的专业能力与专业认同主要聚集在该线东南的省（区、市），即城镇化程度较高的地区；而该线西北的省（区、市），即城镇化程度较低的地区的产出水平则较低。其中，专业认同高的地区分布又比专业能力高的地区分布更偏向东南方向一些。基于空间经验贝叶斯平滑模型识别出的空间分布与 LISA 指数识别出的聚集区具有显著相似性，证明分析的有效性和结论的稳固性。

**表 5　MSW 学生专业能力/专业认同空间经验贝叶斯平滑模型的分布趋势得分**

单位：分

| 胡焕庸线西北 | | | 胡焕庸线东南 | | |
|---|---|---|---|---|---|
| 省（区、市） | 专业能力 | 专业认同 | 省（区、市） | 专业能力 | 专业认同 |
| 北京 | 1 | 1 | 辽宁 | 7 | 7 |
| 天津 | 2 | 2 | 吉林 | 1 | 1 |
| 河北 | 4 | 3 | 黑龙江 | 3 | 3 |
| 山西 | 2 | 2 | 山东 | 7 | 7 |
| 内蒙古 | 2 | 2 | 上海 | 1 | 1 |
| 河南 | 1 | 1 | 江苏 | 8 | 8 |
| 重庆 | 2 | 2 | 浙江 | 5 | 5 |
| 四川 | 2 | 2 | 安徽 | 4 | 4 |
| 贵州 | 2 | 2 | 福建 | 3 | 3 |
| 云南 | 2 | 2 | 江西 | 4 | 4 |
| 陕西 | 2 | 2 | 湖北 | 2 | 2 |
| 甘肃 | 2 | 2 | 湖南 | 3 | 3 |
| 青海 | 3 | 3 | 广东 | 2 | 2 |
| 新疆 | 3 | 3 | 广西 | 1 | 1 |

注：得分为 1～8 分，得分越高表示产出越高。

### 2. 投入与产出的空间关系的异质性

将四个投入指标和两个产出指标进行地理加权建模，对投入与产出的空间关系的异质性进行检验。检验结果如表6和表7所示：学生实习投入在大部分地区都是影响产出的显著性因素；学生课程投入与专业能力的关系呈现出一定的地域偏向性，如在最东部和最西部都较为显著，但在中部的几个省份没有发现显著性差异，而在多数地区都和专业认同显著相关，如中部、东南部和东北部；项目课程质量对专业能力的影响在中部地区较为显著，而对专业认同的影响在最西部地区较为显著；在较为发达的东部地区，如北京、天津、山东、江苏和上海，项目课程质量与产出的相关性较弱，较为重要的因素是项目实习条件。基于局部双变量莫兰指数的空间异质性检验与地理加权模型的检验结果不存在显著差异，证明该检验的结果具有稳固性。

**表6 基于地理加权模型 MSW 学生专业能力与投入的空间相关性**

| 省（区、市） | 项目实习条件 | 项目课程质量 | 学生实习投入 | 学生课程投入 |
|---|---|---|---|---|
| 北京 | * | | * | |
| 天津 | * | | * | |
| 河北 | | | * | |
| 山西 | | | * | * |
| 内蒙古 | | | * | * |
| 辽宁 | | | * | |
| 吉林 | | | * | * |
| 黑龙江 | | | * | |
| 上海 | * | | * | |
| 江苏 | * | | * | |
| 浙江 | | | * | * |
| 安徽 | | | * | * |
| 福建 | | | * | * |
| 江西 | | | * | * |
| 山东 | | | * | * |
| 河南 | | | * | |
| 湖北 | | * | * | |
| 湖南 | | * | * | |
| 广东 | | | * | |
| 广西 | * | | * | |
| 重庆 | | * | * | |

续表

| 省（区、市） | 项目实习条件 | 项目课程质量 | 学生实习投入 | 学生课程投入 |
|---|---|---|---|---|
| 四川 | | | * | * |
| 贵州 | | * | * | |
| 云南 | | | * | * |
| 陕西 | | * | * | |
| 甘肃 | | | * | * |
| 青海 | | | * | * |
| 新疆 | | | * | * |

*表示相关。

**表 7　基于地理加权模型 MSW 学生专业认同与投入的空间相关性**

| 省（区、市） | 项目实习条件 | 项目课程质量 | 学生实习投入 | 学生课程投入 |
|---|---|---|---|---|
| 北京 | * | | * | |
| 天津 | * | | * | |
| 河北 | | | * | * |
| 山西 | | | * | * |
| 内蒙古 | | | * | * |
| 辽宁 | * | | * | |
| 吉林 | | | * | * |
| 黑龙江 | | | * | * |
| 上海 | * | | * | |
| 江苏 | * | | * | |
| 浙江 | | | * | * |
| 安徽 | | | * | * |
| 福建 | | | * | * |
| 江西 | | | * | * |
| 山东 | * | | * | |
| 河南 | | | * | * |
| 湖北 | | | * | * |
| 湖南 | | | * | * |
| 广东 | * | | * | |
| 广西 | * | | * | |
| 重庆 | | | * | * |

续表

| 省（区、市） | 项目实习条件 | 项目课程质量 | 学生实习投入 | 学生课程投入 |
|---|---|---|---|---|
| 四川 | | * | * | |
| 贵州 | | * | | |
| 云南 | | * | | |
| 陕西 | | | * | * |
| 甘肃 | | * | | |
| 青海 | | * | * | |
| 新疆 | | | * | * |

* 表示相关。

### 3. 基于层次模型的区域因素分析

层次模型的交叉分析结果显示：有助于提升 MSW 学生专业能力和专业认同的投入因素在全国范围内存在空间异质性，即在发展（经济、社会、高等教育）程度不同的地区，有助于改善学生专业能力和专业认同的投入因素也有所不同（见表 8）。本研究首先根据自然断点法将地区按照经济、社会、高等教育的不同发展程度分为五类：最低发展程度、较低发展程度、中等发展程度、较高发展程度、最高发展程度。然后利用层次模型进行异质性分析，找出在全国范围分析中被掩盖的投入与产出关系的地区差异性。结果如表 8 所示：学生实习投入在所有地区都是显著提升 MSW 学生专业能力的主要因素，而只有在经济发展程度最高的地区，学生课程投入、项目课程质量和项目实习条件等其他因素的提升才有助于显著提升学生的专业能力。在经济发展程度最低和中等的地区，学生课程投入和项目课程质量也会显著影响学生专业能力。与专业能力类似，学生实习投入在除了经济发展程度最低的地区以外的所有地区都是显著提升 MSW 学生专业认同的主要因素。而在经济发展程度最低的地区，只有提升项目课程质量才可以显著提升学生专业认同。在经济发展从较低到较高的中间地区，影响专业认同的主要因素是学生本身的投入（学生实习投入和学生课程投入）。而在经济发展程度最高的地区，改善实习方面的因素（学生的实习投入及项目实习条件）才能有效提升学生专业认同。社会和高等教育发展程度的因素异质性分析结果与经济发展维度也较为相似。

**表 8 MSW 学生专业能力/专业认同影响因素的地区异质性分析**

| | | 专业能力 | | | | 专业认同 | | | |
|---|---|---|---|---|---|---|---|---|---|
| | | 学生课程投入 | 学生实习投入 | 项目课程质量 | 项目实习条件 | 学生课程投入 | 学生实习投入 | 项目课程质量 | 项目实习条件 |
| 经济 | 最低 | ** | *** | | | | | * | |
| | 较低 | | *** | | | ** | *** | | |
| | 中等 | *** | *** | * | | * | *** | | |
| | 较高 | | *** | | | *** | ** | | |
| | 最高 | ** | *** | * | * | | * | | ** |
| 社会发展 | 最低 | | *** | | | | *** | | |
| | 较低 | * | *** | ** | | | *** | * | |
| | 中等 | ** | *** | | | * | ** | | |
| | 较高 | * | *** | | | ** | | | |
| | 最高 | * | *** | * | ** | | * | | * |
| 高等教育 | 最低 | | | | | | | | |
| | 较低 | ** | *** | * | | ** | *** | | |
| | 中等 | ** | ** | | | | *** | | |
| | 较高 | | ** | | | *** | ** | | |
| | 最高 | *** | * | ** | ** | ** | * | ** | |

*** 表示 $p<0.001$；** 表示 $p<0.01$；* 表示 $p<0.05$。

由于经济、社会和高等教育三个发展维度的因素异质性结果十分相似，所以将三个维度进行空间聚类分析，并将聚类结果划分为七个综合发展程度等级，分别进行异质性检验。结果如表 9 和表 10 所示，综合发展程度等级与影响产出的投入条件明显呈规律性分布。在全国大部分地区，MSW 学生专业能力主要受学生实习投入影响。在综合发展程度最高的京津沪地区，每一类投入都会对学生专业能力有影响。在综合发展程度较高地区［如北京、天津、吉林、辽宁、江苏、上海等沿海及陕西等内陆省（区、市）］的学生课程投入也会显著促进专业能力发展。对于综合发展程度较低地区（如甘肃、四川等），项目课程质量的提升对发展学生的专业能力有显著作用。相比较而言，项目实习条件的改善仅仅会提升综合发展程度最高地区（如北京、天津、上海）学生的专业能力。对于学生专业认同，项目实习条件的主要影响地区包括综合发展程度最高的地区（如北京、天津、江苏和上海）及较高的地区（如辽宁、山东、浙江、福建、广东和重庆）；而项目课程质量的主要影响范围为综合发展程度最低的地区（如新疆、青海、云南、广西和山西）。相较而言，学生实习投入影响专业认同的范围比较广，包括除新疆、青海和广西以外的所有省（区、市）。在综合发展程度较低的地区（如黑龙江、内蒙古、甘肃、四川、贵州等），促进学生课程投入也会显著地提升这些地区学生的专业认同。

**表9　不同综合发展程度与MSW学生专业能力空间相关性**

| 省（区、市） | 综合发展程度 | 项目实习条件 | 项目课程质量 | 学生实习投入 | 学生课程投入 |
|---|---|---|---|---|---|
| 北京 | 8 | * | * | * | * |
| 天津 | 8 | * | * | * | * |
| 上海 | 8 | * | * | * | * |
| 江苏 | 8 |  | * | * |  |
| 辽宁 | 6 |  |  | * | * |
| 浙江 | 6 |  |  | * | * |
| 福建 | 6 |  |  | * | * |
| 山东 | 6 |  |  | * | * |
| 广东 | 6 |  |  | * | * |
| 重庆 | 6 |  |  | * | * |
| 吉林 | 5 |  |  | * | * |
| 陕西 | 5 |  |  | * | * |
| 湖北 | 5 |  |  | * | * |
| 河北 | 4 |  |  | * |  |
| 内蒙古 | 4 |  |  | * |  |
| 黑龙江 | 4 |  |  | * |  |
| 安徽 | 4 |  |  | * |  |
| 湖南 | 4 |  |  | * |  |
| 江西 | 3 |  | * | * |  |
| 河南 | 3 |  | * | * |  |
| 四川 | 3 |  | * | * |  |
| 甘肃 | 3 |  | * | * |  |
| 贵州 | 3 |  | * | * |  |
| 山西 | 2 |  |  | * | * |
| 云南 | 2 |  |  | * | * |

续表

| 省（区、市） | 综合发展程度 | 项目实习条件 | 项目课程质量 | 学生实习投入 | 学生课程投入 |
|---|---|---|---|---|---|
| 广西 | 1 | | | * | |
| 青海 | 1 | | | * | |
| 新疆 | 1 | | | * | |

* 表示相关。

注：综合发展程度得分为1～8分，得分越高表示综合发展程度越高。

**表10　不同综合发展程度与MSW学生专业认同空间相关性**

| 省（区、市） | 综合发展程度 | 项目实习条件 | 项目课程质量 | 学生实习投入 | 学生课程投入 |
|---|---|---|---|---|---|
| 北京 | 8 | * | | * | |
| 天津 | 8 | * | * | * | * |
| 上海 | 8 | * | | * | |
| 江苏 | 8 | * | | * | |
| 辽宁 | 6 | * | | * | * |
| 浙江 | 6 | * | | * | * |
| 福建 | 6 | * | | * | * |
| 山东 | 6 | * | | * | * |
| 广东 | 6 | * | | * | * |
| 重庆 | 6 | * | | * | * |
| 吉林 | 5 | | | * | * |
| 陕西 | 5 | | | * | * |
| 湖北 | 5 | | | * | * |
| 河北 | 4 | | | * | * |
| 内蒙古 | 4 | | | * | * |
| 黑龙江 | 4 | | | * | * |
| 安徽 | 4 | | | * | * |
| 湖南 | 4 | | | * | * |
| 江西 | 3 | | | * | * |
| 河南 | 3 | | | * | * |
| 四川 | 3 | | | * | * |
| 甘肃 | 3 | | | * | * |
| 贵州 | 3 | | | * | * |
| 山西 | 2 | | * | * | |

续表

| 省（区、市） | 综合发展程度 | 项目实习条件 | 项目课程质量 | 学生实习投入 | 学生课程投入 |
|---|---|---|---|---|---|
| 云南 | 2 | | * | * | |
| 广西 | 1 | | * | | * |
| 青海 | 1 | | * | | |
| 新疆 | 1 | | * | | |

* 表示相关。

注：综合发展程度得分为 1 ~ 8 分，得分越高表示综合发展程度越高。

## 五 结论及讨论

区域发展不平衡是中国长期存在的问题。基于这一背景，一方面"一刀切"的策略是不可取的；另一方面，要真正做到"因地制宜"，需要更精细的研究支持。无论生态的视角，还是 GIS 的方法，对于理解和分析区域发展不平衡都极为重要。

MSW 教育的发展也面临区域发展不平衡的挑战。根据《社会工作专业人才队伍建设中长期规划（2011—2020 年）》，到 2020 年要培养和引进 3 万名社会工作硕士专业学位研究生。整体培养数量固然是一个需要积极努力的目标，而培养质量更应该是 MSW 项目和教育者关注的重点。充分理解 MSW 教育发展的区域不平衡，基于不平衡现状下探寻不同地区间差异化的提升策略尤为必要和重要。

基于研究目的，本文构建了一个从微观到宏观的系统性分析框架——"生态 - 变革"理论。这个理论包含三对矛盾，一是学生毕业时具有的社工专业能力和专业认同，它们是 MSW 教育培养效果的最终体现。专业硕士教育的突出特征是以应用为导向，以实践能力培养为核心①。社会工作作为一个专业领域和应用学科，MSW 更强调采用能力本位教育（Council on Social Work Education，2008）。因此，社工专业能力是 MSW 项目培养的核心。同时，学生毕业后不从事社会工作行业，是中国社会工作教育长期以来的痼疾（王思斌、阮曾媛琪、

① 《教育部关于做好全日制硕士专业学位研究生培养工作的若干意见》（教研〔2009〕1 号），http://www.cdgdc.edu.cn/xwyyjsjyxx/gjjl/zcwj/267236.shtml，最后访问日期：2009 年 3 月 19 日。

史柏年，2014），因此社工专业认同在一定程度上对MSW教育更重要。如何培养学生的社工专业认同，是中国MSW教育必须解决的更大挑战。二是MSW培养中包含课程和实习两个过程，它们在MSW项目的培养过程中基本处于并重的位置。对中国已有的许多MSW项目而言，普遍同时存在课程质量不高和实习条件不足的难题，在资源有限的环境中难以兼顾，所以就必须更慎重权衡如何提高培养效率。三是MSW学生的投入和MSW项目的环境，它们是I-E-O模型的核心概念。中国传统教育理念中的因材施教和教学相长与I-E-O模型有内在的一致性，可视为I-E-O模型的一种理想状态。这既是设计MSW培养过程时可遵循的理念，也为评估MSW培养效果提供了过程性标准。这三对矛盾置于生态视角中，不仅为理解MSW教育发展的区域不平衡提供了完备的理论框架，更为分析不同地区间差异化的MSW教育提升策略提供了明确的实践路径。“生态－投入－变革”理论作为一种系统性分析框架，存在更大潜力去分析社会工作领域的其他重要命题。

基于“生态－投入－变革”理论，本研究使用GIS方法，对我国MSW教育发展的不平衡有了更深入的分析和理解，主要得出了如下结论。

第一，总体来看，学生投入比培养环境对培养效果的影响要大，而专业认同相对专业能力而言，更取决于学生投入，项目实习条件对专业认同无显著影响。进一步来讲，即便培养环境的改善对培养效果有显著影响，也需要较大程度的改善，而小的提高作用不明显。这一点对于项目实习条件尤为重要，即项目实习条件的改善必须有很大程度的提高，才有意义。

第二，明确了中国特色社会主义新时代仍面临的社会工作专业人才队伍建设不平衡不充分发展的状况，验证了中国不同地区间经济社会发展水平的差异导致社会工作教育的区域发展不平衡这一命题。特别勾勒出中国MSW教育存在一条与人文地理类似的“MSW－胡焕庸线”。这条线与从黑龙江黑河到云南腾冲的“黑河－腾冲一线”类似，是从东北到西南倾斜的直线。在这条线东南方向的省（区、市），MSW学生具有较高的专业能力和专业认同水平，而在这条线西北方向的省（区、市），MSW学生的专业能力和专业认同水平都较低。这一结论也表明本研究建立的“生态－投入－变革”理论的有效性。本文进一步推论，中国社会工作的发展也存在一条类似的“胡焕庸线”。

第三，发现不同区域中，随着经济、社会及高等教育发展水平不同，MSW 项目也有不同的提高培养效果的策略。具体到每一个省（区、市）均有不同的改进策略。概述而言，对于专业能力、综合发展程度较高的地区，促进学生投入更为有效，综合发展程度较低的地区，提升项目课程质量更为重要，而只有对综合发展程度最高的京津沪地区，提高项目实习条件才更有价值。对于专业认同，综合发展程度较高的地区，实习更为重要，包括促进学生实习投入和改善项目实习条件，其中，改进项目实习条件又对综合发展程度更高的地区更有效，综合发展程度较低的地区，则课程较为重要，促进学生课程投入和改进项目课程质量都是更有效的策略。

总之，中国 MSW 教育发展的区域不均衡现象是客观存在的，一方面社会工作教育管理者要正视这种不均衡发展，在 MSW 教育的发展布局中考虑空间因素；另一方面社会工作教育者也要因地制宜地谋划改进 MSW 培养效果的策略。

本研究所构建“生态－变革”理论具有更普遍的意义。它既为生态视角下“人在情境中”思想提供了如何深入分析社会服务项目干预的框架，又扩展了变革理论的项目“成效链”思想的分析广度，从而把微观社会服务干预效果分析与宏观社会政策分析统合在一个框架内。本研究针对社工教育，还引入了学生投入理论，针对其他服务对象，则可引入与之相关的其他理论。例如使用“生态－变革”理论，再引入生产性老龄化理论，来分析老年人社区参与。从变革视角，理解老年人从不参与到参与的改变，需要如何干预，而从生态视角，理解宏观社会经济环境和“老有所为”政策如何落实为干预项目。于是，“生态－变革”理论就将“老有所为”政策与政府购买的社区助老服务有机统合在一起，将政策倡导和老年人行为干预相贯通，将宏观社会问题的解决与微观老年人服务递送整合在一个框架内分析。

本研究作为一项初步的探索，仍有一些不足。第一，本研究从学生视角来评价 MSW 的培养效果，虽然直接抓住了 MSW 教育的本质特征，但是学生视角是一种主观评价，评价结果是相对的，难以对应绝对标准。但是本研究主要侧重 MSW 教育的区域分布特征分析，即关注分析不同区域的 MSW 项目如何提高培养效果，因此并不影响本研究的结论。第二，本研究是一项截面数据研究，不能反映中国 MSW 教育的动态发展状况。第三，本研究的调查对象是即将毕业的学生，调查期基本在学生毕业答辩之前，比较符合的调查对象可能是完成毕业答辩，即将毕业的学生。第四，从 MSW 教育的目标而言，学生是否从事社会工作领域的工作，可能是比专业认同更有价值的评价培养效果的指标。虽然存在这些不足，但是本研究在国内首次从全样本 MSW 学生视角评价了 MSW 的培养效果，并运用 GIS 方法分析了其区域分布特征，对于理解和完善中国社会工作专业硕士教育，乃至中国社会工作教育，有重要的理论和实践价值。

## 参考文献

陈述彭、鲁学军、周成虎（1999）：《地理信息系统导论》，科学出版社。

社工日（香港）2013 筹备委员会秘书处（2013）：《社工对工作满意程度、未来发展及专业认同感意见调查报告》，第 1～28 页。

王思斌（2014）："社会工作参与社会治理创新研究"，《社会建设》，第 1 期，第 8～15 页。

王思斌（2015）："社会工作参与社会治理的特点及其贡献——对服务型治理的再理解"，《社会治理》，第 1 期，第 49～57 页。

王思斌、阮曾媛琪（2009）："和谐社会建设背景下中国社会工作的发展"，《中国社会科学》，第 5 期，第 128～140 页。

王思斌、阮曾媛琪、史柏年（2014）：《中国社会工作教育的发展》，北京大学出版社。

王兴宇、李卫东（2015）："本科教育质量评价的新思路——基于美国 NSSE 项目发展经验"，《高教论坛》，第 6 期，第 123～126 页。

徐波（2013a）："高校学生投入：从理论到实践"，《教育研究》，第 7 期，第 147～154 页。

徐波（2013b）："高校学生投入理论：内涵、特点及应用"，《高等教育研究》，第 6 期，第 48～54 页。

周成虎、裴韬（2011）：《地理信息系统空间分析原理》，科学出版社。

Anselin, L. (1995). Local Indicators of Spatial Association—lisa. *Geographical Analysis*, Vol. 27, No. 2, pp. 93 －115.

Astin, A. W. (1985). *Achieving Educational Excellence.* San Francisco: Jossey-Bass.

Axelson, R. D. & Flick, A. (2010). Defining Student Engagement. *Change: The magazine of Higher Learning*, Vol. 43, No. 1, pp. 38 －43.

Brest. P. (2010). The Power of Theories of Change. *Stanford Social Innovation Review*, Vol. 8, No. 2, pp. 47 －51.

Bronfenbenner, U. (1979). *The Ecology of Human Development: Experiments by Nature and*

*Design. Cambridge.* MA: Harvard University Press.

Gambrill, E. D. (2001). Educational Policy and Accreditation Standards. *Journal of Social Work Education*, Vol. 37, No. 2, pp. 226 –239.

Goovaerts, P. (2006). Geostatistical Analysis of Disease Data: Accounting for Spatial Support and Population Density in the Isopleth Mapping of Cancer Mortality Risk Using Area-to-point Poisson Kriging. *International Journal of Health Geographics*, Vol. 5, No. 1, p. 52.

Grinnell, Jr, Richard, Peter, A., & Unrau. (2015). Program Evaluation for Social Workers.

Guo, Y., Chang, S. S., Sha, F., & Yip, P. S. F. (2018). Poverty Concentration in an Affluent City: Geographic Variation and Correlates of Neighborhood Poverty Rates in Hong Kong. *Plos One*, Vol. 13, No. 2, pp. e0190566.

Hox, J. J., & Maas, C. J. M. (2005). Multilevel Analysis. *Encyclopedia of Social Measurement*, Vol. 64, No. 2, pp. 785 –793.

Jiang, H., Wang, Y., Chui, E., & Xu, Y. (2017). Professional Identity and Turnover Intentions of Social Workers in Beijing, China: The Roles of Job Satisfaction and Agency Type. *International Social Work*, No. 7.

Kuh, G. D. (2009). What Student Affairs Professionals Need to Know about Student Engagement. *Journal of College Student Development*, Vol. 50, No. 6.

Lee, M., & Fortune, A. E. (2013). Patterns of Field Learning Activities and Their Relation to Learning Outcome. *Journal of Social Work Education*, Vol. 49, No. 3, pp. 420 –438.

Leung, & J., C. B. (2013). The Development of Social Work Education in China: Issues and Prospects. *Asia Pacific Journal of Social Work and Development*, Vol. 4, No. 2, pp. 83 –95.

Liu, M., Sun, F., & Anderson, S. G. (2013). Challenges in Social Work Field Education in China: Lessons from the Western Experience. *Social Work Education*, Vol. 32, No. 2, pp. 179 –196.

Magolda, M. B. B., & Astin, A. W. (1993). What Matters in College: Four Critical Years Revisited. *Journal of Higher Education*, Vol. 22, No. 8, pp. 482.

Marshall, Roger J. (1991). Mapping Disease and Mortality Rates Using Empirical Bayes Estimators. *Applied Statistics*, Vol. 40, pp. 283 –294.

Moran, Patrick AP. (1950). Notes on Continuous Stochastic Phenomena. *Biometrika*, Vol. 37, pp. 17 –23.

Paul, B. (2010). The Power of Theories of Change. *Stanford Social Innovation Review*, Vol. 8, No. 2.

Reeve, J. (2012). *A Self-determination Theory Perspective on Student Engagement. Handbook of Research on Student Engagement.* Springer US.

Reeve, J., & Tseng, C. M. (2011). Agency as a Fourth Aspect of Students' Engagement During Learning Activities. *Contemporary Educational Psychology*, Vol. 36, No. 4, pp. 257 –267.

Rothery, Michael. (2001). Critical Ecological Systems Theory. In Nick Coady & Peter Lehmann (eds.), *Theoretical Perspectives for Direct Social Work Practice: A Generalist-eclectic Approach*, pp. 65 –82.

Santrock, John W. (2007). *A Topical Approach to Life-span Development.* New York:

McGraw-Hill.

Slocum, Terry A., Robert M. McMaster, Fritz C. Kessler, Hugh H. Howard & Robert B Mc Master. (2008). *Thematic Cartography and Geographic Visualization*. New Jersey: Prentice Hall.

Stachowiak, Sarah. (2010). *Pathways for Change: 6 Theories about How Policy Change Happens*. Seattle: Organisational Research Services.

Tobler, W. R. (1970). A Computer Model Simulation of Urban Growth in the Detroit Region. *Economic Geography*, Vol. 46, No. sup1, pp. 234－240.

Tu, J., & Xia, Z. G. (2008). Examining Spatially Varying Relationships between Land Use and Water Quality Using Geographically Weighted Regression i: Model Design and Evaluation. *Science of the Total Environment*, Vol. 407, No. 1, pp. 358－378.

Wang, Y., & Chui, E. (2016). Development and Validation of the Perceived Social Work Competence Scale in China. *Research on Social Work Practice*, Vol. 27, No. 1.

Weiss, Carol H. (1995). Nothing as Practical as Good Theory: Exploring Theory-Based Evaluation for Comprehensive Community Initiatives for Children and Families (Connell, J, Kubisch, A, Schorr, L, and Weiss, C. (Eds.). *New Approaches to Evaluating Community Initiatives ed.* Washington, DC: Aspen Institute.

# 《中国社会工作研究》征稿启事

为推动社会工作专业在中国的发展，加强各院校、机构及相关方面专业人士之间的联系，中国社会工作教育协会决定与出版机构合作出版《中国社会工作研究》。本集刊为小 16 开本，每本 25 万字左右，计划每年出版两本。特此向全国专业界人士征集稿件，同时也欢迎中国香港、台湾，以及海外专业界人士来稿。

## 一 出版宗旨

①推动社会工作专业在中国的发展。协会希望借出版集刊的机会，总结中国社会工作专业发展的经验，介绍西方社会工作研究成果，以推动中国社会工作专业发展。

②推动学术自由，促进社会工作研究的规范化。本集刊提倡用严谨的社会工作研究方法开展社会工作理论与实务研究，提倡广大作者充分发表不同的学术观点，共同探索中国社会工作专业的发展道路，以满足中国社会发展对社会工作专业的需求。本集刊要求来稿遵循国际公认的学术规范，共同推动中国社会工作研究的规范化。

③推动专业理论与实务工作的结合。本集刊希望通过发表实务研究报告和论文，推动理论与社会工作实务的结合。

④推动社会工作专业知识在中国的创新。社会工作是一个新学科、新专业，它的发展与成熟需要不断有新探索、新发现，不断创造新的知识，完善知识和学科体系。中国社会工作在这方面既有迫切的需要，也有创造的空间。因此，这也就必然成为本集刊的任务。

⑤推动对本土知识的总结和积累。在我国传统文化和现实社会中，

存在大量可以用来建构社会工作知识的元素，对其进行总结，推动本土社会工作知识的积累是专业人士不可推卸的责任，也是中国社会工作参与国际社会工作发展进程的必然要求。

## 二　来稿要求

①稿件范围：本集刊欢迎一切社会工作、社会福利、社会政策以及相关社会理论方面的学术论文、研究报告、学术评论、书评和学术动态综述。一般来稿以 10000 字为限（包括注释和参考文献），特殊稿件可增至 15000 字，书评和学术动态综述以 3000 ~ 4000 字为限。

②来稿必须遵循国际公认的学术规范，引文注释必须清楚准确，论述言之有据，论证逻辑全文一致，使用研究方法和分析工具清楚、准确。来稿应特别注意社会工作专业术语的规范性。在专业术语的使用上，一般专业术语可参考《社会工作概论》（王思斌主编，高等教育出版社，1999 年第 1 版），国际通用术语可参照美国社会工作者协会（NASW）出版的《社会工作词典》或《社会工作百科全书》（均为英文）。特殊术语应给出明确界定，或注明出处，如属翻译术语请用圆括号附原文。文章格式可参考《社会学研究》（中国社会科学院社会学研究所）或《中国社会科学季刊》（香港）。

③来稿中出现外国人名时，一律按商务印书馆出版的《英文姓名译名手册》翻译，并在第一次出现时用圆括号附原文，以后出现时不再附原文。

④海外来稿主题应是与中国问题相关或是对中国社会工作及中国社会发展有借鉴价值的理论与实务研究，同时也欢迎具有普遍价值的理论与实务研究论文。

⑤来稿请同时寄上打印稿一式三份和软盘一份。软盘请以 HTML 文件格式存储。来稿一律不退，请自留底稿。来稿请在封面上打印如下内容：文章标题、作者及简介（包括学位、职称、工作单位）、联络办法（包括寄信地址、E-mail、电话、传真）。内文请勿署名。

⑥本书编辑对稿件有修改和删改权，如不同意请注明。

⑦来稿请自备副本，概不退稿。采用与否，编辑部均于 3 个月内通知作者，作者可自行处理稿件。

⑧来稿文责由作者自负，来稿必须未经正式出版，本集刊严禁一稿多投。

⑨被本集刊选中出版的稿件，著作权属于作者本人，版权属于中国社会工作教育协会。

⑩来稿要求以中文写作，来稿请附 200 字的中英文摘要。

投稿本集刊的文章，即视为作者同意上述约定。

来稿请寄：中国社会工作教育协会《中国社会工作研究》编辑部。

地址：北京大学社会学系中国社会工作教育协会秘书处（法学楼 5246 室）。

邮编：100871；请在信封上注明“来稿”字样。

欢迎通过电子邮件投稿和联络，邮址为：caswecswr@ 126. com。

## 三 审稿制度

为保证集刊的质量，本集刊对来稿采用匿名审稿制度。

①所有来稿首先经编辑委员会进行初审，主要审查稿件的一般规范、稿件是否与出版宗旨相符。

②通过初审的稿件即送交不少于两名学术评审委员会委员或相关学科的专家进行匿名评审。

③稿件是否采用，基本以评审委员的评审意见为准，当两位评审委员意见不一致时，由主编最终决定是否采用。

## 四 来稿文献征引规范

投稿本集刊的作者，请遵循以下文献引征规范。

①为保护著作权、版权，投稿本集刊的文章如有征引他人著作，必须注明出处。应包括：作者/编者/译者、出版年份、书名/论文题目、出版地、出版者，如是对原文直接引用则必须注明页码。

②参考文献应在文章末尾列出征引出处，在文内则简要列出作者/编者姓名和年份，例如：

（正文）对于处于初步专业化的社会工作来说，应采取这种专门化的发展模式，而在专业化程度比较高的阶段，就应采取整合的社会工作模式（李增禄，1996）。

（文末）李增禄（1996）：《社会工作概论》，台北：巨流图书公司。

例如：征引书籍

对作者的观点做综述性引用：

（文内）（Richmond，1907）

（文末）Richmond, M. （1907）. *The Good Neighbor in the Modern City*. Philadelphia: J. B. Lippincott.

（文内）（李增禄，1996）

（文末）李增禄（1996）：《社会工作概论》，台北：巨流图书公司。

引用原文应注明页码，如：

（文内）（李增禄，1996）

（文末）李增禄（1996）：《社会工作概论》，台北：巨流图书公司，第25页。

说明：英文参考文献中，书名请用斜体字；中文参考文献中，书名请用书名号。

例如：征引文集中的单篇文章

（文内）（Hill，1987）

（文末）Hill, J. （1987）. Evaluating Effectiveness. In J. Harding (ed.), *Probation and the Community: A Practice and Policy Reader* (pp. 226 - 238). London: Tavistock.

（文内）（阮曾媛琪，1999）

（文末）阮曾媛琪（1999）："迈向21世纪香港社会工作的趋势、挑战与使命"，载何洁云、阮曾媛琪主编《迈向新世纪社会工作理论与实践新趋势》，香港：八方文化企业公司，第441～472页。

说明：英文参考文献中，书名请用斜体字，并标明页码；中文参考文献中，文章题目请用引号，书名请用书名号，并标明页码。

例如：征引期刊中的单篇文章

（文内）（Reamer，1998）

（文末）Reamer, F. G. （1998）. The Evaluation of Social Work Ethic. *Social Work*, Vol. 43, No. 3, pp. 488 - 500.

（文内）（王思斌，1995）

（文末）王思斌（1995）："中国社会工作的经验与发展"，《中国社会科学》，第2期，第97~106页。

说明：英文参考文献中，刊名请用斜体字；中文参考文献中，文章题目请用引号，刊名请用书名号，并标明页码。

③转引文献，应注明原作者和所转引的文献，如：

（文内）在成立大会上，会长崔乃夫对社会工作做了如下界定："社会工作是……"（崔乃夫，1991）。

（文末）崔乃夫（1991）：《1991年7月5日在中国社会工作者协会成立大会上的讲话》，转引自《中国社会工作百科全书》，1994年第1版，第2页，北京：中国社会出版社。

④在文献的使用中，请避免使用"据统计……""据研究……"字样。使用文献、数据必须注明准确的出处。

⑤参考文献的排序采取中文、英文分别排列，中文在前，英文在后；中文按作者姓氏的汉语拼音、英文按作者姓氏分别以字典序列排列。

⑥作者对文内需要进一步说明的，采用脚注，序号一律采用"①、②、③……"

⑦行文中，外国人名第一次出现时，请用圆括号附原文，文章中再次出现时则不再附原文。在英文参考文献中，外国人名一律姓氏在前，名字以缩写随后，以逗号分隔。

如：Mary Richmond 应写为：Richmond，M.

中国人的外文作品，除按外文规范注明外，在文末应在其所属外文姓名之后以圆括号附准确的中文姓名，如无法确认中文姓名则不在此列。

⑧外国人名、地名的翻译以商务印书馆1983年出版的《英语姓名译名书册》和《外国地名译名书册》为标准。

中国社会工作教育协会

《中国社会工作研究》编辑委员会

**China Social Work Research**
**Vol. 18**

# Table of Contents & Abstracts



**Abstract**: As a helping profession, the primary mission of social work determines that its theory is mainly practical theory. The practical theory of social work is a trinity of causal explanation, value guidance and intervention mode. Based on Francis Turner's analytical framework of practical theories and models and some other domestic and foreign research literature, this paper elaborates the practical attributes and elements structure of professional theory, describes and summarizes the path and method of the construction of theoretical model and knowledge transfer, and responds to some major questions in the education and research of social work theory as follows: how to let students and practitioners grasp the conceptual framework and intervention mode of social work practice theory, and clearly understand the practical connotation, application framework and limitations of theoretical tools.

**Keywords** Social Work Practice; Practice Theory Analytical Framework; Applicational Framework; Attributes of Theory



**Abstract**: The philosophy and education thoughts of Dewey, not only influence philosophy and pedagogy, but also influence the development of social work professional competence education and training. His project of transformation of philosophy not only transforms the classical philosophy, but also has implications to the dispute about the relationship between positivism and social practice, as well as professional practice. His suggestion of "Learning by doing" is also the core educating model of professional practice competence, beside as the core model of general national education. Social work profession, as a quasi - profession opening to social problems, must employs pragmatism as its core professional practice model to integrate evidences from positivist research to develop professional competence, rather than simply depends on positivist research conclusion and mechanically apply it to complicated reality.

**Keywords**: Pragmatism; Positivism; Social Work; Professional Competence



**Abstract**: Case-based teaching is of great significance to improve the quality of degree education in social work. In this paper, we take the case-based teaching of Youth Social Work as an example to study the practice of case-based teaching, aiming to elaborate the implementation process and internal logic of social work case-based teaching. It is found that there are four important elements in the implementation of social work case-based teaching: case situation, students' participation, analysis and discussion, and integration and internalization. Referring to Habermas's consensus theory of truth, this paper holds that consensus is the internal logic of social work case-based teaching, which is formed in the joint construction, equal relationship and open dialogue between teachers and students, and thus forms the unique knowledge view, teacher-student view and teaching view of case teaching method. Communicative rationality is an important way to achieve the consensus in social work case-based teaching. The integration of social work practice logic into social work case-based teaching can promote the effective realization of social work education goals.

**Keywords**: Social Work; Case-based Teaching; Communicative Rationality



**Abstract**: The quality of social work education is one of the restrictive factors that affect the cultivation of training high - level talents in the field of social work. Case method has been widely used in many applied professional education at home and abroad, and it is necessary to adopt this teaching method in social work professional education. Case essentially has the function of combining theory and practice, strengthening learner's feeling to the real experience and inspiring learning motivation. Introducing the practical case into social work education can conducive students to build their own knowledge system actively, learn to accept different opinions and ideas and improve students' ability of solving problem and making decision choice. And it can promote the research level of social work practice. After reviewing the theoretical basis and the action mechanism of case method at home and abroad, this paper combines the realistic needs of social work professional education and focuses on some key links, such as the case selection, the implementation of case teaching and the evaluation on the effect of case method and so on, and expounds the view that integrating the social work practices into education and research which based on the concepts and methods of case method.

**Keywords**: Case Method; Social Work; Teaching and Research



**Abstract**: This article takes the "Warm-Hearted Home Emergency Delivery" Targeted Poverty Alleviation Pilot Project in Tong'an of Xiamen as a case study. Through long-term participatory cooperative research, it was found that: First, deep poverty groups are facing the risk of returning to poverty at any time, and their risk capacity are affected by three aspects: the bottom of security, capacity growth and environmental support; Second, deep poverty groups need family-centered three-dimensional integration. Third, the core of the three-dimensional integration practice is to combine the ethical choice of risk with the cultivation of responsibility under high risk, and to put ethical care in the first place, in order to truly enhance the risk resistance capacity of the deep poverty people and realize the innovation of grass-roots social governance.

**Keywords**: Targeted Poverty; Reduction Deep Poverty; Social Work



**Abstract**: The embedding development of social work is a consensus in both scholars and practice community in the Chinese context, but research on its practice process in rural community needs further exploration. This case study is about a rural social work service program in DC Village in Fujian Province, the findings indicates three types of embedding approaches: the top-down endogenous embedding, the service-related embedding, and the values and methods embedding. During the practice process, embedding, serving and developing were interrelated, social work obtained the developing space through the embedding process. Social work professional services and resources integration made the needs of villagers met and the rural community development promoted. Social work developed as well, its subjectivity and professionalism was advanced a step further. In sum, embedding, serving and developing consist of the functional model of DC village rural social work embedding development.

**Keywords**: Embedding; Serving; Developing; Rural Social Work; Practice Process

Research on Regional Unbalanced Development, Ecology-change Theory and Promotion Strategy of Master of Social: A GIS Approach Based on Student Survey of All MSW Projects



**Abstract**: Based on the theory of ecosystem and change, this study puts forward the theory of "ecology-change" and discusses the overall training effect and regional development imbalance of China's MSW education by using the survey data of all MSW graduates in 2017 and the geographic information system approach. The study found that the regional development of social work education is unbalanced from the perspective of the overall training effect of MSW education, and there is a "MSW-Hu Line", which is better in the southeast and less in the northwest. On the whole, MSW students' investment has a greater impact on the training effect than the environment, especially on students' professional identity. The MSW program also has different strategies to improve the training effect with different levels of economic, social and higher education development from the perspective of different regions. For regions with a high degree of comprehensive development, it is more effective to promote students' investment to improve their professional competence, and it is better to improve students' investment in practice and the conditions of project practice thereby improving their professional identity. For regions with low comprehensive development level, improving the quality of project courses is more effective for professional competence, and promoting students' curriculum investment and the quality of project courses is more effective for professional identity.

**Keywords**: Master of Social Work; Ecology-change Theory; GIS Spatial Analysis; Social Work Education

图书在版编目(CIP)数据

中国社会工作研究. 第十八辑 / 王思斌主编. -- 北京：社会科学文献出版社，2020.3
ISBN 978-7-5201-6094-0

Ⅰ. ①中… Ⅱ. ①王… Ⅲ. ①社会工作-研究-中国 Ⅳ. ①D632

中国版本图书馆 CIP 数据核字(2020)第 026160 号

中国社会工作研究 第十八辑

编 者 / 中国社会工作教育协会
主 编 / 王思斌

出 版 人 / 谢寿光
责任编辑 / 胡庆英
文稿编辑 / 张凡羽

出 版 / 社会科学文献出版社 · 群学出版分社（010）59366453
地址：北京市北三环中路甲 29 号院华龙大厦 邮编：100029
网址：www.ssap.com.cn
发 行 / 市场营销中心（010）59367081 59367083
印 装 / 三河市尚艺印装有限公司

规 格 / 开 本：787mm × 1092mm 1/16
印 张：13.75 字 数：217 千字
版 次 / 2020 年 3 月第 1 版 2020 年 3 月第 1 次印刷
书 号 / ISBN 978-7-5201-6094-0
定 价 / 69.00 元

本书如有印装质量问题，请与读者服务中心（010-59367028）联系